■2025年度高等学校受験用

桐朋高等学校

収録内容一覧

★この問題集は以下の収録内容となっています。また、編集の都合上、解説、解答用紙を省略させていただいている場合もございますのでご了承ください。

（○印は収録、一印は未収録）

入試問題と解説・解答の収録内容		解答用紙
2024年度	英語・数学・国語	○
2023年度	英語・数学・国語	○
2022年度	英語・数学・国語	○
2021年度	英語・数学・国語	○
2020年度	英語・数学・国語	○
2019年度	英語・数学・国語	○

★当問題集のバックナンバーは在庫がございません。あらかじめご了承ください。

●凡例●

【英語】

≪解答≫

〔　〕　①別解
②置き換え可能な語句（なお下線は置き換える箇所が2語以上の場合）
(例) I am〔I'm〕glad〔happy〕to～

（　）　省略可能な言葉

≪解説≫

1，2…　本文の段落（ただし本文が会話文の場合は話者の１つの発言）

〔　〕　置き換え可能な語句（なお〔　〕の前の下線は置き換える箇所が２語以上の場合）

（　）　①省略が可能な言葉
(例)「(数が) いくつかの」
②単語・代名詞の意味
(例)「彼（＝警察官）が叫んだ」
③言い換え可能な言葉
(例)「いやなにおいがするなべにはふたをするべきだ（＝くさいものにはふたをしろ)」

//　訳文と解説の区切り

cf.　比較・参照

≒　ほぼ同じ意味

【数学】

≪解答≫

〔　〕　別解

≪解説≫

（　）　補足的指示
(例)（右図１参照）など

〔　〕　①公式の文字部分
(例)〔長方形の面積〕＝〔縦〕×〔横〕
②面積・体積を表す場合
(例)〔立方体 ABCDEFGH〕

∴　ゆえに

≒　約、およそ

【社会】

≪解答≫

〔　〕　別解

（　）　省略可能な語

＿＿＿　使用を指示された語句

≪解説≫

〔　〕　別称・略称
(例) 政府開発援助〔ODA〕

（　）　①年号
(例) 壬申の乱が起きた（672年)。
②意味・補足的説明
(例) 資本収支（海外への投資など)

【理科】

≪解答≫

〔　〕　別解

（　）　省略可能な語

＿＿＿　使用を指示された語句

≪解説≫

〔　〕　公式の文字部分

（　）　①単位
②補足的説明
③同義・言い換え可能な言葉
(例) カエルの子（オタマジャクシ)

≒　約、およそ

【国語】

≪解答≫

〔　〕　別解

（　）　省略してもよい言葉

＿＿＿　使用を指示された語句

≪解説≫

〈　〉　課題文中の空所部分（現代語訳・通釈・書き下し文)

（　）　①引用文の指示語の内容
(例)「それ（＝過去の経験）が ～」
②選択肢の正誤を示す場合
(例)（ア，ウ…×)
③現代語訳で主語などを補った部分
(例)（女は）出てきた。

／　漢詩の書き下し文・現代語訳の改行部分

桐朋高等学校

所在地	〒186-0004 東京都国立市中3-1-10
電　話	042-577-2171
ホームページ	https://www.toho.ed.jp/
交通案内	JR中央線　国立駅南口 徒歩15分 JR南武線　谷保駅 徒歩15分

普通科

男子

くわしい情報は
ホームページへ

応募状況

年度	募集数	受験数	合格数	倍率
2024	約50名	244名	151名	1.6倍
2023	約50名	214名	144名	1.5倍
2022	約50名	234名	163名	1.4倍

試験科目　（参考用：2024年度入試）

［一般］ 国語，数学，英語

教育方針

「自主的態度を養う」，「他人を敬愛する」，「勤労を愛好する」の３点を教育目標としてかかげ，自主性を尊重する校風のもと，本質的・体系的な学問を探究する姿勢を大切にしている。

本校の特色

多様な生徒が関わり合い，幅広い友人関係が築けるよう，ホームルームは１年次から内部進学生と高校新入生の混成となっており，学年が進んでも，文系と理系の生徒を混合させたクラス編成を行っている。大学進学を見据えて，確かな学力が身に付くカリキュラムを編成。１年次は学習の基盤となる必修科目を中心に配置し，２年次以降は幅広い選択科目を導入して，生徒個々の適性や希望進路に対応した時間割が組めるように工夫されている。

また，英語と数学を中心に，段階別授業を導入。能力別ではなく，生徒自身が自分の段階を決めて授業に参加する。また，生徒の学ぶ意欲を高めるため，高校の学習内容にとらわれず自由な発想のもとで課題を探求していく講座が，授業時間枠外に設けられている。

環境・施設

本校は，武蔵野のなごりをとどめる自然林に囲まれた，広々としたキャンパスを有している。落ちついて学習できる理想的な教育環境の中で，のびのびとした自由闊達の気風が培われている。

学内設備も充実しており，普通教室，各種特別教室，体育館，保健室，図書館，柔道場，卓球場，トレーニング室，購買部売店，プール，運動場（各種競技練習場），食堂，多目的ラウンジ等の施設がある。他に，プラネタリウム，天文ドームなど，独自の設備が整えられている。

進路指導

本校では受験指導のみに偏ることなく，バランスのとれた人材を育成するために，独自の教育課程が編成されている。模擬試験，特別講習などにより学力の向上に努めるとともに，卒業生との懇談会，進路選択のための個別ガイダンスなど幅広い指導を行っている。

◎主な大学合格者数　（2023年４月・現役のみ）
東京大７名，京都大２名，一橋大７名，東京工業大３名，東京農工大４名，東京海洋大３名，筑波大７名，東京医科歯科大１名，東京学芸大１名，東京外国語大１名，北海道大５名，東北大３名，名古屋大３名，大阪大１名，九州大１名，千葉大１名，横浜国立大３名，東京都立大２名，防衛医科大１名，早稲田大52名，慶應義塾大43名，上智大30名，東京理科大45名，立教大26名，明治大73名，中央大47名，順天堂大５名，日本医科大１名，東京医科大１名 など。

編集部注一本書の内容は2024年3月現在のものであり，変更されている場合があります。正確な情報は，学校のホームページ等で必ずご確認ください。

出題傾向と今後への対策

英語

出題内容

	2024	2023	2022
大問数	4	4	4
小問数	34	34	32
リスニング	○	○	○

◎例年大問は４題，小問数30問前後である。放送問題１題，長文読解２題，完全記述の英作文１題となっており，全体的に大きな変化は見られない。長文読解と英作文の比重が高い。リスニングテストは試験開始直後に行う。

2024年度の出題状況

Ⅰ 放送問題

Ⅱ 長文読解総合―説明文

Ⅲ 長文読解総合―説明文

Ⅳ 和文英訳―完全記述

解答形式

2024年度	記　述／マーク／併　用

出題傾向

設問は記述式が中心なので，内容を正確に把握する英語力とともにしっかりした文章を書く能力が要求される。英作文は一語一語日本語を英語に置き換えていくだけでは歯が立たない。日本文に近い英文を制限時間内に書く能力が問われる。放送問題は分量がやや多めであり，記述式が含まれることもある。

今後への対策

中学で習う基本事項の完全習得は入試突破のための最低条件であり，周到な準備が必要である。長文読解はふだんから英文を読み，要旨を日本語で書く訓練をしよう。英作文は日常的な場面で，英語・日本語がどのように使われているのかに注意を払い表現を覚えよう。リスニングは継続的に毎日英語を耳にすることが大切である。

◆◆◆◆◆ 英語出題分野一覧表 ◆◆◆◆◆

分野＼年度			2022	2023	2024	2025 予想※
音声	放送問題		■	■	■	◎
	単語の発音・アクセント					
	文の区切り・強勢・抑揚					
語彙・文法	単語の意味・綴り・関連知識					
	適語(句)選択・補充					
	書き換え・同意文完成					
	語形変化			●	●	◎
	用法選択					
	正誤問題・誤文訂正					
	その他					
作文	整序結合		●	●	●	◎
	日本語英訳	適語(句)・適文選択				
		部分・完全記述	●	●	●	◎
	条件作文			●	●	◎
	テーマ作文		●			△
会話文	適文選択					
	適語(句)選択・補充					
	その他					
長文読解	内容把握	主題・表題				
		内容真偽		●		△
		内容一致・要約文完成			●	
		文脈・要旨把握	●	●	●	◎
		英問英答				
	適語(句)選択・補充		★	■	●	◎
	適文選択・補充				●	△
	文(章)整序			●	●	◎
	英文・語句解釈(指示語など)		●	■	●	◎
	その他(適所選択)		●			△

●印：１～５問出題，■印：６～10問出題，★印：11問以上出題。
※予想欄　◎印：出題されると思われるもの。　△印：出題されるかもしれないもの。

出題傾向と今後への対策　数学

出題内容

2024年度　~~作~~ 証 ~~グ~~

大問６題，17問の出題。[1]は計算問題３問。[2]は小問集合で，方程式，関数，確率の３問。[3]は連立方程式の応用問題。速さに関するもの。[4]は関数で，放物線と直線に関するもの。２つの図形の面積が等しいときについて問うものもある。[5]は平面図形。二等辺三角形であることを示す証明問題と，計量題３問の出題。[6]は空間図形で，四角錐について問う計量題３問。

2023年度　~~作~~ 証 ~~グ~~

大問６題，17問の出題。[1]は計算に関する問題３問。[2]は小問集合で，数と式，確率，図形から計３問。[3]は連立方程式の応用問題で，食塩水に関するもの。[4]はデータの活用に関する問題。中央値から考えられる値を求めたりするもの。[5]は関数で，放物線と直線に関するもの。図形の面積から点の座標を求めるものなどが出題されている。[6]は平面図形で，円を利用した問題。４点が同じ円周上にあることを示す証明問題も出題されている。

作…作図問題　証…証明問題　グ…グラフ作成問題

解答形式

2024年度　記　述／マーク／併　用

出題傾向

大問５～６題，設問17問前後の出題。[1]，[2]は小問集合で計６問，[3]は方程式の応用で，[4]以降は関数，図形が必出である。年度により数の性質に関する問題などが出題される。また，求め方を記述する問題，証明問題が毎年それぞれ１問出題されている。証明問題は図形が多いが式の利用から出題されることもある。

今後への対策

各分野からまんべんなく出題されているので偏りのない学習を心がけよう。苦手分野は早めに克服を。まずは基礎知識を定着させること。これには教科書を読み，公式，定理などを理解し，問題を解きながら公式，定理の使い方を確認することが大事。演習を積んで理解を深めるようにしていこう。

◆◆◆◆◆ 数学出題分野一覧表 ◆◆◆◆◆

分野	年度	2022	2023	2024	2025 予想※
数と式	計算，因数分解	■	★	★	◎
	数の性質，数の表し方				
	文字式の利用，等式変形				
	方程式の解法，解の利用	●		●	◎
	方程式の応用	★	●	●	◎
関　数	比例・反比例，一次関数	●		●	△
	関数 $y=ax^2$ とその他の関数	★	★	★	◎
	関数の利用，図形の移動と関数				
図　形	（平面）計　量	★	■	★	◎
	（平面）証明，作図	●	●	●	◎
	（平面）その他				
	（空間）計　量	★	●	★	◎
	（空間）頂点・辺・面，展開図				
	（空間）その他				
データの活用	場合の数，確率	●	●	●	◎
	データの分析・活用，標本調査		★		△
その他	不 等 式				
	特殊・新傾向問題など				
	融合問題				

●印：１問出題，■印：２問出題，★印：３問以上出題。
※予想欄　◎印：出題されると思われるもの。　△印：出題されるかもしれないもの。

出題傾向と今後への対策　国語

出題内容

2024年度

小説　随筆

課題文
一森　絵都『犬の散歩』
二キム・ホンビ／小山内園子訳「私たちのグラウンドを広く使う方法」

2023年度

随筆　論説文

課題文
一奈倉有里『夕暮れに夜明けの歌を』
二古田徹也『いつもの言葉を哲学する』

2022年度

論説文　論説文

課題文
一ブレイディみかこ『他者の靴を履く』
二藤原智美『スマホ断食　コロナ禍のネットの功罪』

解答形式

2024年度	記述／マーク／併用

出題傾向

例年，現代文の読解問題２題の出題となっている。設問は，それぞれの読解問題に10問程度付されている。課題文は，内容的には読みやすいが，分量がやや多めである。設問レベルは，いずれも高度である。とりわけ，記述式解答のものは，分量が多めで，場合によっては全体で500字程度の解答を書かなければならない。

今後への対策

記述式解答の分量が多いので，文章を速く正確に読むうえに，読み取ったことを的確に表現できる力をつけておかなければならない。そのためには，問題集をたくさんこなすのはもちろんのこと，問題集の課題文の要旨を200字程度でまとめる練習なども効果的である。また，日頃の読書も欠かさないように。

◆◆◆◆◆ 国語出題分野一覧表 ◆◆◆◆◆

分野		年度	2022	2023	2024	2025予想※
現代文	論説文 説明文	主題・要旨	●			△
		文脈・接続語・指示語・段落関係				
		文章内容	●	●		◎
		表現	●			△
	随筆 日記 手紙	主題・要旨				
		文脈・接続語・指示語・段落関係				
		文章内容		●	●	◎
		表現		●		△
		心情		●		△
	小説	主題・要旨			●	△
		文脈・接続語・指示語・段落関係			●	△
		文章内容			●	△
		表現			●	△
		心情				
		状況・情景				
韻文	詩	内容理解				
		形式・技法				
	俳句 和歌 短歌	内容理解	●			△
		技法				
古典	古文	古語・内容理解・現代語訳				
		古典の知識・古典文法				
	漢文	（漢詩を含む）				
国語の知識	漢字 語句	漢字	●	●	●	◎
		語句・四字熟語		●	●	◎
		慣用句・ことわざ・故事成語			●	△
		熟語の構成・漢字の知識				
	文法	品詞				
		ことばの単位・文の組み立て				
		敬語・表現技法				
	文学史					
作文・文章の構成・資料				●		△
その他						

※予想欄　◎印：出題されると思われるもの。　△印：出題されるかもしれないもの。

合格を勝ち取るための

本書の使い方

本書に掲載されている過去問をご覧になって，「難しそう」と感じたかもしれません。でも，大丈夫。ほとんどの受験生が同じように感じるのです。高校入試の出題範囲は中学校の定期テストに比べて広いですし，残りの中学校生活で学ぶはずの，まだ習っていない内容からも出題されているかもしれません。

ですから，初めて本書に取り組む際には，点数を気にする必要はありません。点数は本番で取れればいいのです。

過去問で重要なのは「間違えること」です。自分の弱点を知るために，過去問に取り組むのです。当然，間違った問題をそのままにしておいては意味がありません。

本書には，長年にわたって高校受験に関わってきたベテランスタッフによる詳細な解説がついています。間違えた問題は重点的に解説を読み，何度も解きなおしてください。時にはもう一度，教科書で復習するのもよいでしょう。

別冊として，抜き取って使える解答用紙を収録しました。表示してあるように拡大コピーをとれば，実際の入試と同じ条件で，何度でも過去問に取り組むことができます。特に記述問題では解答欄の大きさがヒントになる場合があります。そうした，本番で使える受験テクニックの練習ができるのも，本書の強みです。

前のページにある「出題傾向と今後への対策」もよく読んで，本校の出題傾向に慣れておきましょう。

2025年度 高校受験用

桐朋高等学校　6年間スーパー過去問

をご購入の皆様へ

お詫び

本書、桐朋高等学校の入試問題につきまして、誠に申し訳ございませんが、以下の問題文は著作権上の問題により掲載することができません。設問と解説、解答は掲載してございますので、よろしくお願い申し上げます。

記

2024年度　国語　二　の問題文

以上

株式会社　声の教育社　編集部

2024年度 桐朋高等学校

【英　語】（50分）〈満点：100点〉

〈注意〉・試験開始直後にリスニングテストを行う。
・リスニングテストが終了するまで筆記問題を始めてはいけない。
・リスニングテスト中，メモを取ってもかまわない。

Ⅰ　リスニング問題　放送を聞いて次のA，Bの問題に答えなさい。

A　これから英語で短い対話を放送します。そのあとでその対話についての質問がなされますから，その答えとして最も適切なものを選び，記号で答えなさい。対話と質問は**1回だけ**読まれます。

(1)　A. By bus.　B. By train.　C. By car.　D. On foot.

(2)　A. He worked in the garden.
B. He watched his favorite movie.
C. He played video games with his children.
D. He bought some flowers.

(3)　A. He answered the question on the wrong page.
B. He made a few mistakes.
C. He did it before watching TV.
D. He didn't answer one of the questions.

(4)　A. He came to the wrong restaurant.
B. He did not have enough money.
C. He called the wrong number.
D. He could not read the menu.

(5)　A. Four dollars.　B. Eight dollars.
C. Sixteen dollars.　D. Twenty dollars.

B　これから放送される英文について，以下の問いに答えなさい。英文は**2回**読まれます。

問1　以下の質問の答えとして最も適切なものを選び，記号で答えなさい。

(1)　Why did Tim and the director call other museums?
A. To sell the mysterious painting.
B. To get back the stolen painting.
C. To see if the painting was stolen.
D. To find out where people could see the painting.

(2)　What did people think of the painting?
A. It was very strange.
B. It was a great work of art.
C. It was too easy to understand.
D. It was nice but not very deep.

問2　最後に美術館の館長はなぜ困惑したのですか。その理由となるように，以下の日本語の空所部分をそれぞれ10字以内の日本語で埋めなさい。

(　ア　)と思ったものが，実は(　イ　)だったから。

※＜**リスニング問題放送原稿**＞は英語の問題の終わりに付けてあります。

II　次の英文を読んで，後の問いに答えなさい。

If you cannot imagine how you would get along without your phone, then say a word of thanks to its inventor, Alexander Graham Bell. Bell was born in Scotland in 1847. [1-a] His grandfather was an actor and a famous speech teacher, and his father developed the first *international phonetic alphabet. His mother's influence was quite different. Communication took a great effort for her because (2)she was almost completely deaf. She usually held a tube to her ear in order to hear people. Her son Alexander discovered (3)another way to communicate with her when he was a little boy. He used to press his mouth against her *forehead and speak in a low voice. The *sound waves traveled to her ears through the bones of her head. This was among the first of his many discoveries about sound.

As a teenager, Bell taught music and public speaking at a boys' school. In his free time, he had fun working on various inventions with an older brother, inventions that included a useful machine for farmwork. Then both of Bell's brothers got sick and died. He came down with the same terrible sickness — *tuberculosis — leading his parents to move the family to Canada. There his health returned.

[1-b] He went to Boston to teach at a school for deaf children. In Boston, he fell in love with Mabel Hubbard, a student (4)[his / his / who / wife / of / later became]. During this period of his life, Bell was a very busy man. In addition to teaching, he was working on several inventions.

Bell's main goal was to make machines to help deaf people hear. [1-c] In those days, the *telegraph was the only way to send information quickly over a long distance. Telegraph messages traveled over wires and were sent in *Morse code, which used long and short sounds for the letters of the alphabet. Bell was trying to find a way to send the human (　5　) along a wire. However, almost no one believed in this idea, and people kept telling him, "You're wasting your time. You should try to invent a better telegraph—that's where the money is."

[1-d] Luckily, he met a man (6)name Thomas Watson, who turned out to be a great help to Bell. One day—it was March 10, 1876—the two men were working in *separate rooms. They were getting ready to test a new invention, which had a wire going from one room to the other. Something went wrong and Bell shouted, "Mr. Watson, come here. I want you!" His voice traveled along the wire, and Watson heard it coming from the new machine. It was the world's first telephone call. Bell may or may not have realized it at the time, but he was on his way to becoming a very rich man.

Soon afterward, Bell wrote to his father:

> The day is coming when telegraph wires will go to houses just like water or gas—and friends will *converse with each other without leaving home.

Maybe his father laughed to hear this idea. At the time, (7)most people expected the phone to be just a tool for business, not something that anyone would ever have at home. Bell could see a greater future for it, but (8)even he could probably never have imagined what telephones are like today.

［注］ international phonetic alphabet：国際音声記号　forehead：額（ひたい）　sound wave：音波
tuberculosis：結核　telegraph：電報　Morse code：モールス符号
separate：離れた　converse：会話する

問１　空所 [1-a] ～ [1-d] に入る英文をそれぞれ一つ選び，記号で答えなさい。ただし，使用しないものが一つあります。

A．He was also trying to improve on the telegraph.

B．Bell moved to the United States when he was twenty-four.

C．He also had a dream of having his own school for deaf children.

D．All through his life, he had a strong interest in communication, partly because of the influence of his family.

E．Bell understood a great deal about sound and electricity, but he was actually not very good at building things.

問2　下線部(2)の意味に最も近いものを以下より選び，記号で答えなさい。

A．She could not hear well.　　B．She could not see things clearly.

C．She could not speak in a loud voice.　　D．She could neither talk nor hear at all.

問3　下線部(3)が示す具体的な内容を日本語で説明しなさい。

問4　下線部(4)の［　］内の語句を並べかえて，意味の通る英文にしなさい。

問5　空所（5）に入る最も適切な1語を，1-d から始まる第5段落から抜き出して書きなさい。

問6　下線部(6)の動詞を本文に合う形にしなさい。

問7　下線部(7)を日本語にしなさい。

問8　下線部(8)は「ベルでさえも，今日の電話がどのようなものか，全く想像できなかっただろう」という意味です。そこで，あなたが「今日の電話」に関して Alexander Graham Bell に説明をすると仮定し，以下の空所①，②に入れるのに適切な英語を，それぞれ15語程度で書きなさい。その際，文が複数になってもかまいません。

The telephones we use now are different from the ones you invented in the nineteenth century. I'll explain what they are like.　First, ①＿＿＿＿＿＿＿＿＿＿＿＿＿＿＿＿＿＿＿＿

＿＿＿＿＿＿＿＿＿＿＿＿＿＿＿＿＿＿＿＿＿＿＿＿＿＿＿＿＿＿

Second, ②＿＿＿＿＿＿＿＿＿＿＿＿＿＿＿＿＿＿＿＿＿＿＿＿＿＿

＿＿＿＿＿＿＿＿＿＿＿＿＿＿＿

III　次の英文を読んで，後の問いに答えなさい。

One of the first skills a child will learn upon entering school is (　1　) to write his or her name and (　1　) to write the other alphabet letters.　It is a learned skill that *requires knowledge of words, fine *motor skills, and memory.　Along with reading, it is one of the most basic skills needed for all subjects.　However, writing did not always *exist in alphabet form as we know it today.　In fact, there was a time when it did not exist at all.

The ancient Egyptians created *hieroglyphics, the first form of writing, around 3500 BC.

(2)

However, hieroglyphics were not limited to pictograms.　Some pictures could represent a sound. For example, a picture of a bird *functioned as the sound "a."　It was a very *complicated form of writing.　In total, there were more than 700 pictures or symbols—many more than the 26 letters in the English alphabet.　In addition, there was no *punctuation.　To make things more difficult, hieroglyphics could be written from left to right, right to left, or even from top to bottom.　Because hieroglyphic writing had (3)such a complex written form, it took many years of practice to master it. Most Egyptians at that time could not read or write.　Writing was a highly learned skill that only the government writers or the *priests knew how to do.

Like the Egyptians, the ancient Chinese also developed a writing system based on (4 ア) from around the period of 1500 BC. Like some hieroglyphics, the first Chinese characters looked like the word they were meant to represent. For example, the word *sun* was a visual (4 イ) of the sun. Also, like hieroglyphics, the Chinese characters were not limited to pictograms. Other characters were created to represent *concepts. They did not necessarily look like the word itself. In fact, many Chinese characters are a combination of two or more characters. For example, the character combination of (5 ア) and (5 イ) means *bright.* In this way, each character and combination has a unique meaning. Chinese speakers had to learn thousands of unique pictures or characters to be able to read and write the language. (6)This makes Chinese one of the most difficult languages even today. The form of the pictograms used in ancient Chinese writing has changed and now only *makes up a small percentage of the Chinese characters. However, it is still *considered one of the longest-lasting writing systems that exists today because of its ancient roots.

Pictograms, like those used in ancient Egyptian and Chinese writing, are still used in today's world. That is, (7)pictures are still used to communicate ideas even today. For example, anywhere you may travel, a sign that shows a simple figure of a man or woman is *sufficient to communicate which restroom is for women and which is for men. On roads, a picture of children walking shows where children usually cross the street. A picture of an animal on a sign by the road warns drivers that such animals are in the area. In addition, you can find no-smoking pictograms almost anywhere you go. These days, young people are also *making more use of pictograms in emails and text messages in the form of emojis. These are used to communicate feelings or other thoughts.

Though the invention of writing started with the use of pictograms, hieroglyphics are not written in Egypt anymore and ancient Chinese pictograms have changed. In addition, writing has *evolved and most modern languages now use an alphabet system. Still, pictograms remain the most basic form of written language communication and are still in use today.

［注］ require：～を必要とする　motor skill：運動機能　exist：存在する
hieroglyphics：ヒエログリフ(象形文字)　function：機能を果たす　complicated：複雑な
punctuation：句読点　priest：神官，聖職者　concept：概念　make up ～：～を占める
consider：～とみなす　sufficient：十分な　make use of ～：～を使う　evolve：発達する

問1　空所(1)に共通して入る最も適切なものを以下より選び，記号で答えなさい。

A．how　B．what　C．where　D．why

問2　空所 (2) には次の四つの文が入ります。文意が最も自然になるように並べかえたものを，A～Fの中から一つ選び，記号で答えなさい。

ア．For example, if the word was a bird, then the picture would be a bird.
イ．Hieroglyphics looked like pictures.
ウ．Some pictures would *represent the objects.
(represent：～を表す，象徴する)
エ．These are called pictograms.

A．イ→ア→エ→ウ　B．イ→ウ→ア→エ　C．イ→エ→ア→ウ
D．エ→ア→イ→ウ　E．エ→イ→ア→ウ　F．エ→ウ→ア→イ

問3　下線部(3)の内容に含まれるものとして，本文に書かれていることと合うものを以下より一つ選び，記号で答えなさい。

A．It had more than 700 symbols and more than 26 alphabets were in it.

B．It had no punctuation and could be written in different directions.

C．It was so difficult that no one could master it at that time.

D．It was taught to the people in Egypt by the government writers and the priests.

問４　空所（４ア）と（４イ）に入る語の組み合わせとして最も適切なものを以下より選び，記号で答えなさい。

A．（４ア）　alphabets　　（４イ）　effect

B．（４ア）　alphabets　　（４イ）　image

C．（４ア）　pictograms　（４イ）　effect

D．（４ア）　pictograms　（４イ）　image

問５　空所（５ア）と（５イ）に入る最も適切な語を以下より二つ選び，解答用紙の記号を丸で囲みなさい。なお，それぞれの語が入る順番は問わない。

A．eye　　B．moon　　C．mountain　　D．sun　　E．tree　　F．water

問６　下線部(6)が示す内容を35字以上40字以内の日本語で具体的に説明しなさい。

問７　下線部(7)について，本文に書かれていることと合うものを以下より一つ選び，記号で答えなさい。

A．A figure of a woman helps us understand that the restroom with this sign is for women.

B．School children must not cross the street if they find a pictogram of children walking.

C．When drivers see a pictogram of animals, they must tell other drivers to be careful.

D．When you see a no-smoking pictogram, you must not play with fire.

問８　本文の内容をまとめた以下の文中の空所（１）～（４）に入れるのに適切なものをそれぞれ一つ選び，記号で答えなさい。

Most of today's writing systems use（　1　）. However, old forms of writing used（　2　）. Egyptian hieroglyphics used many pictograms, and the ancient Chinese also created a writing system that used pictograms.　Although hieroglyphics are no longer used and（　3　）of the ancient Chinese pictograms remain in today's Chinese characters, pictograms are used in（　4　）communication in forms such as road signs and emojis.

（１）	A．alphabets	B．knowledge	C．memory	D．names
（２）	A．letters	B．pictures	C．sounds	D．subjects
（３）	A．none	B．very few	C．many	D．almost all
（４）	A．ancient	B．difficult	C．emotional	D．modern

IV　次の下線部(1)，(2)を英語にしなさい。

(1)日本に留学中のカナダの友人を連れて高尾山（Mt. Takao）に登った。ぼくは久々の山登りでちょっときつかったけど，彼は人気の観光名所を訪れることができてとても喜んでくれた。(2)山頂が思いのほかごった返していたために彼は目を丸くしていた。良い思い出になってくれるといいな。

＜リスニング問題放送原稿＞

M…male speaker　　F…female speaker

A

(1)　M：It has been raining so hard.　It's been very windy, too.

F：How did you come to the office？

M：All the trains were cancelled, so I took a bus.

F : As for me, my husband drove me to the office.

Question : How did the woman come to the office ?

(2) F : How was your weekend, Joe ? Did you go somewhere ?

M : No, my family and I stayed home and relaxed. My children played video games, and my wife watched her favorite movie, and I looked after the flowers in my garden.

F : How is your garden this year ?

M : It's really beautiful ! Why don't you come and see it ?

Question : What did the man do on the weekend ?

(3) F : I've just finished checking your science homework, Max.

M : Thanks, Mom. Were there any mistakes ?

F : Well, no, but there was one question you forgot to answer. It's number 9 on page 5.

M : Oh, I'll do it right now before I watch TV.

Question : What did the mother say about her son's science homework ?

(4) M : Hello. I'd like to order two bowls of Vietnamese noodle soup for delivery, please.

F : I'm sorry, but we don't serve Vietnamese noodles. We are an Italian restaurant.

M : Isn't this Saigon Café on Lincoln Street ?

F : No. This is Saint Gordon's Café on Washington Avenue. Well, our names sound quite similar, so people sometimes call us by mistake.

Question : Why can't the man order Vietnamese noodles ?

(5) F : Here is your change, sir. Thank you for shopping with us.

M : Excuse me. I gave you 20 dollars, but you only gave me back four dollars. I bought two T-shirts, and I saw in the ad that if I buy one, I can get another one for free.

F : Well, that is just for the red T-shirts. Yours are blue, so it's 16 dollars in total.

M : Oh, I see. Can I exchange them with the red ones, then ?

Question : How much is the man probably going to pay ?

B

It was six o'clock in the evening. No one was in the museum. Tim Hilton, the guard, was going around, checking to see that everything was all right. Then, Tim saw something on the floor. He walked over. It was a beautiful painting. Tim picked it up and brought it to the director of the museum. The director said, "What a wonderful piece of art ! Where did it come from ?" Tim said, "I found it on the floor, on the fourth floor. Maybe it was stolen from another museum."

They called several museums to see if it was really a stolen painting, but they could not find the owner of the painting. So the director decided to hang it on the wall of his museum. Many people came to see the mysterious painting. They all said it was beautiful and had very deep meaning. The director was proud of the new painting in his museum. Tim felt proud of his discovery.

A few weeks later, a woman came to the museum with her son, who was five years old. While they were looking at the paintings, the little boy started crying loudly. The director came over to the child and asked, "Why are you crying ?" The boy pointed to the painting and said, "That's my painting on the wall. I drew it with my mom the other day and I liked it ! Please give it back to me !"

The director was very embarrassed.

Listen again.

【数　学】（50分）〈満点：100点〉

〈注意〉答えが無理数となる場合は，小数に直さずに無理数のままで書いておくこと。また，円周率はπとすること。

1　次の問いに答えよ。

(1)　$\left(\frac{5}{9}a^2b\right)^3\times\frac{1}{5}a^3b^4\div\left(-\frac{5}{3}a^2b\right)^2$ を計算せよ。

(2)　$(x-2)^2+(x-10)(x-2)+2x$ を因数分解せよ。

(3)　$\dfrac{(3\sqrt{2}-\sqrt{6})(\sqrt{3}+3)}{\sqrt{6}}$ を計算せよ。

2　次の問いに答えよ。

(1)　$x=3$ が x についての２次方程式 $ax^2+2a^2x-6=0$ の解であるとき，定数 a の値をすべて求めよ。

(2)　x の変域が $1\leqq x\leqq 6$ のとき，２つの関数 $y=\frac{12}{x}$ と $y=ax+b$ の y の変域が一致する。このような定数 a，b の値の組 $(a,\ b)$ をすべて求めよ。

(3)　大，小２つのさいころを投げ，大きいさいころの出た目の数を a，小さいさいころの出た目の数を b とする。右の図のように，辺 AB の長さが 4 cm，辺 BC の長さが 2 cm の長方形 ABCD がある。点Ｐ，Ｑはどちらも頂点Ａを出発点として，点Ｐは a cm，点Ｑは $(a+b)$ cm だけ，図の矢印の方向に辺上を動く。線分 PQ の長さを x cm とするとき，x が無理数となる確率を求めよ。

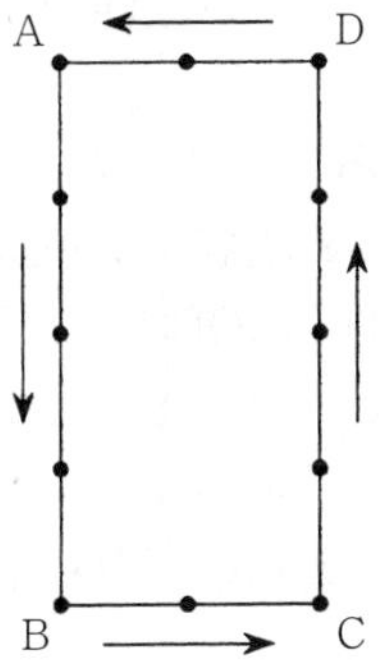

3　右の図のように，Ｐ地からＱ地，Ｒ地を通ってＳ地まで続くサイクリングコースがある。PS 間の道のりは 30km である。Ａ君とＢ君は同時にＰ地を自転車で出発し，２時間後に同時にＳ地に着いた。Ａ君の走る速さは，Ｐ地からＱ地までは時速 12km，Ｑ地からＲ地までは時速 16km，Ｒ地からＳ地までは時速 20km である。Ｂ君の走る速さは，Ｐ地からＱ地までは時速 18km，Ｑ地からＲ地までは時速 16km，Ｒ地からＳ地までは時速 12km である。PQ 間の道のりを x km，RS 間の道のりを y km として，x，y についての連立方程式をつくり，x，y の値を求めよ。答えのみでなく，求め方も書くこと。

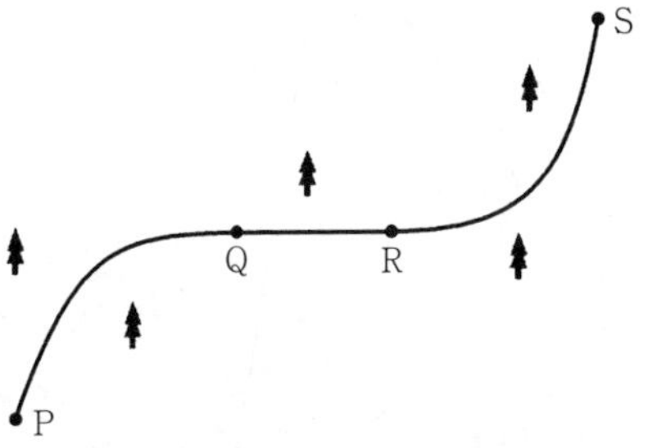

4　放物線 $y=ax^2$ 上に２点Ａ，Ｂがある。点Ａの座標は (4，24) で，点Ｂの x 座標は１である。点Ｂを通る傾きが負の直線を l とし，l と放物線 $y=ax^2$ の交点のうち，Ｂとは異なる点をＣとする。また，直線 l と x 軸の交点をＤとする。CB：BD＝16：9 のとき，次の問いに答えよ。

(1)　a の値を求めよ。また，点Ｃの座標を求めよ。

(2)　△OAB と △OAC の面積の比を求めよ。

(3)　x 軸上の $x<0$ の部分に，点Ｅを △AED と四角形 ODAC の面積が等しくなるようにとる。点Ｅの x 座標を求めよ。

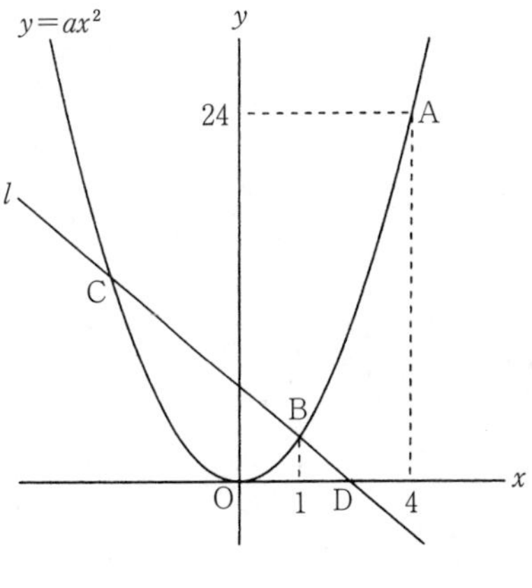

5　右の図のように，点Cを中心とし，線分ABを直径とする半円と，点Bを中心とし，線分DEを直径とする半円がある。ただし，Dは線分AC上の点である。$\overset{\frown}{AB}$と$\overset{\frown}{DE}$の交点をFとし，線分EFと$\overset{\frown}{FB}$の交点のうち，Fとは異なる点をGとする。

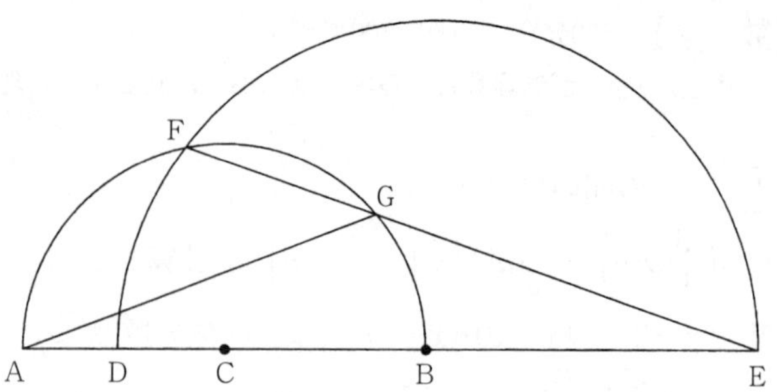

(1)　GA＝GEであることを証明せよ。

(2)　AC＝5，BE＝8のとき，次のものを求めよ。

①　△CBFの面積

②　EFの長さ

③　△GAEの面積

6　AB＝1である長方形ABCDを底面とする四角錐O-ABCDで，OA＝AB，OD＝CD，∠OAB＝∠ODC＝∠AOD＝90°とする。

(1)　△OBCの面積を求めよ。

(2)　四角錐O-ABCDの体積を求めよ。

(3)　辺OAの中点をMとし，3点M，C，Dを通る平面で四角錐O-ABCDを切る。このとき，点Oを含む方の立体の体積を求めよ。

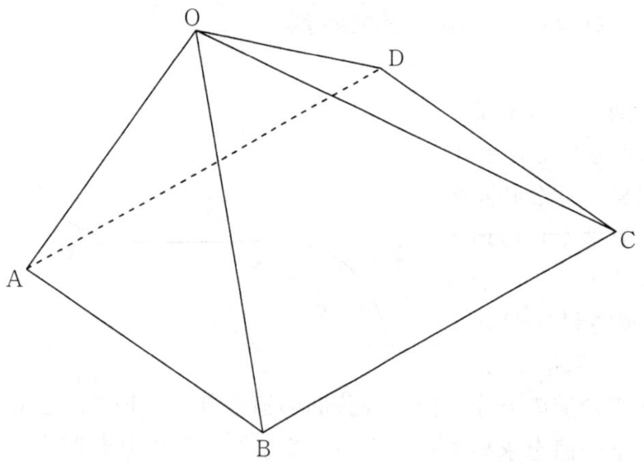

ア　仲間と群れずに、ただひとりで自分の体のあるべき姿を見すえているような女性の言葉に、手本とするべき意志の強さを感じたから。

イ　取り組んでいる運動における基本的な観点だけで自分の体を捉えた簡潔で新鮮な表現に触れ、共感とさらなる世界の広がりを覚えたから。

ウ　動詞をあえて使わないことで、自分が運動する存在であることをかえって印象深く表せることに気づかされ、視野の広がりを覚えたから。

エ　他人の目を気にすることなく、運動機能の向上を目指した結果としての体重を肯定的に受けとめる姿勢に、いさぎよさを感じたから。

なさい。

・が、下手に理解の範疇《はんちゅう》にあったからこそ、その痛ましさ、救いのなさに足下をすくわれ、身動きがとれなくなっていた。

問八　空欄 Ⅱ （二箇所ある）を補うのにふさわしい言葉を考え、**十字程度**で答えなさい。

問九　――線部⑦について。その「転機」によって、じっとしてはいられない気持ちになった恵利子の様子が最もはっきりとうかがえる**十五字以内**の表現を、――線部⑦よりも後の本文中からさがし、抜き出して答えなさい。

問十　――線部⑧は、恵利子にとってどのような意味をもつものであったか。その説明として最もふさわしいものを次の中から選び、記号で答えなさい。

ア　社会のありように失望させるという意味。
イ　主婦たちへの怒りをつのらせるという意味。
ウ　自分のありようを省みさせるという意味。
エ　若者たちへの理解を深めさせるという意味。

問十一　〰〰線部（15ページにある）について。本文全体をふまえると、「では、なんのために？」に対する答えはどのようなものだと考えられるか。わかりやすく説明しなさい。

問十二　＝＝線部a～dのカタカナを漢字に改めなさい。

二

次の文章は、三十代になってからサッカーを好きになり、地元のアマチュア女子サッカーチームに入団して活動している、韓国のエッセイスト、キム・ホンビ氏の文章である。これを読んで、後の問に答えなさい。

〔編集部注：課題文は著作権上の問題により掲載しておりません。作品の該当箇所につきましては次の書籍を参考にしてください〕

・キム・ホンビ著／小山内園子訳
「私たちのグラウンドを広く使う方法」
（『エトセトラ　VOL.6』所収）
〈エトセトラブックス　二〇二一年一一月二〇日第一刷発行〉
九頁一行目～一一頁最終行

問一　＝＝線部a・bのカタカナを漢字に改めなさい。

問二　――線部①について。「私たち」の多くは「自分の体をどう認識している」のか。「～ではなく、～認識している。」という形で、わかりやすくまとめなさい。

問三　――線部②について。ここで筆者が「忘れさせられた」という言い方をしているのはなぜか。その説明にあたる次の文の□を補うのに最もふさわしい言葉を本文中からさがし、**十五字以内**で抜き出して答えなさい。

・□によってもたらされる意識の変化であるから。

問四　――線部③について説明した次の文の□を補うのに最もふさわしい言葉を本文中からさがし、**十五字以内**で抜き出して答えなさい。

・以前は、むやみに体重を増やしたり筋肉をつけすぎたりした体は□であるかのように筆者には感じられていたが、サッカーにのめり込み、さまざまな運動をするようになって、それは自分の体にふさわしい取り扱い方を知らなかったからだと気づくことができた。

問五　空欄 A を補うのにふさわしい言葉を考え、**漢字一字**で答えなさい。

問六　――線部④について。このような瞬間を筆者が「一番好き」だと思うのはなぜか、わかりやすく説明しなさい。

問七　空欄 B を補うのにふさわしい言葉を考え、**二字**で答えなさい。

問八　――線部⑤について。筆者が「グッときてしまった」理由の説明として最もふさわしいものを次の中から選び、記号で答えなさい。

たって、ねえ」

「売名よ、売名。今の若い子たちはね、なにかをやって有名になるんじゃなくて、まずは有名になってからなにかしようって考えるんですって」

「日本政府はイラクへの入国は危険だって勧告してたわけじゃない。なのに勝手に入って、捕まって、身代金は私たちの税金から……なんて、いい迷惑よねえ。自己責任でなんとかさせればいいのよ」

「そうそう、自己責任よ」

それは当時の日本を支配していた論調であり、恵利子自身、その流れに便乗して解放された三人にどこかしら批判的な目を向けていた。税金を納めている自分には無分別な日本の若者を裁く権利がある、とでもいうように、内心はその志や行動力が妬《ねた》ましくもある彼らのことをふんぞり返ってながめていた。

が、しかしそのとき唐突に、同じようにふんぞり返っている⑧背後の声がひどくグロテスクな冗談のように響いたのだ。この麗《うら》らかな昼下がり、グラスワインを片手にカラフルな前菜をつつきながら、自分以外の誰かのためになにかをしようとした若者たちを弾劾する。それは自分ではなく、自分とよく似た誰かの声であるにもかかわらず、恵利子はなんとも言いがたい羞恥の念に襲われた。――いや、それがあまりにも自分とよく似た誰かの声であったが故かもしれない。

自分には関係ない、と目をそむければすむ誰かやなにかのために、私はこれまでなにをしたことがあるだろう?

デザートを待たずに席を立った帰りの道で、恵利子は初めてそんな問いを自分自身へ投げかけた。

尚美の口から「ボランティア」の一語を聞いたのは、その数日後――恵利子があの羞恥をかろうじて意識の表層に留めていた頃だった。

（森　絵都「犬の散歩」による）

※仮宿クラブ…尚美が所属する、犬の保護団体の名称。

問一　――線部①・②の意味として最もふさわしいものをそれぞれ後の中から選び、記号で答えなさい。

①「繰り言」

ア　（繰り返し口にする）愚痴　イ　（繰り返し口にする）不安

ウ　（繰り返し口にする）批判　エ　（繰り返し口にする）説教

②「ごまんと」

ア　明らかに　イ　残念ながら

ウ　非常に多く　エ　どこの場所にも

問二　――線部③について。その理由の説明として最もふさわしいものを次の中から選び、記号で答えなさい。

ア　男の言葉は、犬ではなく人を助けたい恵利子の気持ちを鋭く見抜き、皮肉な言い方でからかうものだったから。

イ　男の言葉は、はっきりとした目的もなく過ごす恵利子の日常を暴き出し、その怠惰を糾弾するものだったから。

ウ　男の言葉は、無意味なことだと自覚しつつ活動を続けている恵利子の良心を厳しく責め立てるものだったから。

エ　男の言葉は、恵利子が答えを見つけられず、つねに頭の中にあった問いを目の前に突きつけるものだったから。

問三　――線部④について。「瞼」を「長く閉ざしていた」とはどういうことか、簡潔に説明しなさい。

問四　空欄 I を補うのにふさわしいことわざもしくは格言を考え、**十字程度**で答えなさい。

問五　――線部⑤とはどういうことか、説明しなさい。

問六　――線部⑥について。「ふれあい広場」と「　」をつけて表記したのには、それが固有名詞であることを示す以外にも意味があると考えられる。その意味を説明しなさい。

問七　次の一文は、もともと「それでも、実際に犬たちの収容場所へと～」で始まる段落から、「にわかに重くなった足を動かし、～」で始まる段落までの中にあったものである。戻すのに最もふさわしい箇所をさがし、その箇所の**直後の五字**を抜き出して答え人間同等に生々しいのだ、と認めずにはいられなかった。

にわかに重くなった足を動かし、さらに通路を進んでいく。その先に現れたのは中型犬や大型犬用の広い犬舎で、六畳ほどに仕切られたいくつかの舎内に、数匹ずつの犬がまとめて収容されていた。ラブラドールやセッター犬などの純血種もいる。恵利子たちの気配を感じるが早いか、彼らはこぞって甲高い遠吠えを響かせ、舎内をそわそわとうろつきだした。自分はここにいるのだと、こうしてたしかにいるのだと、生い先の不透明なその存在を懸命にアピールしている。どの犬も全身で待っている。信じていた飼い主を。安らげる場所を。自由を。

「東京にはもうほとんど野良犬はいないから、ここにいるのはみんな捨て犬か迷い犬よ。ときどき、飼い犬をもてあました飼い主が自分で持ちこむケースもあるけどね」

尚美はもはやこの情景に心を慣らしたのだろうか。こちら側とあちら側とを隔てる鉄柵の前に膝をつき、尾を揺らして歩みよってくる犬に「飼い主はどうしたの？」などとささやきかけている。

「保護活動とか言ってもね、私たちが救いだせるのはこの中の一割にも満たないの。ぜんぶを救うには人手も資金もとうてい足りないし、そんなことしてたらすぐに活動自体が破綻しちゃう。だから、私の中にいつもあるのは、自分はこの犬たちの一割を救ってるんだって思いじゃなくて、ここにいる［Ⅱ］んだって思いなの」

［Ⅱ］。そんな思いを背負いつづける覚悟があるのなら、どうか私たちの仲間になってちょうだい——。

そんな言葉を恵利子に投げかけた尚美は、内心、さしたる期待を抱いてはいなかっただろう。恵利子には無理だ。務まるわけがない。瞳がそう語っていたし、恵利子自身もそう思っていた。私には無理だ、できるわけがない。そもそも他人の捨てた犬がどんな最期を迎えようと自分には関係のないことじゃないか、と。

けれどもその夜、眠れないまま鉄柵越しに見た犬たちの姿を頭によみがえらせていくうちに、恵利子ははたと思ったのだ。いや、私はすでに関係してしまったのだ、と。もしかしたら生まれて初めて自ら進んで関係することを選んだのだ、と。

テレビをつけるたび、新聞をめくるたび、そこには無数の事件や活路の見えない難題がぞろめいている。その多くが恵利子の理解を超えている。自分になにができるのかと考えることは、自分の無力さと向かいあうことだ。だから恵利子は長いことそれを放棄していた。ただの主婦である自分になにができるでもない、と。学生時代はただの学生である自分に、と思っていた。

そうして目をそむけてさえいれば、恵利子の毎日はそこそこ平穏に、波風もなくゆるゆると通りすぎていった。独身時代は両親に守られ、結婚してからは夫に守られ、家庭という王国でふんぞり返っていられた。

それでも心のどこかに、本当にこれでいいのかと、こうしてゆるゆると年だけを重ねていくのだろうかと、形にならない疑問がうごめいてもいた。

⑦転機は、よくある一齣《こま》のような顔をして恵利子の日常にもぐりこんだ。

恵利子はその日、今では犬の散歩コースとなった川沿いにあるイタリアンレストランを訪れた。そこは比較的リーズナブルな料金でランチのミニコースを供する店で、一人でも落ちつけるカウンター席があるせいか、ランチタイムはいつも恵利子のような主婦たちでにぎわっている。恵利子の真後ろのテーブル席にいたのも、恐らく三十代の半ばと思われる主婦の二人づれだった。

「どうして私たちの税金で、無分別な日本人の尻ぬぐいをしなきゃいけないのよねえ」

二人は食事のあいだじゅう、米軍による攻撃下のイラクで拉致され、解放された日本人三人の話題で白熱していた。

「正義だとか、平和だとかって、そりゃあ本人たちは立派なことをした気でいるんでしょうけど、なにも危ない国にわざわざ行かなく見したところはごく普通の四角い建物にすぎず、その内側に犬たちの咆哮が轟《とどろ》いているとは思えない。が、敷地内に一歩踏みこめば、そこには殺処分された犬たちを弔う慰霊碑や、⑥「ふれあい広場」なる犬の放し飼いスペース、犬猫の運搬用キャリーケースなど、意味ありげな物影がつぎつぎと目に留まる。職員用とおぼしき自転車置き場にはなぜだか巨大なサンドバッグが吊されている。動物のみならずここには人間のストレスまでもが滞っているのかと怖気《おじけ》づく恵利子に、「去年はここに一万五千匹近くの犬と猫が収容されたの」と尚美がささやいた。

「そのうちの一万二千匹が殺処分された」

「殺処分？」

「ここに収容された犬に残された時間は、七日間だけ。そのあいだに飼い主が引きとりにこなかったら、べつのセンターに移されて、炭酸ガスで殺されるのよ」

しかし中にはまだ若かったり、性格が温厚だったりと、家庭犬としての再出発が見込める犬もいる。一定の基準をもとに職員がその可能性を認めた犬にかぎっては七日間をすぎてもセンターに残され、一般家庭への譲渡を前提としたしつけ訓練をほどこされることになる。※仮宿クラブを含む保護団体もセンターと連携し、譲渡先探しに協力をしたり、再出発をはたせるか否かの微妙なライン上にいる犬を引きとったりしている——。

尚美の話に耳を傾けているうちに、所内の事務室から一人の職員が姿を現した。

「こんにちは」

「ああ、いつもお世話さまです」

犬を捕らえる側と、解きはなつ側と——理屈上は敵同士のようでもある女性職員と尚美とは、しかし無闇な殺生はしたくないという一点で通じあっているらしく、顔みしりの親しさで言葉を交わしている。尚美はしばしばここを訪れているようだ。

それでも、実際に犬たちの収容場所へと足を踏みいれる段になると、尚美は急にひどく頼りなげな顔をして、その鼓動が伝わるほどに大きな深呼吸をした。ただならぬその様子を前にして、恵利子はそのとき、少々aフキンシンな高ぶりを感じたのを憶えている。

このドアの向こうにドラマティックな悲劇が待ちうけている。普段の日常からは及びもつかないような、自分という人間を底辺から揺さぶり変質させるような、そんな決定的な衝撃がひそんでいるのではないか、と。

しかし実際、そこにあったのは日常の至るところに影を落とす悲劇の一部にすぎなかった。多くの人々が目をそむけ、あるいは見なかったふりをして通りすぎるたぐいの後ろ暗い現実。自分の理解を超えるほどの惨劇がそこにあったなら、逆に恵利子は一時的にbギョウギョウしくうろたえて終わりにできたかもしれない。

総じて清潔な場所ではあった。空調が整っているため、糞尿の臭気が鼻をつくこともなく、温度も適切に保たれている。ひんやりとした薄ら寒さは、だから肌ではなく別の器官を通じて心に忍び入ってくるのだろう。不安げな犬の遠吠え。なけなしのcキョセイをふりしぼるような威嚇。収容施設へのドアをくぐって最初に現れたのは小型犬や老犬、傷ついた犬などが隔離されている犬舎で、その日は八匹の犬がいた。鉄柵からのぞくどの顔もおびえ、ここから出たいとdコうている。ある犬はなぜ自分がここにいるのかわからずに混乱して吠えつづけ、ある犬は自分がここにいるわけを悟った恐怖から吠えつづける。吠え疲れたのか諦念の目を宙にさまよわせる犬も、恵利子たちにむかって必死に尾をふり愛想をふりまく犬もいる。

犬にも感情があるのだ。ごく当然のその事実を、よりによってこんな場所で恵利子は初めて突きつけられた。

生き物を飼ったことのない恵利子は、これまで人間以外の命にうとかった。犬は犬だと思っていた。猫もインコも、縁日の金魚も同じこと。自分とは関係のないところで生まれ死んでいく。ふにゃふにゃとした異質の存在——。けれども今、自らの運命を予期したような犬たちの表情を目の当たりにしていると、人間以外の命もまた

二〇二四年度　桐朋高等学校

【国　語】〈五〇分〉〈満点：一〇〇点〉

一　次の文章を読んで、後の問に答えなさい。

観ることもなくつけているテレビからは朝のワイドショーが流れ、昨日やおととい、一年前と代わりばえのしない事件がつぎつぎに映しだされていく。殺人。未成年者の犯罪。幼児虐待。政治家の汚職。他国の紛争や戦争。このところ暗い話題が多くて気が滅入りますねえ。本当に、始末に負えない事件ばかりで。滑舌の悪いコメンテイターが昨日やおととい、一年前と代わりばえのしない①繰り言をくりかえす。まったく始末に負えない。さらに悪いことに、話題性に富んだこれらは相次ぐ事件のごく一部で、実社会ではニュースにものぼらない無数の悲劇が日ごと人々を苦しめている。不慮の事故。リストラ。中小企業の倒産。自殺。たしかに、犬になどかまけていなくても、救いの手をさしのべるべき対象は②ごまんと存在する。

「犬助けとは、まったく優雅なもんだ」

さっきの男の声を思いだすと、だからこそ③恵利子の胸はうずく。自分は正しいことをしているのだと言いきることはできないし、そもそも正しいことをしたいわけでもない。

では、なんのために？

ここ二年間、つねに頭のどこかにあった問い。

一言でいえばなりゆきかな、と多少、肩の力が抜けてきた今の恵利子は思っている。

④長く閉ざしていた瞼《まぶた》を開いたとき、恵利子の前に現れたのは虐待に苦しむ子供でも遠い国の難民でもなく、人間に捨てられ人間に捕らえられた無数の犬たちだった。その瞳が、その咆哮《ほうこう》があまりにもリアルだったから、恵利子は見ないふりをして通りすぎることができなかったのだ。

犬猫の収容センター――捨て犬や迷い犬、飼育を放棄した飼い主に持ちこまれた犬猫が拘禁されている施設を恵利子が訪ねたのは、ちょうど二年前の春先だった。

きっかけは、尚美からかかってきた一本の電話だ。

「このまえ話したボランティアの件だけど、本当にやる気があるんなら、ちょっとつきあってほしいところがあるの」

尚美は大学時代から快活なリーダー肌で、恵利子はひそかにそんな彼女に憧れもしていたが、卒業後は片や専業主婦、片や独身の薬剤師という境遇の差のせいか、長らく年賀状だけのやりとりが続いていた。再び交流がはじまったのは、尚美が恵利子の近所に越してきた数年前。二人はときどきお茶をするようになり、恵利子は尚美が学生時代と変わらぬ精神の若さを維持していることに驚いた。ある日、尚美からボランティア活動の話をきいた恵利子は、反射的に「私もやりたい」と口走っていた。

よほどの犬好きでなければ務まらない仕事だ、とその場では諭されて終わったものの、尚美もどこかで気にかけていたのだろう。

「　Ｉ　。あれこれ説明するより、とにかくその目で見てもらおうと思って」

「見るって、なにを？」

「センター。俗にいう保健所の犬たちよ」

今にして思えば、⑤あれは一種の通過儀礼だったのだろう。尚美はテストをしたのだ。気ままな主婦の恵利子にこのボランティアが務まるのか。

実際、その時点での恵利子にはなんの覚悟もなかった。一体そこにはなにがあるのかと、少しばかりの興味を胸に尚美のあとについて電車を乗り継ぎ、八幡《はちまん》山という見慣れぬ駅に降り立っただけだ。そもそも収容センターがどのような施設であるのかもろくに知らずにいた。

八幡山の駅から徒歩十五分ほどの国道沿いにあるその施設は、一

2024年度／桐朋高等学校

英語解答

Ⅰ A (1)…C (2)…A (3)…D (4)…C (5)…B

B 問1 (1)…C (2)…B

問2 ア (例)すばらしい芸術作品

イ (例)５歳児が描いたもの

Ⅱ 問1 1-a…D 1-b…B 1-c…A 1-d…E

問2 A

問3 (例)母の額に口を当てて低い声で話すという方法。

問4 of his who later became his wife

問5 voice 問6 named

問7 (例)ほとんどの人々は，電話は仕事のための道具にしかならないと思っており，自宅に置くものになるとは思ってもいなかった

問8 ① (例) they don't need a wire. So we can carry them easily and use them anywhere. (15語)

② (例) they have many functions. For example, we can take pictures and send and receive messages. (15語)

Ⅲ 問1 A 問2 B 問3 B

問4 D 問5 B，D

問6 (例)中国語の読み書きには，何千もの個別の絵や文字を身につける必要があること。(36字)

問7 A

問8 (1)…A (2)…B (3)…B (4)…D

Ⅳ (1) (例) I climbed Mt. Takao with a Canadian friend who is studying in Japan.

(2) (例) He was very surprised to find that the top of the mountain was more crowded than he had expected.

Ⅰ 〔放送問題〕解説省略

Ⅱ 〔長文読解総合―説明文〕

≪全訳≫**1**もしあなたが電話なしでどうやって暮らしていくのか想像できないなら，その発明者であるアレクサンダー・グラハム・ベルに感謝の言葉を述べるといい。ベルは1847年にスコットランドで生まれた。1-a家族の影響もあり，彼はその生涯を通じてコミュニケーションに強い関心を持っていた。彼の祖父は俳優で有名なスピーチの教師で，彼の父親は最初の国際音声記号を開発した。母親の影響は全く異なるものだった。ほぼ完全に耳が聞こえなかったので，彼女にとってコミュニケーションには大変な努力が必要だった。彼女はふだん，人の話を聞くために耳にチューブを当てていた。息子のアレクサンダーは幼い頃，彼女とコミュニケーションをとる別の方法を発見した。彼は彼女の額に口を当てて，低い声で話したものだった。音波が頭の骨を通して彼女の耳に届いた。これは，音に関する彼の多くの発見の中でも最初のものの１つだった。**2**10代の頃，ベルは男子校で音楽とスピーチを教えていた。空いている時間には，兄と一緒に，農作業に役立つ機械を含む，さまざまな発明に取り組んで楽しんだ。その後，ベルの兄弟は２人とも病気になりなくなった。ベルも同じ恐ろしい病気である結核にかかり，両親は一家でカナダに移住することにした。そこで彼の健康は回復した。**3**1-bベルは24歳のときにア

メリカに渡った。彼は耳が聞こえない子どもたちの学校で教えるためにボストンに行った。ボストンでは，後に妻となる彼の生徒のメイベル・ハバードと恋に落ちた。この時期，ベルはとても忙しい身だった。彼は教えるだけでなく，いくつかの発明にも取り組んでいた。❹ベルの主な目標は，耳が聞こえない人々が聞こえるように手助けをする機械をつくることだった。1-c彼はまた，電報を改良しようともしていた。当時，電報は長距離で情報をすばやく送る唯一の方法だった。電報のメッセージは電線を伝わり，アルファベットの文字に長音と短音を使うモールス符号で送られた。ベルは，人間の声を電線伝いに送る方法を見つけようとしていた。しかし，このアイデアを信じる人はほとんどおらず，人々は彼に「あなたは時間を無駄にしている。あなたはよりよい電報を発明しようとするべきだ。そうすればお金が手に入る」と言い続けた。❺1-dベルは音と電気については大いに理解していたが，実は物をつくるのがあまり得意ではなかった。幸運なことに，彼はトーマス・ワトソンという人物に出会い，彼は後にベルにとって大きな助けとなった。ある日，1876年3月10日のことだが，2人は離れた部屋で仕事をしていた。彼らは，ワイヤーをある部屋から別の部屋に伝わせる新しい発明をテストする準備をしていた。うまくいかず，ベルは「ワトソン君，ここに来てくれ。君が必要なんだ！」と叫んだ。彼の声はワイヤーを伝わり，ワトソンは新しい機械からその声が出てくるのを聞いた。それが世界初の電話だった。ベルがそのとき気づいていたかどうかわからないが，彼は大金持ちになる過程にあった。❻その直後，ベルは父親に次のような手紙を書いた。「電信線が水道やガスのように家々に届き，友人どうしが家を出ることなく会話をする日が来るでしょう」　もしかすると父親はこのアイデアを聞いて笑ったかもしれない。当時，ほとんどの人々は，電話は仕事のための道具にしかならないと思っており，自宅に置くものになるとは思ってもいなかった。ベルはそれに対してより大きな未来を見ることができたが，彼でさえも，今日の電話がどのようなものか，全く想像できなかっただろう。

問１＜適文選択＞1-a．この後に続く家族についての説明が，ベルに与えた影響の具体的な説明になっている。　1-b．直後にHe went to Bostonとあることから，ベルはアメリカに引っ越したと考えられる。　1-c．この後，電報に関する説明が続いている。　1-d．直後のLuckily「幸運なことに」から，空所には何かよくないことが入ると考えられる。物をつくるのが得意でないが，幸運にも(それが得意な)ワトソンに出会ったという文脈である。

問２＜英文解釈＞直後のShe usually held a tube to her ear in order to hear people「彼女はふだん，人の話を聞くために耳にチューブを当てていた」という文から，ベルの母親は耳に障がいがあったことがわかる。この内容を表すのはA.「彼女は耳がよく聞こえなかった」。　deaf「耳が聞こえない」

問３＜語句解釈＞「母親とコミュニケーションをとるためにした方法」を探す。その具体的な内容は直後の文で説明されている。anotherは‘an「１つの」＋other「別の」’という形。theの場合とは異なり，a/anがついた語はそれ以前には話題になっていないので，その具体的な内容は後に説明される。

問４＜整序結合＞語群のwho，later became，wifeなどから「後に彼の妻になった彼の(生徒)」という意味になると考えられる。a student of his「彼の生徒」は，a friend of mine「私の友達」と同じ‘a/an＋名詞＋of＋所有代名詞’の形。これをwho later became his wifeで修飾する。

問５＜適語補充＞ベルは電話を発明した人物。つまり，彼は人間の「声」を送る方法を見つけようとしていたのである。第５段落第７文に His voice ... とある。

問６＜語形変化＞「トーマス・ワトソンと名づけられた男」と考え，過去分詞の named にする。named Thomas Watson が前にある a man を修飾する，過去分詞の形容詞的用法。

問７＜英文和訳＞'expect 〜 to …' で「〜が…すると思う」という意味。just 以降は '*A*, not *B*'「*A* で *B* ではない〔*B* ではなく *A*〕」の形になっている。that は目的格の関係代名詞で that 以下が something を修飾している。「ほとんどの人々は，電話が自宅に置くものになるとは思っておらず，仕事のための道具にしかならないと思っていた」などとしてもよい。

問８＜条件作文＞≪全訳≫私たちが現在使っている電話は，あなたが19世紀に発明したものとは違います。それらがどんなものか説明します。第一に，①(例)それらは電線を必要としません。だから簡単に持ち運べ，どこでも使うことができます。第二に，②(例)多くの機能があります。例えば，写真を撮ったり，メッセージを送受信したりできます。

＜解説＞①，②ともに，グラハム・ベルの時代の電話とは異なる現在の電話の特徴を述べる文を入れる。　(別解例)① they are much smaller than yours. So we can carry them with us anywhere.「それらはあなたのものよりずっと小さいです。だからどこにでも持ち歩くことができます」　② they are more useful. We can send not only sound but pictures and videos.「それらはもっと便利です。音だけでなく，画像や動画を送ることもできます」

Ⅲ〔**長文読解総合―説明文**〕

≪全訳≫❶子どもが学校に入ってすぐ最初に学ぶ技能の１つは，自分の名前の書き方と，他のアルファベットの文字の書き方である。それは，単語の知識，細やかな運動機能，記憶力を必要とする学習技能だ。読むことと並び，それは全ての教科で必要とされる最も基本的な技能の１つである。しかし，書くことは，私たちが今日知っているようなアルファベットの形で常に存在していたわけではない。実際，全く存在しなかった時代もあったのだ。**❷**古代エジプト人は，紀元前3500年頃に最初の文字であるヒエログリフ(象形文字)をつくった。／→**イ**．ヒエログリフは絵のように見えるものだった。／→**ウ**．物を表す絵もあった。／→**ア**．例えば，単語が鳥だったら，絵は鳥になる。／→**エ**．これらはピクトグラムと呼ばれる。／しかし，ヒエログリフはピクトグラムに限ったものではなかった。音を表す絵もあったのだ。例えば，１羽の鳥の絵が，「a」の音として機能した。それはとても複雑な文字だった。全部で700以上の絵や記号があり，それは英語のアルファベットの26文字よりもずっと多かった。さらに，句読点もなかった。さらに難しいことに，ヒエログリフは左から右へ，右から左へ，あるいは上から下へも書くこともできた。ヒエログリフの文字はこのような複雑な文字であったため，それを習得するには長年の練習が必要だった。当時のエジプト人のほとんどは読み書きができなかった。文字を書くことは，政府の書記官や聖職者だけが方法を知っている，高度に学術的な技術だったのだ。**❸**エジプト人と同様，古代中国人も紀元前1500年頃からピクトグラムをもとにした文字体系を発達させた。いくつかのヒエログリフと同様，当初の漢字は，その文字が表す単語のように見えた。例えば，「太陽〔日〕」という文字は太陽を視覚化したものだった。また，ヒエログリフのように，漢字はピクトグラムに限定されなかった。概念を表すために他の文字もつくられた。それらは必ずしもその単語そのものに似ていたわけではなかった。実際，多くの漢字は２つ以上の文字の組み合わせである。例えば，「太陽〔日〕」と「月」の組み合わせは「明るい」を意味する。このように，それぞれの文字とその組み合わせは個別の意味を持っている。中国語話者は，この言語を読み書きできるようになるために，何千もの個別の絵や文字を身につけなければならなかった。このため，中国語は今日でも最も難しい言語の１つとなっている。古代中国語の文字に使われていたピクトグラムの形は変化し，今では漢字のごく一部を占めるにすぎない。しかし，その古代のルーツから，現存する最も長く続く文字体系の１つだと考えられている。❹古代エジプトや中国の文字で使われていたようなピクトグラムは，現代の世界でもまだ使われている。つまり，今日でも絵はアイデアを伝えるために使われているのだ。例えば，あなたがどこを旅行しても，男女の単純な図を示す標識があれば，どのトイレが女性用で，どのトイレが男性用かを伝えるのに十分である。道路で子どもたちが歩いている絵があれば，子どもたちがふだん横断している場所であることがわかる。道路脇の標識に描かれている動物の絵は，運転手にそのような動物がその地域にいることを警告している。さらに，禁煙を表すピクトグラムはほぼどこに行っても見られる。最近では，若者も絵文字の形式で，ピクトグラムをメールやテキストメッセージに使うことが多くなっている。これらは気持ちや他の考えを伝えるのに使われている。❺文字の発明はピクトグラムの使用とともに始まったが，エジプトではヒエログリフはもはや使われておらず，古代中国のピクトグラムは変化した。また，文字は発達し，ほとんどの現代語は現在，アルファベットを使っている。それでもなお，ピクトグラムは書き言葉によるコミュニケーションの最も基本的な形であり続けており，現在でも使われているのだ。

問１＜**適語選択**＞学校に入って最初に学ぶのは，名前やアルファベットの「書き方」である。　how to ～「～の仕方」

問２＜**文整序**＞前文で紹介したヒエログリフを具体的に説明する内容が続くと考えられる。まず，ヒエログリフ全体をおおまかに説明するイが最初にくる。アは，ウの「物を表す絵もある」という文の具体例なのでウ→アの順になる。エは，アの例を含む物を表す絵がピクトグラムと呼ばれるという内容なので，この後に続ける(エの These が指すのはウの Some pictures)。

問３＜**指示語**＞such a complex written form「このような複雑な文字」の内容は，下線部の前の３文で，700以上の絵や記号があること，句読点がないこと，さまざまな方向に書くことができることが挙げられている。これに合うのはB.「句読点がなく，さまざまな方向に書くことができた」。

問４＜**適語選択**＞(4　ア)文頭に Like the Egyptians「エジプト人と同様」とあるので，古代中国人も「ピクトグラム」をもとにした文字体系を発達させたとわかる。　(4　イ)空所を含む文は当初の漢字の具体例を示す文。前文に Like some hieroglyphics「いくつかのヒエログリフと同様」とあることから，当初の漢字も絵のような視覚的な image だったと考えられる。

問５＜**適語選択**＞bright は「明るい」という意味。「明」は「日」と「月」を組み合わせた文字である。

問６＜**指示語**＞下線部に続く内容から，This は中国語が難しくなる原因を指していると考えられる。多くの絵や文字を覚えなければならなかったという直前の文の内容をまとめる。

問７＜**要旨把握**＞下線部の，現在も絵が使われているという例は，次の文以降で紹介されている。A.「女性の図は，この標識のあるトイレが女性用であることを理解させてくれる」は，直後の文の内容に一致する。　B.「学校に通う子どもたちは子どもたちが歩いているピクトグラムを見つけたら，通りを横断してはいけない」　C.「ドライバーは動物のピクトグラムを見たら，他の運転手に気をつけるように言わなければならない」　D.「禁煙のピクトグラムを見たら，火遊びをしてはいけない」

問8＜要約文完成＞≪全訳≫今日の文字体系のほとんどは(1)アルファベットを使用している。しかし，昔の文字は(2)絵を使っていた。エジプトのヒエログリフは多くのピクトグラムを使い，古代中国人もピクトグラムを使った文字体系をつくった。ヒエログリフはもはや使われておらず，古代中国のピクトグラムも今日の漢字には(3)ほとんど残っていないが，ピクトグラムは(4)現代のコミュニケーションにおいて，道路標識や絵文字などの形で使われている。

＜解説＞(1)第５段落第２文参照。　(2)第２，３段落参照。エジプトや中国では，絵の文字であるピクトグラムが多く使われていた。　(3)第３段落最後から２文目参照。古代中国語のピクトグラムは変化し，現代の漢字に占める割合はごくわずかである。　(4)第４，５段落参照。道路標識や絵文字は，「現代の」コミュニケーションで使われている。

Ⅳ〔**和文英訳―完全記述**〕

(1)「私は日本に留学しているカナダの友人と一緒に高尾山に登った」と読み換える。「日本に留学しているカナダの友人」は，解答例のように主格の関係代名詞を使うか，または現在分詞の形容詞的用法を用い，a Canadian friend studying in Japan としてもよい。

(2)「山頂がごった返していた」は，「山頂が混んでいた」ということ。crowded は「(場所などが)混み合った」という意味の形容詞。「思いのほか」は「予想していたより」と読み換える。「予想していた」のは「混んでいた」という過去の時点より前のことなので，解答例のように‘had＋過去分詞’の過去完了にしてもよいが，過去形でもかまわない。「～ために目を丸くしていた」は，解答例では「～だと気づいてとても驚いた」と読み換えているが，be surprised that ～「～ということに驚く」の形を使い，He was very surprised that ～ としたり，「～ために」を‘原因’ととらえ，He was very surprised because ～ などとしたりすることもできる。

数学解答

1 (1) $\frac{1}{81}a^5b^5$　(2) $2(x-3)(x-4)$

(3) $2\sqrt{3}$

2 (1) $\frac{1}{2}$，-2

(2) $(a,\ b)=(2,\ 0)$，$(-2,\ 14)$

(3) $\frac{5}{9}$

3 $x=12$，$y=10$

4 (1) $a=\frac{3}{2}$，$C\left(-\frac{5}{3},\ \frac{25}{6}\right)$

(2) 27：85　(3) $-\frac{85}{36}$

5 (1) (例)点Fと点Bを結ぶ。$\overset{\frown}{GB}$に対する円周角より，∠GAE＝∠BFE……①　半円Bの半径より，BE＝BFだから，∠GEA＝∠BFE……②　①，②より，∠GAE＝∠GEA　よって，GA＝GE

(2) ①　12　②　$\frac{24\sqrt{10}}{5}$　③　27

6 (1) $\frac{\sqrt{3}}{2}$　(2) $\frac{1}{3}$　(3) $\frac{1}{8}$

1〔独立小問集合題〕

(1)＜式の計算＞与式$=\frac{125}{729}a^6b^3\times\frac{1}{5}a^3b^4\div\frac{25}{9}a^4b^2=\frac{125a^6b^3}{729}\times\frac{a^3b^4}{5}\times\frac{9}{25a^4b^2}=\frac{125a^6b^3\times a^3b^4\times9}{729\times5\times25a^4b^2}=\frac{1}{81}a^5b^5$

(2)＜式の計算―因数分解＞与式$=x^2-4x+4+x^2-12x+20+2x=2x^2-14x+24=2(x^2-7x+12)=2(x-3)(x-4)$

(3)＜数の計算＞与式$=\frac{\sqrt{2}(3-\sqrt{3})(3+\sqrt{3})}{\sqrt{6}}=\frac{3^2-(\sqrt{3})^2}{\sqrt{3}}=\frac{9-3}{\sqrt{3}}=\frac{6}{\sqrt{3}}=\frac{6\times\sqrt{3}}{\sqrt{3}\times\sqrt{3}}=\frac{6\sqrt{3}}{3}=2\sqrt{3}$

2〔独立小問集合題〕

(1)＜二次方程式―解の利用＞$x=3$が二次方程式$ax^2+2a^2x-6=0$の解であるから，解を方程式に代入して，$a\times3^2+2a^2\times3-6=0$より，$6a^2+9a-6=0$，$2a^2+3a-2=0$となる。よって，$a=\frac{-3\pm\sqrt{3^2-4\times2\times(-2)}}{2\times2}=\frac{-3\pm\sqrt{25}}{4}=\frac{-3\pm5}{4}$となるから，$a=\frac{-3+5}{4}=\frac{1}{2}$，$a=\frac{-3-5}{4}=-2$である。

(2)＜関数―a，bの値＞関数$y=\frac{12}{x}$は，$x>0$では，xの値が増加するとyの値は減少するから，xの変域$1\leqq x\leqq6$においては，$x=1$のときyは最大，$x=6$のときyは最小となる。$x=1$のとき$y=\frac{12}{1}=12$，$x=6$のとき$y=\frac{12}{6}=2$だから，yの変域は$2\leqq y\leqq12$となる。関数$y=ax+b$は，$a>0$のとき，xの値が増加するとyの値は増加し，$a<0$のとき，xの値が増加するとyの値は減少する。xの変域が$1\leqq x\leqq6$のときのyの変域が一致するので，$a>0$では，$x=1$のときyは最小の$y=2$，$x=6$のときyは最大の$y=12$となる。これより，$2=a\times1+b$，$12=a\times6+b$となり，$a+b=2$……①，$6a+b=12$……②となる。②－①より，$6a-a=12-2$，$5a=10$，$a=2$であり，これを①に代入して，$2+b=2$，$b=0$である。また，$a<0$では，$x=1$のときyは最大の$y=12$，$x=6$のときyは最小の$y=2$となる。これより，$12=a\times1+b$，$2=a\times6+b$となり，$a+b=12$……③，$6a+b=2$……④となる。④－③より，$6a-a=2-12$，$5a=-10$，$a=-2$であり，これを③に代入して，$-2+b=12$，$b=14$である。以上より，求めるa，bの値の組は$(a,\ b)=(2,\ 0)$，$(-2,\ 14)$である。

(3)＜確率―さいころ＞大，小2つのさいころを投げるとき，目の出方は全部で$6\times6=36$(通り)あるから，a，b の組は36通りある。点Pは頂点Aから a cm，点Qは頂点Aから $a+b$ cm 辺上を動くので，点Qは点Pの b cm 前方にある。よって，$a=1$，2，3，4，5，6の各場合において，$b=1$，2，3，4，5，6のときの点Qを Q_1，Q_2，Q_3，Q_4，Q_5，Q_6 とすると，2点P，Qの位置は，右図のようになる。$a=1$ の場合，$PQ_1=1$，$PQ_2=2$，$PQ_3=3$，$PQ_4=\sqrt{3^2+1^2}=\sqrt{10}$，$PQ_5=\sqrt{3^2+2^2}=\sqrt{13}$，$PQ_6=\sqrt{2^2+2^2}=2\sqrt{2}$ より，x が無理数となるのは，$b=4$，5，6の3通りある。同様に考えると，x が無理数となるのは，$a=2$ の場合は $b=3$，4，5の3通り，$a=3$ の場合は $b=2$，3，5，6の4通り，$a=4$ の場合は $b=3$，4，5，6の4通り，$a=5$ の場合は $b=2$，3，4，5の4通り，$a=6$ の場合は $b=5$，6の2通りある。よって，x が無理数となるのは $3+3+4+4+4+2=20$(通り)だから，求める確率は $\frac{20}{36}=\frac{5}{9}$ となる。

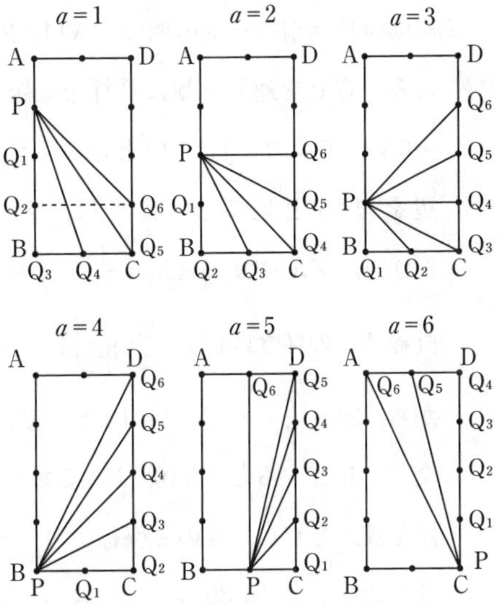

3 〔数と式―連立方程式の応用〕

PS 間の道のりは30km で，PQ 間を x km，RS 間を y km とするから，QR 間の道のりは，$30-x-y$ km となる。A君は PQ 間を時速12km，QR 間を時速16km，RS 間を時速20km で走り，P地からS地まで2時間かかったので，$\frac{x}{12}+\frac{30-x-y}{16}+\frac{y}{20}=2$ が成り立ち，$20x+15(30-x-y)+12y=480$，$20x+450-15x-15y+12y=480$，$5x-3y=30$……①となる。B君は PQ 間を時速18km，QR 間を時速16km，RS 間を時速12km で走り，P地からS地まで2時間かかったので，$\frac{x}{18}+\frac{30-x-y}{16}+\frac{y}{12}=2$ が成り立ち，$8x+9(30-x-y)+12y=288$，$8x+270-9x-9y+12y=288$，$-x+3y=18$……②となる。①+②より，$5x+(-x)=30+18$，$4x=48$，$x=12$(km)であり，これを②に代入して，$-12+3y=18$，$3y=30$，$y=10$(km)である。

4 〔関数―関数 $y=ax^2$ と一次関数のグラフ〕

≪基本方針の決定≫(3)　△AED と四角形 ODAC から，△AOD を除いた部分に着目する。

(1)＜比例定数，座標＞右図で，A(4，24)は放物線 $y=ax^2$ 上にあるので，$24=a\times4^2$ より，$a=\frac{3}{2}$ となる。これより，点Bは放物線 $y=\frac{3}{2}x^2$ 上の点となる。x 座標は1だから，$y=\frac{3}{2}\times1^2=\frac{3}{2}$ より，$B\left(1,\ \frac{3}{2}\right)$ である。2点C，Bから x 軸に垂線 CH，BI を引くと，△CHD∽△BID となるから，CH：BI＝CD：BD＝(16＋9)：9＝25：9となり，$CH=\frac{25}{9}BI=\frac{25}{9}\times\frac{3}{2}=\frac{25}{6}$ となる。よって，点Cの y 座標は $\frac{25}{6}$ である。点Cは放物線 $y=\frac{3}{2}x^2$ 上にあるから，$\frac{25}{6}=\frac{3}{2}x^2$ より，$x^2=\frac{25}{9}$，$x=\pm\frac{5}{3}$ となる。直線 l の傾きが負であることより，点Cの x 座標は負だから，$x=-\frac{5}{3}$ であり，$C\left(-\frac{5}{3},\ \frac{25}{6}\right)$ である。

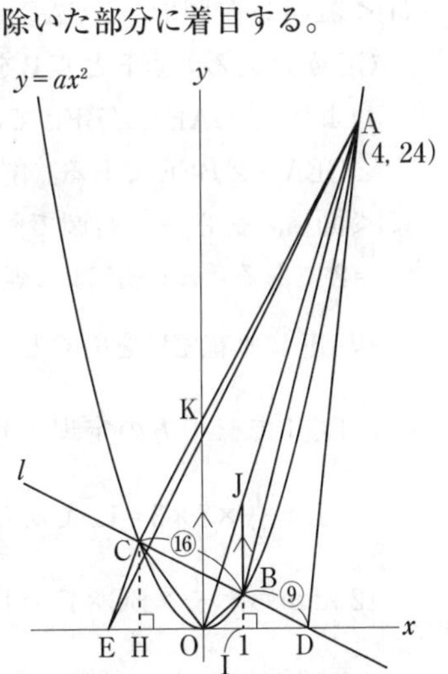

(2)<面積比>前ページの図で，A(4, 24)より，直線OAの傾きは$\frac{24}{4}=6$だから，その式は$y=6x$である。点Bを通りy軸に平行な直線と辺OAとの交点をJとすると，点Jのx座標は1だから，$y=6\times1=6$より，J(1, 6)となる。$B\left(1,\ \frac{3}{2}\right)$だから，$BJ=6-\frac{3}{2}=\frac{9}{2}$となる。△OBJ，△ABJの底辺を辺BJと見ると，高さは，2点B，Aのx座標より，それぞれ1，$4-1=3$となるから，$△OAB=△OBJ+△ABJ=\frac{1}{2}\times\frac{9}{2}\times1+\frac{1}{2}\times\frac{9}{2}\times3=9$となる。また，A(4, 24)，$C\left(-\frac{5}{3},\ \frac{25}{6}\right)$より，直線ACの傾きは$\left(24-\frac{25}{6}\right)\div\left\{4-\left(-\frac{5}{3}\right)\right\}=\frac{7}{2}$であり，その式は$y=\frac{7}{2}x+b$とおける。点Aを通るから，$24=\frac{7}{2}\times4+b$，$b=10$となり，直線ACの切片は10である。これより，直線ACとy軸との交点をKとすると，K(0, 10)であり，OK＝10である。△COK，△AOKの底辺を辺OKと見ると，高さは，2点C，Aのx座標より，それぞれ$\frac{5}{3}$，4だから，$△OAC=△COK+△AOK=\frac{1}{2}\times10\times\frac{5}{3}+\frac{1}{2}\times10\times4=\frac{85}{3}$となる。したがって，$△OAB:△OAC=9:\frac{85}{3}=27:85$である。

(3)<x座標>前ページの図で，△AED＝△AEO＋△AOD，〔四角形ODAC〕＝△OAC＋△AODなので，△AED＝〔四角形ODAC〕のとき，△AEO＝△OACとなる。これより，△AEOと△OACは底辺を辺OAと見たときの高さが等しいから，EC∥OAとなる。(2)より，直線OAの傾きは6だから，直線ECの傾きは6となる。直線ECの式を$y=6x+c$とおくと，$C\left(-\frac{5}{3},\ \frac{25}{6}\right)$を通るので，$\frac{25}{6}=6\times\left(-\frac{5}{3}\right)+c$，$c=\frac{85}{6}$となり，直線ECの式は$y=6x+\frac{85}{6}$である。点Eは直線$y=6x+\frac{85}{6}$と$x$軸の交点となるので，$y=0$を代入して，$0=6x+\frac{85}{6}$より，$x=-\frac{85}{36}$となり，点Eの$x$座標は$-\frac{85}{36}$である。

5〔平面図形―半円〕

≪基本方針の決定≫(2)① △CBFは二等辺三角形である。　② 点Fから線分ABに垂線を引いて直角三角形をつくる。

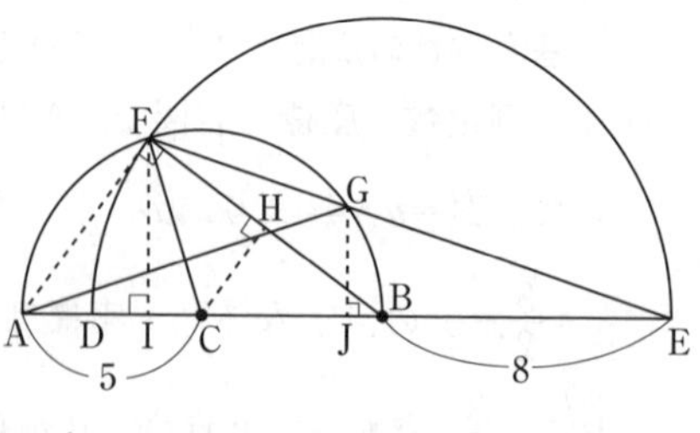

(1)<証明>右図で，∠GAE＝∠GEAが導ければ，GA＝GEがいえる。点Fと点Bを結ぶと，$\overset{\frown}{GB}$に対する円周角より，∠GAE＝∠BFEである。また，BE＝BFだから，∠GEA＝∠BFEである。解答参照。

(2)<面積，長さ>①右図で，FC＝BC＝AC＝5，BF＝BE＝8である。△CBFは二等辺三角形だから，点Cから辺BFに垂線CHを引くと，点Hは辺BFの中点となり，$BH=\frac{1}{2}BF=\frac{1}{2}\times8=4$である。よって，△BCHで三平方の定理より，$CH=\sqrt{BC^2-BH^2}=\sqrt{5^2-4^2}=\sqrt{9}=3$となるから，$△CBF=\frac{1}{2}\times BF\times CH=\frac{1}{2}\times8\times3=12$である。　②右上図で，点Fから線分ABに垂線FIを引くと，△CBF＝12だから，$\frac{1}{2}\times BC\times FI=12$であり，$\frac{1}{2}\times5\times FI=12$が成り立つ。これより，$FI=\frac{24}{5}$となる。△FICで三平方の定理より，$IC=\sqrt{FC^2-FI^2}=\sqrt{5^2-\left(\frac{24}{5}\right)^2}=\sqrt{\frac{49}{25}}=\frac{7}{5}$となるので，IE＝IC＋BC

$+\mathrm{BE}=\frac{7}{5}+5+8=\frac{72}{5}$ である。よって，△FIE で三平方の定理より，$\mathrm{EF}=\sqrt{\mathrm{FI}^2+\mathrm{IE}^2}=\sqrt{\left(\frac{24}{5}\right)^2+\left(\frac{72}{5}\right)^2}$ $=\sqrt{\frac{5760}{25}}=\frac{24\sqrt{10}}{5}$ となる。　③前ページの図で，∠GEA＝∠BEF，∠GAE＝∠BFE だから，△GAE∽△BFE である。EA＝AC＋BC＋BE＝5＋5＋8＝18 より，相似比は EA：EF＝18：$\frac{24\sqrt{10}}{5}$ ＝15：$4\sqrt{10}$ だから，△GAE：△BFE＝15^2：$(4\sqrt{10})^2$＝225：160＝45：32 となる。△CBF と△BFE は，底辺をそれぞれ辺 BC，辺 BE と見ると高さが等しいので，△CBF：△BFE＝BC：BE＝5：8 となり，△BFE＝$\frac{8}{5}$△CBF＝$\frac{8}{5}\times12=\frac{96}{5}$ となる。よって，△GAE＝$\frac{45}{32}$△BFE＝$\frac{45}{32}\times\frac{96}{5}=27$ である。

≪別解≫①前ページの図で，2点A，Fを結ぶ。AC＝BC より，△ACF＝△CBF だから，△CBF ＝$\frac{1}{2}$△ABF である。線分 AB は半円Cの直径だから，∠AFB＝90°である。AB＝2AC＝2×5＝10，BF＝8 なので，△ABF で三平方の定理より，$\mathrm{AF}=\sqrt{\mathrm{AB}^2-\mathrm{BF}^2}=\sqrt{10^2-8^2}=\sqrt{36}=6$ となる。これより，△ABF＝$\frac{1}{2}\times8\times6=24$ だから，△CBF＝$\frac{1}{2}\times24=12$ である。　②前ページの図で，△AFI ∽△ABF であり，相似比は AF：AB＝6：10＝3：5 だから，FI：BF＝3：5 より，FI＝$\frac{3}{5}$BF＝$\frac{3}{5}$ $\times8=\frac{24}{5}$ となり，AI：AF＝3：5 より，AI＝$\frac{3}{5}$AF＝$\frac{3}{5}\times6=\frac{18}{5}$ となる。IE＝AE－AI＝(10＋8)－ $\frac{18}{5}=\frac{72}{5}$ となるから，△FIE で，$\mathrm{EF}=\sqrt{\left(\frac{24}{5}\right)^2+\left(\frac{72}{5}\right)^2}=\frac{24\sqrt{10}}{5}$ である。　③前ページの図で，(1)より，GA＝GE だから，点Gから辺 AE に垂線 GJ を引くと，点Jは辺 AE の中点となり，JE＝ $\frac{1}{2}$AE＝$\frac{1}{2}\times18=9$ である。また，△GJE∽△FIE だから，GJ：FI＝JE：IE＝9：$\frac{72}{5}$＝5：8 であり，GJ＝$\frac{5}{8}$FI＝$\frac{5}{8}\times\frac{24}{5}=3$ となる。よって，△GAE＝$\frac{1}{2}\times18\times3=27$ である。

6〔空間図形―四角錐〕

≪基本方針の決定≫(1)　△OAB，△OCD，△OAD は直角二等辺三角形である。　(2)　面 OAD と面 ABCD が垂直であることに気づきたい。

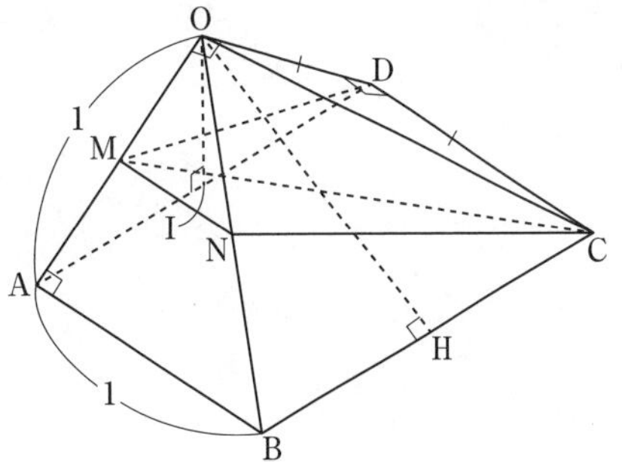

(1)＜**面積**＞右図で，OA＝AB＝1，∠OAB＝90°より，△OAB は直角二等辺三角形だから，OB＝$\sqrt{2}$AB＝$\sqrt{2}\times1=\sqrt{2}$ である。同様に，△OCD，△OAD も直角二等辺三角形だから，OC＝AD＝$\sqrt{2}$ である。四角形 ABCD は長方形だから，BC＝AD＝$\sqrt{2}$ となり，OB＝OC＝BC＝$\sqrt{2}$ となる。よって，△OBC は正三角形である。点Oから辺 BC に垂線 OH を引くと，△OBH は3辺の比が 1：2：$\sqrt{3}$ の直角三角形になるから，OH＝$\frac{\sqrt{3}}{2}$OB＝$\frac{\sqrt{3}}{2}\times\sqrt{2}=\frac{\sqrt{6}}{2}$ であり，△OBC ＝$\frac{1}{2}\times\mathrm{BC}\times\mathrm{OH}=\frac{1}{2}\times\sqrt{2}\times\frac{\sqrt{6}}{2}=\frac{\sqrt{3}}{2}$ となる。

(2)＜**体積**＞右上図で，∠OAB＝∠DAB＝90°より，AB⊥〔面 OAD〕だから，〔面 OAD〕⊥〔面 ABCD〕である。これより，点Oから面 ABCD に垂線 OI を引くと，点Iは辺 AD 上の点となる。△OAD が直角二等辺三角形だから，△OAI，△ODI は合同な直角二等辺三角形となり，OI＝AI＝DI＝

$\frac{1}{2}$AD$=\frac{1}{2}\times\sqrt{2}=\frac{\sqrt{2}}{2}$である。よって，〔四角錐 O-ABCD〕$=\frac{1}{3}\times$〔長方形 ABCD〕$\times$OI$=\frac{1}{3}\times(1\times\sqrt{2})\times\frac{\sqrt{2}}{2}=\frac{1}{3}$である。

(3)<**体積**>前ページの図で　3点M，C，Dを通る平面と辺OBの交点をNとすると，点Oを含む方の立体は，四角錐 O-MNCD である。四角錐 O-MNCD を三角錐 O-MNC と三角錐 O-MCD に分ける。DC∥AB より，DC∥〔面 OAB〕だから，MN∥DC となる。三角錐 O-MNC，三角錐 O-MCD の底面をそれぞれ△MNC，△MCD と見ると，高さは等しく，体積の比は〔三角錐 O-MNC〕：〔三角錐 O-MCD〕＝△MNC：△MCD＝MN：CD となる。△OMN∽△OAB となるから，MN：AB＝OM：OA＝1：2 より，MN$=\frac{1}{2}$AB$=\frac{1}{2}$CD である。よって，MN：CD$=\frac{1}{2}$CD：CD＝1：2 となるから，〔三角錐 O-MNC〕：〔三角錐 O-MCD〕＝1：2 であり，〔三角錐 O-MNC〕$=\frac{1}{2}$〔三角錐 O-MCD〕である。AB⊥〔面 OAD〕より，CD⊥〔面 OAD〕だから，三角錐 O-MCD は，底面を△OMD，高さを CD＝1 とする三角錐と見ることができる。OM$=\frac{1}{2}$OA$=\frac{1}{2}\times1=\frac{1}{2}$ より，△OMD$=\frac{1}{2}\times$OM$\times$OD$=\frac{1}{2}\times\frac{1}{2}\times1=\frac{1}{4}$ だから，〔三角錐 O-MCD〕$=\frac{1}{3}\times$△OMD$\times$CD$=\frac{1}{3}\times\frac{1}{4}\times1=\frac{1}{12}$ であり，〔三角錐 O-MNC〕$=\frac{1}{2}\times\frac{1}{12}=\frac{1}{24}$ となる。したがって，求める立体の体積は，〔三角錐 O-MNC〕＋〔三角錐 O-MCD〕$=\frac{1}{24}+\frac{1}{12}=\frac{1}{8}$ である。

＝読者へのメッセージ＝

放物線は，英語でパラボラ(parabola)といいます。パラボラアンテナは，断面が放物線の形をしています。

国語解答

一 問一　①…ア　②…ウ　　問二　エ

問三　困難を抱えている誰かや何かを自分とは関係のない存在だとして，ずっと見ないふりをして過ごしてきたこと。

問四　百聞は一見にしかず

問五　尚美が恵利子を収容センターに連れていったのは，犬たちの置かれた現実を恵利子に見せ，ボランティアを務める覚悟があるかどうか確かめるためのものだったのだということ。

問六　近いうちに殺処分される多くの犬を収容する場所と，ふれあい広場という和やかな名称がいかにも不釣り合いであることを際立たせること。

問七　総じて清潔

問八　九割を見捨てて(い)る

問九　デザートを待たずに席を立った

問十　ウ

問十一　困難を抱えている誰かや何かを自分とは無関係な存在だとして主体的に関わっていくことをせず，自らの穏やかな日常が守られた場所から世の中を見下ろすように生きてきた自分を脱し，自分以外の他者の存在をリアルに実感して，それらのために自分から進んではたらきかけていくような生き方をしていくため。

問十二　a　不謹慎　b　仰仰〔々〕　c　虚勢　d　請〔乞〕

二 問一　a　据　b　絡

問二　どんな運動をどれくらいできるかという機能の面からではなく，(他者から／社会的に)どう見られるかという(容姿の)形態の面から認識している。

問三　「女らしさ」という社会的抑圧

問四　修理返品交換が必要な不良品

問五　意

問六　サッカーを通して，互いの体を機能の面から認め合い，目標を共有する仲間と協力することで視野が広がり，女性の体を形態の美しさで評価する社会の価値観の抑圧から解放され，自分たちが活躍できる世界の広がりを実感できるから。

問七　引け　　問八　イ

一〔小説の読解〕出典：森絵都『犬の散歩』。

問一＜語句＞①「繰り言」は，不平や不満などを繰り返し言うこと。　②「ごまんと」は，非常にたくさんあるさま。

問二＜文章内容＞恵利子は，犬を救うボランティアに身を投じているが，世の中には救うべき対象が他にたくさん存在していることも理解していた。そのため，男からの非難の声を思い出したとき，恵利子は，「自分は正しいことをしているのだと言いきることはできないし，そもそも正しいことをしたいわけでもない」ので，「では，なんのために？」という「ここ二年間」頭の中にあった問いにぶつかり，胸がもやもやしたのである。

問三＜文章内容＞かつての恵利子は，テレビや新聞などを通じて知る数多くの社会的問題に対し，

「自分になにができるでもない」し，「自分には関係ない」として目をそむけ，困難を抱えて生きている存在とも関わりを持とうとしないままに，日々の生活を送っていた。

問四＜ことわざ＞人から説明を聞くよりも，実際に目で見る方がよくわかるということを，「百聞は一見にしかず」という。

問五＜文章内容＞犬を助けるボランティアは，鉄柵の中で殺処分を待つ犬たちの過酷な現実と向き合わなければいけないため，中途半端な覚悟では続けることができない活動であった。そのため，尚美は，前もって収容センターの様子を見せることで，「恵利子にこのボランティアが務まるのか」どうかを「テスト」したのである。

問六＜表現＞収容センターでは，収容された犬のほとんどが殺処分される。そのような場所に，「ふれあい広場」という和やかな親しみが感じられる名称が与えられているという不自然さが，かぎかっこによって強調されている。

問七＜文脈＞犬の収容施設が「自分の理解を超えるほどの惨劇」のある場所だったら，恵利子は，少しの間だけ大げさにうろたえて，ボランティアに関わることを「終わりにできた」かもしれない。しかし，状況が「下手に理解の範疇にあった」ために，恵利子は，犬の「痛ましさ，救いのなさ」を感じ，隙をつかれて「身動きがとれなくなって」いた。

問八＜文章内容＞本来であれば，全ての犬を救いたいのだが，それを実現するには，人手も資金も足りない。収容されている犬の「一割を救ってる」という事実には到底満足できるはずもなく，尚美は，救えない九割の犬たちを見捨てているという思いを背負いながら，ボランティアに従事しているのである。

問九＜表現＞イタリアンレストランにいた主婦たちは，苦しんでいる他者のために自ら何かをするわけではないにもかかわらず，志を持って行動した若者をねたみ，批判する会話をしていた。その会話を聞いた恵利子は，自分も主婦たちと同じ考え方で生きてきた人間であったことに気づき，「羞恥の念」に襲われていても立ってもいられなくなって，「デザートを待たずに席を」立って帰った。

問十＜文章内容＞背後から聞こえる若者を批判する主婦たちの会話に，恵利子は，自分も同じようにその若者に「批判的な目を向けていた」ことを思い起こした。そして，主婦たちが「あまりにも自分とよく似た」価値観であったがゆえに，恵利子は，その会話によって「目をそむければすむ誰かやなにかのために，私はこれまでなにをしたことがあるだろう？」と自分自身に問い，自らの生き方を振り返った。

問十一＜主題＞恵利子は，家庭に守られながら，世の中のさまざまな問題や困っている他者に向き合うこともなく，平穏な日常を生きていた。しかし一方で，彼女は，何もしないまま「ゆるゆると年だけを重ねていく」自分の生き方に疑問を抱いてもいた。そうした中で，主婦たちの会話から，自分の生き方に「羞恥の念」を抱いた恵利子は，収容施設で殺処分を待つ犬の過酷な現実を知り，これまでの生き方をやめて，苦しむ存在に「自分には関係ない」と目をそむけず，「誰かやなにかのために」生きる人生を歩もうと決心したのである。

問十二＜漢字＞a．「不謹慎」は，慎しみがなく，不真面目であること。　b．「仰仰〔々〕しい」は，大げさであるさま。　c．「虚勢」は，見せかけだけの威勢であること。　d．「請う」または「乞う」は，他人に何かをしてくれるように願う，という意味。

二〔随筆の読解—哲学的分野—哲学〕出典：キム・ホンビ／小山内園子訳「私たちのグラウンドを広く使う方法」(「エトセトラ」VOL.6 FALL/WINTER 2021)。

≪本文の概要≫女性が自分の体について紹介する作文を書くと，体の見た目や形を説明するものが多数を占める。一方で，少数ではあるが，運動を心底楽しんでいる女性は，体の機能に着目して作文を書く。こうした傾向は，女性らしさという社会的抑圧によってもたらされている。女性は，動きに関する体の機能面は重要ではなく，オブジェのように静かで，見た目が美しい体を持つべきだという価値観が，多くの女性たちを運動から遠ざけ，美容へと駆り立てるのである。しかしそういった価値観を振り払い，全力で運動をしてみたとき，女性は，自らの体がさまざまな機能や強さに満ちたものであると実感する。多くの女性が見た目の美しさに縛られることなく，動く体としての機能や強さを追求し，自分の体を機能に着目した言葉で発信していける時代のくることが望ましい。

問一＜漢字＞a．「据える」は，物事をある場所にしっかりと置く，という意味。　b．「絡む」は，巻きついて離れなくなる，という意味。

問二＜文章内容＞女性は，自分たちの体を言葉によって説明するとき，足や腕，体が太いか細いかといった見た目に関する表現をすることが多い。私たちは，一部の運動を生活の中心にしている女性と違い，「どんな運動をどれくらいできるか」など「機能」の面で体をとらえるのではなく，容姿や「形態」の美しさを重視してとらえているのである。

問三＜文章内容＞幼少期は，女性も男性と同様に活発に動き回り，ときにけんかをすることもある。しかし一定の年齢を過ぎると，女性は，声や感情表現が控えめで，静かに美しくしているべきだという「『女らしさ』という社会的抑圧」のせいで，運動から遠ざかってしまい，「見られる体」に意識を向けるのである。

問四＜文章内容＞「私」も，サッカーにはまる前は，「『女らしさ』という社会的抑圧」のせいで，運動によって筋肉がついた体を美的ではないものに思い，まるで「修理返品交換が必要な不良品」であるかのように否定的なものに感じていた。

問五＜慣用句＞「意に介さない」は，全く気にしない，という意味。

問六＜文章内容＞「私」は，サッカーをしているときの仲間の言葉によって，互いを「走って，ボールを蹴る体」と「機能する体」として認め合っているのを感じる。そうして協力してゴールを目指す中で，「私」は，目になる言葉が視界を広げてくれるのを感じるとともに，見た目を重視する「体にしつこく絡みついた社会的な目を払い落として」くれ，「私の世界」の視野を広げてくれるのを感じるのである。

問七＜慣用句＞「引けをとらない」は，あるものと比較して劣っていない，という意味。

問八＜文章内容＞「六十六キロ以下級」は，ある女性が自らの体をボクシングに当てはめて簡潔に紹介した言葉である。「私」は，自分の体を表す表現として，この「シンプルでキッパリした一言で十分」であることを学び，表現の世界が広がったのである。

Memo

2023年度 桐朋高等学校

【英　語】（50分）〈満点：100点〉

〈注意〉・試験開始直後にリスニングテストを行う。
・リスニングテストが終了するまで筆記問題を始めてはいけない。
・リスニングテスト中，メモを取ってもかまわない。

I リスニング問題　放送を聞いて次のA，Bの問題に答えなさい。

A　これから英語で短い対話を放送します。そのあとでその対話についての質問がなされますから，その答えとして最も適切なものを選び，記号で答えなさい。対話と質問は**1回だけ**読まれます。

(1) A. Go downstairs to see Mr. Clark.
B. Wait for Mr. Clark to come back.
C. Stop Mr. Clark's meeting.
D. Make an appointment for another day.

(2) A. To see his father off.　B. To go on a trip.
C. To write his report.　D. To help his mother.

(3) A. Get on the local train.
B. Check the train schedule.
C. Wait for the next train.
D. Take the crowded train.

(4) A. Stand in a different line.
B. Wait until the show starts.
C. Buy tickets online.
D. Make another reservation.

(5) A. $20.　B. $30.　C. $50.　D. $70.

B　これから放送される英文について，以下の問いに答えなさい。英文は**2回**読まれます。

問1　以下の質問の答えとして最も適切なものを選び，記号で答えなさい。

(1) Why was the husband worried about his wife?
A. She was going to become a doctor.
B. She didn't make dinner for him.
C. She said she wanted to live away from him.
D. She seemed to have a hearing problem.

(2) What did the doctor tell the husband to do?
A. Come to see the doctor with his wife.
B. Take the medicine every night.
C. Try a test on his wife.
D. Talk to his wife as much as possible.

問2　最後の場面で，男性はなぜショックを受けたのですか。その答えとなるように，以下の文の空所を15字以内の日本語で埋めなさい。

男性は(15字以内)と気づいたから。

※**＜リスニング問題放送原稿＞**は英語の問題の終わりに付けてあります。

II　次の英文を読んで，後の問いに答えなさい。

David Swan, a young man of 20, was traveling on foot from New Hampshire to Boston. He was going to Boston to work (1-a) a clerk in his uncle's grocery store. It was a very hot day, and after walking all morning in the sun, he became tired and sleepy. He found a shady spot and sat there to wait (1-b) a *stagecoach. He made a pillow with the small bag of clothes he was carrying, and he put the pillow (1-c) his head. Soon David fell asleep.

While David took his *nap in the shade, other people passed (1-d) him. They were walking, riding horses, or sitting in *carriages. Some people didn't notice David. Others laughed to see how soundly he slept. One middle-aged woman looked at him and thought he looked *charming in his sleep. Another rather serious-looking man thought David looked drunk. As David slept, he was completely *unaware of these people and what they were thinking.

After a few minutes, a brown carriage pulled by a pair of large horses stopped in front of the sleeping young man. A wheel of the carriage was broken and had to be fixed. A rich old man and his wife stepped out of the carriage and noticed David. The woman said to her husband, "What a beautiful young man! Doesn't he look like our dead son, Henry? Shall we awaken him?"

"Why?" her husband asked, "We know nothing of his character. (2)What do you have in mind?"

"Perhaps *fate sent him to us," she replied. "(3)Since the death of our only child, we have had no one to give our money to when we die."

"Do you think (4)[as / as / he / he / *innocent / is / looks]?" her husband asked.

"Yes, let's awaken him."

But just then the driver called out, "The wheel is fixed. The carriage is ready to leave."

The old couple hurried into the carriage. (5-a)They felt foolish for thinking they should awaken the stranger.

Meanwhile, David Swan enjoyed his nap.

Soon a pretty young girl walked along and stopped to fix her skirt. (5-b)Her face turned red when she saw David asleep in the shade. Suddenly, a large bee landed on David's face. Without thinking, the young girl pushed the bee away with her handkerchief.

"How handsome he is!" the young girl thought as she looked at David sleeping.

Now, this girl's father was a rich man, and he was looking for a young man like David to work for him and marry his daughter. But the girl was too shy to wake David, so she walked away. Here again, David was unaware that good fortune was close to him.

After the girl was out of sight, two evil-looking men came to the spot at which David slept. These men made their living by stealing from other people. When they found David asleep, one man said to the other, "Do you see that bag under his head?"

The second man nodded.

The first man said, "I'll bet you he has money in that bag. Let's take it."

"But what should we do if he wakes up?" the second man asked. (5-c)The first man opened his coat and showed his friend a large knife.

The two men approached the sleeping David. One man held his knife near David while the other man looked in David's bag.

At that moment, a dog came between the two men.

"We can't do anything now. The dog's master must be near." The two men ran from the spot while David continued to sleep. This time, David was unaware that death was close to him.

A few minutes later, a stagecoach came. David quickly woke up when he heard the noisy wheels of the coach.

"Hello, driver," David shouted, "Will you take another passenger ?"

"Sure !" answered the driver.

David climbed up to the seat next to the driver, and the stagecoach continued along the road to Boston.

That afternoon, while David slept, he was unaware of three events that could have changed his *destiny. In that one hour, David Swan never knew that fate almost brought him (6-a), (6-b), and (6-c).

［注］ stagecoach：駅馬車，乗合い馬車　nap：昼寝　carriage：馬車　charming：魅力的な
unaware：気づいていない　fate：運命　innocent：純真な　destiny：運命

問１　空所(1-a)から(1-d)に入る最も適切な語を，以下より一つずつ選び，記号で答えなさい。なお，それぞれの語は一度しか使ってはならない。

A．for　B．under　C．as　D．of　E．by

問２　下線部(2)について，これは妻のどのような行動に対する夫の発言か。40字程度の日本語で説明しなさい。

問３　下線部(3)を日本語にしなさい。

問４　下線部(4)の［　］内の語を並べかえて，意味の通る英文にしなさい。

問５　下線部(5-a)，(5-b)，(5-c)の解釈として成り立つものをそれぞれ一つずつ選び，記号で答えなさい。

(5-a)

A．The couple was sorry that they didn't wake up David.
B．The couple was afraid that they would never meet David again.
C．The couple found it was silly to try to wake up David.
D．The couple realized it was a bad idea to wait until David woke up.

(5-b)

A．The girl got angry because she found that David was sleeping well.
B．The girl wanted to talk to David, so she tried to wake him up as hard as possible.
C．It was hot, so the girl tried to be in the shade.
D．The girl was surprised to see someone unexpectedly.

(5-c)

A．The first man was going to take David's life if he woke up.
B．The first man would kill his friend because the friend didn't follow him.
C．The first man tried to cut David's coat to steal his money.
D．The first man took out a knife in order to wake up David.

問６　空所(6-a)，(6-b)，(6-c)に入る最も適切な語を以下より三つ選び，解答用紙の記号を丸で囲みなさい。なお，それぞれの語が入る順番は問わない。

A．death　B．education　C．kindness　D．love　E．peace　F．wealth

問７　高校生のMakotoとHilaryは，この文章を読んだあとで次のような会話をしました。空所①，②に入れるのに適切な英語を，それぞれ15語程度で書きなさい。その際，文が複数になってもよい。

Makoto：Do you think David is a lucky man or an unlucky man ?

Hilary : My answer is that he is both a lucky man and an unlucky man. I think he is a lucky man because ①(　　　　) On the other hand, he is an unlucky man because ②(　　　　)

Ⅲ　次の英文を読んで，後の問いに答えなさい。

Since ancient times, athletes have always looked for ways to win *competitions. Athletes can be winners with better training, better coaching, and better food. They can also improve performance with better *equipment : better shoes, better skis, or a better tennis racket. Even the early Greeks used engineering to make a better *discus to throw. However, people want sports to be (1). For this reason, sports organizations make rules about athletes, equipment, and the game itself.

Nowadays, new technology is helping athletes. From high-tech clothing to *artificial arms and legs, there are many new ways to improve performance. However, many people worry that technology can give some athletes an advantage. It can make competitions unfair. Also, often only *wealthier athletes and teams can buy expensive, high-tech equipment. Do we want the best athlete to win or the athlete with the best equipment to win ?

The story of high-tech swimsuits shows how technology can make sports unfair.

(2)

Companies introduced these new high-tech swimsuits in 2008. Soon after, swimmers using the suits began breaking world swim records at a (3-a)(surprise) *rate. In the 2008 Beijing Olympic Games, swimmers broke 25 world records. Twenty-three of those swimmers (3-b)(wear) the high-tech suits. *By comparison, Olympic swimmers broke only eight world records in 2004. Then, in the 2009 World Championships, swimmers broke 43 world records. People knew that the new suits were helping athletes. In January 2010, the Fédération Internationale de Natation (International Swimming Federation, or FINA) *banned the high-tech suits. Most competitive swimmers were happy about the ban. As one Olympic swimmer said, "(4)<u>Swimming is actually swimming again.</u> It's not who's wearing what suit, who has what material. We're all under the same guidelines."

In the two years after the ban, swimmers broke only two world records. Clearly the expensive, high-tech suits were the reason behind the faster swimming times. The suits gave some swimmers an unfair advantage.

Better equipment is not always a bad thing, of course. New equipment can certainly be good for a sport. For example, tennis rackets used to be wooden. The heavy rackets could break and cause *injuries. In the 1980s, companies introduced new high-tech carbon rackets, which are easier and safer to use. The new rackets (5)<u>[tennis / the average tennis player / enjoyable / for / made / more / have]</u>. Technology has improved equipment in all sports, from downhill skiing to bicycle racing.

The question is this : When does technology create an unfair advantage ? In the future, sports engineers may invent an artificial leg that is better than a real leg. Will it be *acceptable for competitions ? Do high-tech contact lenses give golfers an advantage ? (6)<u>Can runners use special shoes that help them run faster without using much energy ?</u> These questions do not have easy answers. We must make sure that technology does not make sports unfair. However, we should welcome improvements that make sports more enjoyable and safer for all.

［注］ competition(s)：競技会　equipment：用具　discus：競技用の円盤　artificial：人工の
wealthy：裕福な　rate：ペース　by comparison：対照的に

ban：禁止する，禁止　　injury：怪我　　acceptable：受け入れられる

問１　空所（１）に入る最も適切なものを以下より選び，記号で答えなさい。

Ａ．educational　　Ｂ．fair　　Ｃ．global　　Ｄ．popular

問２　空所 (2) には次の四つの文が入ります。文意が最も自然になるように並べかえたものを，記号で答えなさい。

Ａ．The material also sends more oxygen to swimmers’ *muscles.
（muscle：筋肉）

Ｂ．It has many of the same qualities as shark skin.

Ｃ．Several years ago, sports engineers invented a new material for swimsuits.

Ｄ．When swimmers use full-body suits made of this material, they swim faster and float better.

ア．Ｂ→Ａ→Ｃ→Ｄ　　イ．Ｂ→Ｃ→Ａ→Ｄ　　ウ．Ｃ→Ａ→Ｄ→Ｂ
エ．Ｃ→Ｂ→Ｄ→Ａ　　オ．Ｄ→Ｂ→Ｃ→Ａ　　カ．Ｄ→Ｃ→Ａ→Ｂ

問３　文中の(3-a)，(3-b)の動詞を適切な形にしなさい。

問４　下線部(4)について，水泳競技がどのようなものになったかを日本語で説明しなさい。

問５　下線部(5)の[　]内の語句を並べかえて，意味の通る英文にしなさい。

問６　下線部(6)を日本語にしなさい。

問７　本文の内容に合うものを以下より二つ選び，記号で答えなさい。

Ａ．In the old times, athletes tried to be fair in the games by not using any technology or engineering.

Ｂ．People with enough money to buy good equipment may have more advantages in competitions.

Ｃ．In the Beijing Olympic Games, about half the record-breaking swimmers were wearing the high-tech swimsuits.

Ｄ．FINA introduced a new type of technology to make competitions more exciting.

Ｅ．Tennis rackets were improved from carbon to plastic in the 1980s because the latter is lighter.

Ｆ．The author thinks that technology can be acceptable if it does not make sports competitions unfair.

Ⅳ　次の下線部(1)，(2)を英語にしなさい。

Ａ：すごい雨だ。駅からはタクシーで帰ることにするよ。
Ｂ：(1)こんな雨の日にタクシーをつかまえるのは至難の業だよ。
(2)時間が余計にかかるかもしれないけど，バスにした方がいいと思うよ。

＜リスニング問題放送原稿＞

M…male speaker　　F…female speaker

A

(1)　F：Excuse me.　Is Mr. Clark here ?
M：I’m afraid he’s downstairs meeting one of his customers.　Do you have an appointment ?
F：Oh, no.　I just stopped by to say hello.　Do you mind if I wait here until he comes back ?
M：Not at all.　Why don’t you have a seat over there ?
Question：What will the woman do next ?

(2)　M：Mom, are you going to get up early tomorrow morning ?
F：Actually, yes.　Your father is going on a business trip, so I’m going to get up at five thirty

to see him off.

M : Great! Can you please wake me up? I have to finish my report before school.

F : OK. I'll wake you up.

Question : Why does the boy want to get up early?

(3) M : Here it comes. Oh, no. The express train is so crowded!

F : Yes, as usual. Shall we take the less crowded local train?

M : No, we'll be late for the meeting then.

F : Right. We shouldn't be late. Let's get on this one.

Question : What will they probably do?

(4) M : Excuse me, ma'am. Would you mind telling me what this line is for?

F : Well, it is for buying the tickets for tonight's show.

M : I see. I've already reserved tickets online. Do you know where I should go?

F : Sure. You should stand in another line. There's a sign over there that says it is for online reservations.

Question : What does the woman tell the man to do?

(5) F : Hi. How much is it to rent a boat?

M : We charge 30 dollars for the first hour. And we charge 20 dollars for each additional hour.

F : So, if I rent it for three hours, it will be 70 dollars, right? Should I pay it all now?

M : No, we only ask you to pay for the first hour now, and the rest of the money when you return the boat.

Question : How much does the woman need to pay first?

B

Once there lived a happy couple who had been married for many years. As the years passed, the husband became worried that his wife was not hearing as well as before. He thought that she might need a hearing aid; but he wasn't sure how to tell her about it.

He asked their family doctor what to do. The doctor told him to try a simple test. He said, "Stand 10 meters away from her and speak to her just as usual. If she doesn't hear you, reduce the distance to 5 meters, then 3 meters, and so on until you get a response. The distance will tell us what she needs."

The next day, the husband decided to do the test. When his wife was cooking dinner in the kitchen, the husband stood 10 meters away from his wife and asked, "Dear, what is there for dinner?" He waited for a response, but did not get any.

He moved a bit closer and asked again, "Dear, what is there for dinner?" He still did not get any response from his wife.

He then stood 3 meters away from her and asked the same question, hoping that surely he would get a response this time. But again, he didn't get any.

By now the husband was very worried and felt sorry for his wife.

Then he walked right behind her and said, "Honey, what is there for dinner?"

The wife turned around, shouting as loud as she could, "John, this is the fourth time I'm saying—CHICKEN!"

The husband was shocked to hear that.

【数　学】（50分）〈満点：100点〉

〈注意〉 答えが無理数となる場合は，小数に直さずに無理数のままで書いておくこと。また，円周率はπとすること。

1 次の問いに答えよ。

(1) $\left(-\frac{3}{2}x^3y^2\right)^2 \div \left(-\frac{3}{4}x^7y^3\right) \times \frac{1}{6}x^2y$ を計算せよ。

(2) $2(x+3)(x-3)-(x-1)^2-5$ を因数分解せよ。

(3) $(2\sqrt{3}-3\sqrt{2})(\sqrt{2}+\sqrt{3})-2\left(\frac{1}{\sqrt{24}}-\frac{1}{\sqrt{6}}\right)$ を計算せよ。

2 次の問いに答えよ。

(1) $1+\sqrt{3}$ の整数部分を a，小数部分を b とするとき，$ab+b^2$ の値を求めよ。

(2) 1から7までの整数が1つずつ書かれた7枚のカードが袋に入っている。この袋から1枚のカードを取り出し，取り出したカードに書かれている数を a とする。そのカードを袋に戻さず，続けてもう1枚のカードを取り出し，取り出したカードに書かれている数を b とする。このとき，$\frac{b}{a}$ が整数となる確率を求めよ。

(3) 下の図のように，AB＝BC＝2の直角二等辺三角形ABCがあり，Bを中心とする中心角90°のおうぎ形の弧が辺ACに接している。このとき，黒い部分の図形を直線ABを回転の軸として1回転させてできる立体の体積を求めよ。

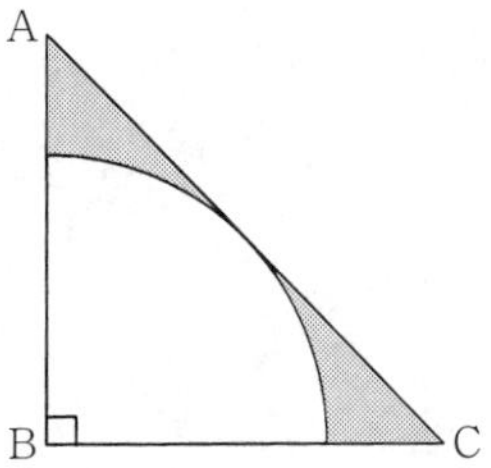

3 3つの容器A，B，Cがあり，Aには6％の食塩水が x g，Bには9％の食塩水が x g，Cには2％の食塩水が300g入っている。Cから y gの食塩水を取り出してAに入れ，残りをすべてBに入れたところ，Aの食塩水の濃度は3.6％になり，Bの食塩水の濃度は3％になった。x，y についての連立方程式をつくり，x，y の値を求めよ。答えのみでなく求め方も書くこと。

4 a，b は $a \leqq b$ を満たす整数とする。10個の数

a，b，50，40，58，77，69，42，56，37

がある。10個の数の平均値は54，中央値は53である。

(1) $a+b$ の値を求めよ。

(2) a の値として考えられる最大の数を求めよ。

(3) a，b 以外の8個の数のうちの1つを選び，その数を10だけ小さい数にかえると，10個の数の中央値は50となる。このとき，選んだ数とそのときの a，b の値の組をすべて求めよ。答えは，（選んだ数，a，b）のように書け。

5 右の図のように，放物線 $y=ax^2$ と直線 $y=bx+c$ は2点A，Bで交わり，Aの x 座標は -3，Bの座標は(6, 12)である。

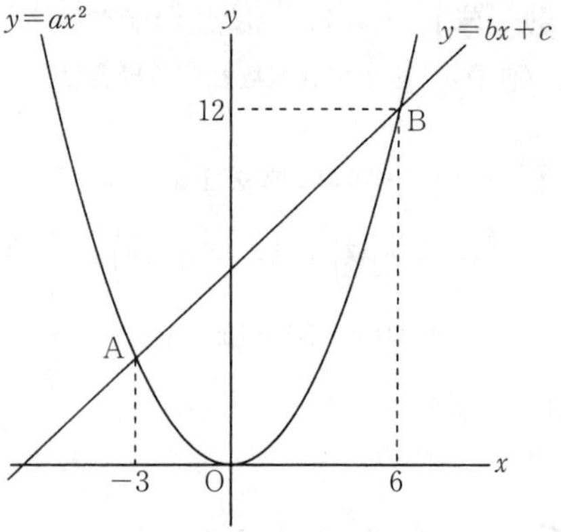

(1) a，b，c の値を求めよ。

(2) 点Pを放物線 $y=ax^2$ 上の $-3<x<0$ の部分にとり，線分PBと y 軸の交点をCとする。△APBの面積が y 軸によって2等分されるとき，次の問いに答えよ。

① △ACBの面積は△APCの面積の何倍か。

② 点Pの座標を求めよ。

(3) 点Qを放物線 $y=ax^2$ 上の $0<x<6$ の部分にとる。四角形OQBAの面積が30となるとき，点Qの x 座標を求めよ。

6 下の図のように，円周上に4点A，B，C，Dがある。Eは線分AC上の点でEC＝EDであり，Fは線分DB上の点でFA＝FBである。

(1) 4点A，F，E，Dが同じ円周上にあることを証明せよ。

(2) ACがこの円の直径で，AB＝7，AD＝15，CD＝20のとき，次の長さを求めよ。

① AE

② EF

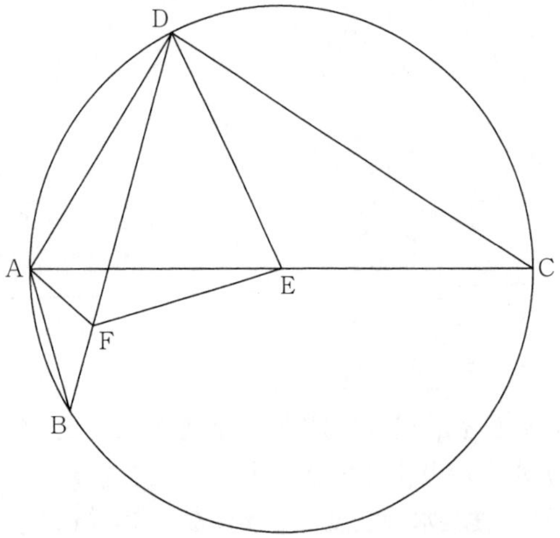

の有名な映画」等々、いま現在も頻用されている数多くの言葉のなかに、かつての「彼《かれ》」や「彼《か》」という代名詞の用法の痕跡がはっきりと残っているからだ。たかだか百数十年程度の時間経過で、言葉同士が長大な時間をかけて培ってきた連関が完全に断ち切られるわけではない。そして、そのような連関こそが、言葉を用いる際の「自然さ」に影響する大きな要因をかたちづくっているのである。

ただ、もちろん、こうした「彼」や「彼ら」の位置づけ直しが、明治時代以降の主だった用法を無視して、それ以前の用法に一足飛びに立ち戻ろうとする試みであることも確かだ。それは、ある期間の言葉の歴史を無視した「＊語源原理主義」ともなりかねない。とはいえ、それは同時に、いま現在の私たちの固定化した見方を解きほぐし、私たちが抱えている問題へのヒントを提供する「⑥□故□新」的な実践にもなりうるだろう。

以上の考えは、あくまでも私個人のbザンテイ的なものであって、ほかにもさまざまな考え方やアイディアがありうる。必要なのは、性差や性認識にかかわる言葉について、⑦個人のこだわりや信条の次元で終わらせるのではなく、やはり皆で関心を向け、議論し合い、吟味を続けることだと思う。

（古田徹也『いつもの言葉を哲学する』による）

＊語源原理主義…「語源のみに事柄の本質を見ようとして、言葉の意味の時間的な変化を無視する姿勢」を筆者はこのように表現している。

問一 ===線部a・bのカタカナを漢字に改めなさい。

問二 ——線部①と筆者が考えるのはなぜか、説明しなさい。

問三 ——線部②とあるが、多くの人が困っているのはなぜか、説明しなさい。

問四 空欄［I］（二箇所ある）を補うのに最もふさわしい言葉を次の中から選び、記号で答えなさい。

ア 殺《あや》める　イ 侮《あなど》る　ウ 羨《うらや》む　エ 欺《あざむ》く

問五 ——線部③とはどのようなことを指すか。それについて説明した左の文中の空欄〔A〕・〔B〕を補うのに最もふさわしい**六字以上、十字以内の言葉**を本文中からさがし、抜き出して答えなさい。

〔　A　〕を映し出した言葉というものは、時間や世の中の変化に応じて変わっていくものであることを踏まえ、目の前にある言葉がどのような意味の広がりを有しているのか丁寧に検討しながら、〔　B　〕をしっかりと選んでいくこと。

問六 ——線部④の意味として最もふさわしいものを次の中から選び、記号で答えなさい。

ア 焦点が当たって　イ おろそかにされて
ウ 過激な発想が生まれて　エ 先進的な印象を与えて

問七 ——線部⑤について。このようにすることの利点はどのようなものか、最も端的に説明した一文を本文中からさがし、その最初の五字を抜き出して答えなさい。

問八 ——線部⑥について。□にそれぞれ漢字一字を補い、意味の通る四字熟語を完成させなさい。

問九 ——線部⑦とはどういうことか、説明しなさい。

いまある言葉の多くは、長い時間をかけて形成された、世界に対する特定の見方を含むものだ。そして、時間は流れ、世界は変わり、言葉も変わっていく。そうした変化と、個々の言葉が湛える豊かな意味合いとを繊細に捉えながら、用いるべき言葉をよく吟味する――言葉を大切にするというのは、③そうした努力を指すのではないだろうか。

性差や性認識にかかわる言葉の問題に関して、私自身がいま具体的に頭を悩ませているのは、日本語の三人称複数の代名詞として何を使うべきかだ。

三人称単数の場合、男性なら「彼」、女性なら「彼女」と呼ばれるのがいまは一般的だ。しかし複数形の場合には、男女混合の集団を指す場合にも「彼ら」となるので、男性優位的ないし女性排除的だという指摘が現在しばしばなされている。それゆえ、「彼ら」という表記に代えて、「彼ら／彼女ら」あるいは「彼女ら／彼ら」と併記したり、「彼・女ら」などと表記したりする向きも見られる。（ちなみに、同様のことは他の言語でもあって、たとえばドイツ語の Schüler は、単数形では「男子生徒」を意味し、「女子生徒」は Schülerin だが、複数形の「生徒たち」も Schüler であるため性差別的であるとして、「女子生徒たち」を表す Schülerinnen という言葉が編み出されて、Schüler und Schülerinnen といった併記が行われるようになってきている。）

自分はといえば、特にジェンダーが主題となる文脈など、「彼ら／彼女ら」「彼女ら／彼ら」「彼・女ら」といった表記が適した場面もあるとは考えているが、他の場面ではどうしても不自然さを覚えてしまう。そのため、基本的には旧来の「彼ら」という呼称を用いている。たとえば、「ちゃんとした豆腐屋の仕事が住民たちにちゃんと評価され、日々買われ、彼らの生活の一部になっている」という文章中の「彼ら」の部分を、「彼ら／彼女ら」などに置き換えるとすれば、そこにいわば引っ掛かりが生じ、当該箇所で表現したい内容に加えてジェンダーにまつわる問題も④前景化して、複数の文脈がひとつの文章に混在してしまうように感じる。つまり、その点で不自然な文章になってしまうように感じるのだ。

そもそも、「彼」や「彼ら」という言葉の歴史を振り返ってみると、遅くとも中世の時点で三人称代名詞的な用法がすでに見られるが、これらはずっと、男性にも女性にも、さらには人間一般にも、他の動物や物にも用いられてきた。そして、この用法は、「誰彼《だれかれ》」や「彼此《かれこれ》」といった、いま現在も息づいている言葉のなかに確認することができる。

「彼」が特に男性の三人称単数形の代名詞として用いられるようになったのは明治時代からであって、言文一致運動、ヨーロッパ言語の影響、近代文体や翻訳文体の成立などの過程で、欧語の女性の三人称代名詞の訳語として「彼女」という言葉が生み出され、併せて男性の三人称代名詞として「彼」が位置づけ直されるようになり、現在の用法へと至る、という a ケイイがある。つまり、男性と女性を峻別するヨーロッパ言語の特徴に、日本語の方を適合させていったということだ。

私自身はこの一連の消息を踏まえ、「彼ら」を本来の性無差別的・存在無差別的な意味合いに寄せるかたちで、この言葉を捉えたいと考えている。また、⑤単数形の「彼」に関しても、これを原義に近いかたちに位置づけ直すことができれば――「彼女」という比較的新しい言葉との兼ね合いもあり、実際には難しいだろうが――むしろ利点を見出すことができるかもしれない。トランスジェンダー（生まれたときに割り当てられた性別が性自認と異なる人）や、ノンバイナリー（男性・女性のいずれか一方に限定しない性別を自認する人）など、性認識の多様性に光が当てられつつある現状に鑑みれば尚更《なおさら》だ。

つまり、かつてはどの性にもどの動物や物にも用いられていた代名詞「彼」であれば、性認識の多様性や、さらには人間と動物を峻別しない観点といったものに、複数の言葉を長く連ねたり新語に置き換えたりするよりも自然に対応できるように思われる。というのも、繰り返すなら、「誰彼《だれかれ》」や「彼此《かれこれ》」、さらには「彼《か》の国」や「彼《か》関西で生まれ育った研究者から直接聞いた話では、彼が帰省して小学校の同窓会に出席したとき、「うちの妻が……」と言った途端、その言葉が場で非常に浮いてしまって、「さすがインテリ！（笑）」などと周囲にからかわれたという。ちなみに、彼以外の男性妻帯者は皆「嫁」という呼称を使っていたらしい。

いま特に難しいのは、相手の夫なり妻なりを呼ぶ場合だ。「ご主人は……」とか「奥様は……」と呼ぶのはどうかと思っても、代替となる言葉がなかなか見当たらない。「お連れ合い様は……」だと、客を案内する店の人のようだし、「パートナーさんは……」と言うのも、どうも不自然な感じになってしまう。下の名前で「茜さんは……」などと呼ぶという手もあるが、そもそも名前を知らなければ使えない方法だし、相手との関係性によっては馴れ馴れしい感じや失礼な印象を与えかねない。たとえば私自身はいまのところ、時と場合に応じて多様な呼び方をぎこちなく使い分けているというのが実情だ。

女性に対する蔑視や、男女の不平等性を読み込める言葉は、ほかにも数多く存在する。では、私たちは、そうした言葉の使用をすべてやめるべきだろうか。

たとえば「女々しい」という言葉についてはどうだろうか。これは、近頃のヒット曲のタイトルにもなっているように（ゴールデンボンバー「女々しくて」）、きわめて一般的な言葉だが、女性を否定的な意味で捉えているから用いるべきではない、という意見もありうる。しかし、仮にこの言葉を廃止して、「柔弱だ」とか「未練がましい」、「意気地がない」といった言葉に置き換えるとしても、「女々しい」はこれらの言葉のどれともぴったり合うものではないから、「女々しい」がもっている固有のニュアンスが失われることになる。そのとき、私たちがそれまで「女々しい」という言葉で表現してきたものはどこに行ってしまうのだろう。あるいは、それはどこかに行ってしまっても別によいもの、打ち棄ててよいものなのだろうか。

ある本のなかで、「英雄」はオス優位主義的であり、一方の性を排除する表現であるから、「偉人」、「傑物」、「逸材」などの言葉に置き換えるべき、という主張がなされていた。しかし、「英雄」と「偉人」「傑物」「逸材」などとの間には、それぞれ意味が重なる部分もあるが、明確に異なる部分も存在する。たとえば、「逸材」が必ずしも「英雄」になるわけではない。また、「偉人」は人格的に優れた人物、高い徳を備えた人物を指すことも多いのに対して、「英雄」の方は、「英雄色を好む」や「英雄ひとを［Ｉ］」ということわざもあるように、好色や狡知といった特性を備えた人物に対しても積極的に適用される言葉であって、偉人が「色を好む」とか「ひとを［Ｉ］」とはまず言われないのとは対照的だ。さらに、「英雄気取り」や「英雄的行為」、「英雄児」、「英雄譚」、「英雄時代」など、「英雄」という言葉が他の言葉と結びつく独特な言い回しも数多く存在する。こうした意味合いや言葉同士の結びつきといったものを度外視して、「英雄」をすべて機械的に「偉人」「傑物」「逸材」などに置き換えてしまえば、その分だけ日本語の表現が失われ、それらの表現が表す独特の意味合いも失われる。

雄と雌の優劣や、雄の優位を含意していると解釈できる言葉は、他にも無数にある。「雌雄を決する」、「雌伏」、「雄大」、「雄飛」、「雄弁」等々だ。前節で取り上げた「母語」や「母屋」、「酵母」、「分母」、「母音」等々と同様に、これらの言葉をすべて廃止するならば、日本語話者は、自分たちが思考し表現するための多くの言葉を喪失することになる。

字面だけを見て性差別語かどうかの線引きを行い、言い換えを行う、というのは粗雑なやり方だ。しかしだからといって、伝統的な言葉は何であれ今後も使用していくべきだ、というのも乱暴だ。性差別であれ、他の種類の差別であれ、いまでは許容しがたい（あるいは許容しにくい）物事の見方や価値観を反映している伝統的な言葉はさまざまに存在するからだ。

前節でジョン・マクダウェルの議論を引きつつ確認したように、

エ　歴史的事実の捉え方が国家や地域によって共通ではないこと。

問七　――線部⑦「思考を誘うための標識や看板」は、何を比喩的に表現したものか。本文中から最もふさわしい漢字二字の語をさがし答えなさい。

問八　――線部⑧「ある場所で生まれた光をもうひとつの場所に移し灯」すとは、どのようなことを言っているのか。次の中から最もふさわしいものを選び、記号で答えなさい。

ア　各地域で起こっているできごとのつながりを、正確な名称や数値を用いながら世界中に知らせること。

イ　人と人とをつなぐために生み出された文学を、他の国や時代においても人々をつなぐものにすること。

ウ　平和な地域で生まれた文学作品を、紛争地域の人々のもとへ届け、誰もが読めるようにしていくこと。

エ　人間同士を「つなぐ」文学と「分断する」文学とを慎重に区別して、価値のある本をつくり出すこと。

問九　〰〰線部について。あなた自身の記憶の中にある、「つなぐ」言葉を思い出し、どのような文脈の中で用いられていたかをわかりやすく説明しなさい。（自分が体験したことに限らず、小説や映画などの中のものでもよい。）

問十　＝＝線部a～dのカタカナを漢字に改めなさい。

二　次の文章を読んで、後の問に答えなさい。

　中学生のとき、生徒会の書記に立候補した友達の牧野君の応援演説を行った。政治家の演説のパロディをコンセプトにして、「彼を男にしてください！」とか、「男・牧野はこれまで……」とか、とにかく「男」という言葉を使い倒した演説を大仰に行って、かなり受けた。牧野君も無事に当選した。

　いま思い出すと、それから経過した三〇年という時間以上に、当時の光景と言葉が随分遠く、古いものに感じる。①自分はもう、「〇〇を男にする」という言葉を、積極的に自分の言葉として発することはないだろう。いまやこの言葉には、どこか滑稽な印象さえ覚えるほどだ。

　「男にする」というのはある意味面白い言葉で、たとえばスポーツ選手がたまに「次の試合に勝って監督を男にしたい」と言うことがあるが、これが「監督を一人前にする」とか「監督を立派にする」といった意味であれば、随分と失礼な言い方ということになる。だから、「男にする」は「一人前にする」とか「立派にする」などとぴったり同じ意味ではなく、そこには独特のニュアンスがある。ただ、ともあれこの言葉が、男性に対する伝統的なイメージや、女性には付与されない地位や名誉、それを体現する誇り、沽券《こけん》といったものにかかわる言葉であることは確かだ。たとえば、監督が女性のときに、選手たちは「監督を女にする」と言ったりはしない。

　古びてきた言葉、時代にそぐわなくなってきた言葉は、ほかにも数多く挙げることができる。たとえば「未亡人」は、夫に先立たれた女性を指す、独特の雰囲気を帯びた伝統的な言葉だ。しかし、この言葉には元々、「夫と共に死ぬべきであるのに、未だ死なない人」（日本国語大辞典 第二版）という意味合いがある。そのため現在、この言葉の使用を控える傾向が社会のなかで強まっている。また、「処女作」は一九世紀末頃から流通している言葉（欧米の maiden work 等の翻訳語）だが、私は少なくとも自分で使うことには抵抗感を覚えるようになったし、世間的にも使用頻度が下がってきているように思われる。

　②夫婦の呼び名は、おそらくいま、多くの人が生活のなかで実際に困っている問題ではないだろうか。「主人」も「旦那」も「亭主」も、「家内」も「嫁」も「奥さん」も、家父長制的な伝統や男性優位の観点を色濃く映し出す言葉であり、これらの言葉の使用を避ける人が年々増えていることは間違いない。そして代わりに、「夫」、「妻」、「連れ合い」、「パートナー」といった言葉が用いられる傾向も見られる。ただ、こうした変化は一般的な傾向とまでは言えない。

それぞれの言葉がいかなる文脈のなかで用いられてきたのかを学ぶことなしには下すことができない。

統計や概要、数十文字や数百文字で伝達される情報や主張、歴史のさまざまな局面につけられた名前の羅列《られつ》は、⑦思考を誘うための標識や看板の役割は果たせても、思考そのものにとってかわりはしない。私たちは日々そういった無数の言葉を受けとめながら、常に文脈を補うことで思考を成りたたせている。文脈を補うことができなければ情報は単なる記号のまま、一時的に記憶されては消えていく。

文字が記号のままではなく人の思考に近づくために、これまで世界中の人々がそれぞれに想像を絶するような困難をくぐり抜けて、いま文学作品と呼ばれている本の数々を生み出してきた。だから文学が歩んできた道は人と人との文脈をつなぐための足跡であり、記号から思考へと続く光でもある。もしいま世界にその光が見えなくなっている人が多いのであれば、それは文学が不要なためではなく、決定的に不足している証拠であろう。

いま世界で記号を文脈へとつなごうとしているすべての光に、そして、⑧ある場所で生まれた光をもうひとつの場所に移し灯そうとしているすべての思考と尽力に、心からの敬意を込めて。

（奈倉有里『夕暮れに夜明けの歌を ——文学を探しにロシアに行く』による）

＊アンドレイ・クルコフ…ペテルブルグ近郊に生まれるが、幼少期にウクライナに移住。（一九六一〜）

＊サーカスの子供たち…筆者がモスクワ留学中に大学近くで知り合った、移動サーカス団員の子ども二人。一人が行方不明になっている。

問一 ——線部①について。「銃声さえもが」「静寂の一部になっていた」とは、セルゲイのどのような内面の状態を表現しているのか。説明しなさい。

問二 ——線部②には、セルゲイのどのような人柄が表れているか。次の中から最もふさわしいものを選び、記号で答えなさい。

ア　どんなときものんびりとしていて、現実を楽観的にとらえようとする人柄。

イ　弱い立場のものを守るため、感情に流されずに物事をすすめようとする人柄。

ウ　まわりに気をとられずに、自分らしく暮らせることを大事にしようとする人柄。

エ　自分自身の都合だけでなく、大切にしているもののことを思い行動しようとする人柄。

問三 ——線部③は、どのような人のことか。次の中から最もふさわしいものを選び、記号で答えなさい。

ア　自国の人以外と交流したことがないため、常に他人を監視していなくては安心できないような人。

イ　これから紛争がどうなるかわからない不安から、戦場の情報に敏感に反応してしまうような人。

ウ　紛争に対し一つの立場を主張し、相手にも自分の立場を明確にすることを強いるような人。

エ　自由で開放的な生活を好まず、ものごとの暗い側面ばかりを見ようとするような人。

問四 ——線部④について。このときセルゲイはどのような思いを抱えていたのか。その思いを説明している部分を本文中から四十五字以内で抜き出し、その始めと終わりの五字で答えなさい。

問五 ——線部⑤「それぞれの灰色に目を凝《こ》らす」とは、どのようなことを言っているのか。わかりやすく説明しなさい。

問六 ——線部⑥「『知って』」にカギ括弧がつけられているのは、どのようなことを表すためか。次の中から最もふさわしいものを選び、記号で答えなさい。

ア　教科書で読めるのは情報として不正確なものにすぎないこと。

イ　報道されることと実態は全く逆であると気づいていないこと。

ウ　自分自身の問題としてどう向き合うかを見出せていないこと。

と何度も足を運び、取材をして書いたもので、作中には現実のウクライナ東部の問題を鋭く描き出す描写も多い。
　これは、私にとっても身近な話だった。大学の友人マルーシャの祖父母もウクライナ東部に住んでいる。激戦区からは少し離れていたが、紛争が激しさを増していた二〇一四年からはモスクワ郊外にあるマルーシャの実家に疎開《そかい》してきていた。ところがしばらくして以前よりは危険ではなくなると、二人は住み慣れたウクライナへと帰っていった。その後もときには銃声が響くけれども、そんなことも日常となっていったという。
　かろうじて自分が即座に標的になるわけではないとはいえ、どれほどかかわるまいとしてもすぐ近くで争いが起きている限り危険なことに間違いはない地域に、彼らはどうして帰っていくのか。しかし紛争は、紛争地域だけで起きているわけではない。モスクワにいても、ただでさえそこに暮らす人々は「白か黒か」を迫られ、分断を余儀《よぎ》なくされている。そこへグレーゾーンの人々がくれば、紛争に対しなにかしらの立場を主張する人にとっては容易に争いの種になりかねない。『灰色のミツバチ』の主人公セルゲイがどこにいてもいたたまれなくなったのも、やはりそのためだった。その苦しさが、果たしてどのくらい伝わるだろうか――出身地を理由に、自分という存在が、つい最近まで親しかった人々の争いを誘発させてしまうつらさが。
　二〇一九年、ドンバスのローカルニュースで一枚の写真が紹介されていた。激戦区から少し離れた居住区の外壁に、大きくこんな文字が書かれている――「ここには人が住んでいます」。文字はたったそれだけだが、そこには「だからどうかここで射撃や強奪や破壊行為をしないでください」という切実なメッセージが込められている。現地の集落の多くはいまだに「グレーゾーン」のままだ。インフラが崩壊し、地方自治体も機能せず、電気も病院もない地域だが、そこを離れられない人々がいる。高齢者や体の不自由な人も多い。
世界のニュースが報じなくなった灰色の世界で、ただ日々を生きようとする人々。その灰色はしかし、単純なひとつの色ではない。白か黒かを迫らずに⑤それぞれの灰色に目を凝《こ》らすことなくしては、対立は終わらないのだろう。

（中略）

　歴史の転換期にはいくつもの名前がある。崩壊。紛争。独立。統合。歴史のなかで大きな動きとされるのは国や連合国家の争いや事件の数々である。私たちはそれを報道で知り、それがいずれ歴史となり教科書に記され、子供たちが学校で学んでいく。人は知識を得ることにより、世界のどこでなにが起こってきたのかを⑥「知って」いる。けれどもなにを知っているというのだろう。
　私は無力だった。＊サーカスの子供たちに対して、ドイツとロシアの狭間《はざま》で悩むインガに対して、毎日のように警察に尋問され泣いていたイラン人の留学生に対して、目の前で起きていく犯罪や民族間の争いに対して、兄弟的な国家だったはずのロシアとウクライナの紛争に対して、すぐ近くにいたはずのマーシャやアントーノフ先生に対してさえ――ここに書ききれなかったたくさんの思い出のなかで、私はいくら必死で学んでもただひたすら無知で無力だった。いま思い返してもなにもかもすべてに対して「なにもできなかった」という無念な思いに押しつぶされそうになる。
　けれども私が無力でなかった唯一の時間がある。彼らとともに歌をうたい詩を読み、小説の引用や文体模倣《もほう》をして、笑ったり泣いたりしていたその瞬間――それは文学を学ぶことなしには得られなかった心の交流であり、魂の出会いだった。教科書に書かれるような大きな話題に対していかに無力でも、それぞれの瞬間に私たちをつなぐちいさな言葉はいつも文学のなかに溢《あふ》れていた。
　人には言葉を学ぶ権利があり、その言葉を用いて世界のどこの人とでも対話をする可能性を持って生きている。しかし私たちは与えられたその膨大な機会のなかで、どうしたら「人と人を分断する」言葉ではなく「つなぐ」言葉を選んでいけるのか――その判断は、

二〇二三年度 桐朋高等学校

【国語】（五〇分）〈満点：一〇〇点〉

一 次の文章は、ロシアと日本の大学で学んだ文学研究者・翻訳家の奈倉有里さんが書いたエッセイです。この文章を読んで、後の問に答えなさい。

＊アンドレイ・クルコフはウクライナ育ちの作家で、これまでもウクライナを舞台にした作品を描いてきたが、二〇一八年に発表された『灰色のミツバチ』という作品は、世界から急速に忘れ去られていったある村を舞台とした長編だ。

主人公の養蜂家《ようほうか》セルゲイ・セルゲーィチはウクライナ東部に暮らしている。ドンバスでの紛争が続くなか、いわゆる「グレーゾーン」に留まり続ける数少ない住人である。住み慣れたスタログラドフカ村は、ウクライナ側も親《しん》ロシア派側もaトウカツできずにいる地域だ。激戦区ではないにせよ、すでに多くの住民が村をあとにしている。いまだに村に留まっているのは彼と、幼なじみのけんか友達パーシカだけだ。セルゲイの妻は紛争がはじまるより前に娘を連れて出ていってしまい、彼はミツバチとともに村に取り残されていた。そうして、グレーゾーンで暮らす数年の年月が過ぎた。過ぎゆく日々はいつも似通っていて、①遠く響く銃声さえもがスタログラドフカ村の静寂の一部になっていた。

セルゲイは紛争の対立には関与したくない。名前をもじって「灰色《セールイ》」と呼ばれている彼は、その名のとおり白にも黒にもなりたくないのだ。しかしときに世の中は「灰色」のままでいることを拒む。幼なじみのパーシカとの関係は、社会が平穏《へいおん》なうちはほほえましい「けんか友達」だった。しかしひとたび紛争の対立が介入すれば、二人のあいだに修復し難いbキレツが生まれる。

村の電気は三年前から止まっており、セルゲイは薪《まき》ストーブで暖をとり、湯をcワかして生活している。新鮮な食料や卵はなかなか手に入らない。あるときからウクライナの兵士がセルゲイのところにやってきて、食料をくれたり、携帯電話を充電してきてくれたりするようになる。だがその後、パーシカがウォッカを手土産にロシア陣営の兵士を連れてセルゲイの家に遊びにきたのをきっかけに、セルゲイとパーシカは大喧嘩《おおげんか》をしてしまう。それまでぼんやりとしていた紛争の対立が、より身近なものになっていく。

セルゲイは②暖かい季節を選んで村を去る決意をする。車の後方にミツバチの巣を積んだ荷台をとりつけて牽引《けんいん》し、道中、dケンモン所を通るたびに、「ミツバチが銃撃戦を怖がるから、安全な場所で休ませる」と説明しながら南を目指す。もしあの村でミツバチが銃の音を怖がって逃げてしまっても、ミツバチは五キロ以上の距離を飛べない。ミツバチを紛争から逃れさせ、アカシアの花咲く地へと連れていかなければならないのだ。紛争地帯を抜けたセルゲイは、青年のころに戻ったような自由と清々しさを感じた。

主人公は旅をする——ザポロージエのちいさな村、そしてクリミアへ。テントを張り寝袋で寝て、身体が痛むときはミツバチの巣箱の上に寝て回復する（なんと実際にこういう健康法があるらしい）。セルゲイの世界はミツバチを中心に回っているが、その心は閉ざされてはいない。ミツバチとともに飛び回りながら、ロシア人ともウクライナ人ともクリミアタタールの人々とも軽々と交流し、多くの人から好感を持たれる。ところが、どこにでも③「灰色」に無関心ではいられない人がいる。そういった人々にとってセルゲイは常に余所《よそ》者《もの》であり、彼らに警戒されたり疎《うと》まれたりするのを敏感に察知するセルゲイは、どこへ行っても結局は居場所を見つけられずに、④ついには故郷のグレーゾーンへと帰っていく。

いつもミツバチのことばかり考えている主人公はほほえましい人柄だが、この話の内容自体は作者クルコフが実際にグレーゾーンへ

英語解答

I A (1)…B (2)…C (3)…D (4)…A (5)…B

B 問1 (1)…D (2)…C

問2 (例)耳が悪いのは妻ではなく自分だ

II 問1 1-a…C 1-b…A 1-c…B 1-d…E

問2 (例)亡くなった息子に似ているというだけでどんな人かもわからない人を起こそうとしたこと。(41字)

問3 (例)唯一の子どもを亡くして以来，私たちが死んだときに，私たちの財産を渡す相手がいない。

問4 he is as innocent as he looks

問5 5-a…C 5-b…D 5-c…A

問6 A，D，F

問7 ① (例) he was not killed thanks to the dog. His money was not stolen, either. (14語)

② (例) he missed the chance to get a lot of money twice and to marry the young pretty girl. (18語)

III 問1 B 問2 エ

問3 3-a…surprising 3-b…wore

問4 (例)水着の機能ではなく選手の能力によって勝敗が決まる本来の姿に戻った。

問5 have made tennis more enjoyable for the average tennis player

問6 (例)ランナーはあまりエネルギーを使わずにより速く走る手助けをしてくれる特別なシューズを使ってもよいのか。

問7 B，F

IV (1) (例) It's very difficult to catch a taxi on a rainy day like this.

(2) (例) It may take more time, but you should take a bus.

I 〔放送問題〕解説省略

II 〔長文読解総合─物語〕

≪全訳≫❶20歳の若者，デイビッド・スワンは，ニューハンプシャーからボストンまで歩いて旅をしていた。彼はおじの食料品店で店員として働くためにボストンに向かっていた。とても暑い日で，太陽の下を午前中ずっと歩いた後，彼は疲れて眠くなった。彼は日陰を見つけて，そこに座って駅馬車を待った。持っていた服の入った小さなカバンで枕をつくり，その枕を頭の下に置いた。まもなくデイビッドは眠りに落ちた。❷デイビッドが日陰で昼寝をしている間，他の人々が彼のそばを通り過ぎた。彼らは歩いていたり，馬に乗っていたり，馬車に乗っていたりした。デイビッドに気づかない者もいれば，彼がどんなにぐっすり眠っているかを見て笑う者もいた。ある中年の女性は彼を見て，眠っている彼は魅力的に見えると思った。別の，かなり真面目そうな男は，デイビッドは酔っているように見えると思った。デイビッドが眠っていたので，彼はこれらの人々や彼らが何を考えているかに全く気づいていなかった。❸数分後，２頭の大きな馬に引かれた茶色の馬車が，眠っている若者の前に止まった。馬車の車輪が壊れており，修理が必要だった。金持ちの老人と彼の妻が馬車から降り，デイビッドに気づいた。女性は夫に「何て美しい若者なの！　彼は私たちの死んだ息子，ヘンリーに似ていないかしら？　彼を起こしましょう」と言った。❹「どうして？」と夫は尋ねた。「私たちは彼の性格について何も知らない。君は何を考えているんだい？」**5**「たぶん運命が彼を私たちに送ってくれたのよ」と彼女は答えた。「唯一の子どもを亡くして以来，私たちが死んだときに，私たちのお金をあげる人が誰もいないわ」**6**「(4)彼は見た目と同じくらい純真だと思うかい？」と夫は尋ねた。**7**「ええ，彼を起こしましょう」**8**しかし，ちょうどそのとき，運転手が「車輪は修理しました。馬車は出発の準備ができています」と叫んだ。**9**老夫婦は急いで馬車に乗り込んだ。彼らは，自分たちが見知らぬ人を起こすべきだと考えたのはばかげていると感じた。**10**その間，デイビッド・スワンは昼寝を楽しんだ。**11**すぐにあるかわいい女の子が歩いてきて，立ち止まり，スカートを直した。デイビッドが日陰で眠っているのを見ると，彼女の顔は赤くなった。突然，大きなハチがデイビッドの顔にとまった。思わず，少女はハンカチでハチを追い払った。**12**「彼はなんてハンサムなの！」と少女は眠っているデイビッドを見て思った。**13**さて，この女の子の父親はお金持ちで，自分のために働き，娘と結婚してくれるデイビッドのような若者を探していた。しかし，少女は内気すぎて，デイビッドを起こすことができず，彼女は立ち去った。ここでも，デイビッドは幸運が彼の近くにあることに気づいていなかった。**14**少女の姿が見えなくなった後，デイビッドが寝ている場所に２人の人相の悪い男がやってきた。この男たちは，他人から盗むことで生計を立てていた。デイビッドが眠っているのがわかると，１人の男がもう１人の男に，「あいつの頭の下にあるかばんが見えるか？」と言った。**15**２人目の男がうなずいた。**16**最初の男は「きっとあいつはあのかばんの中に金を持っている。それを盗もう」と言った。**17**「でも，彼が目覚めたらどうする？」と２人目の男が尋ねた。最初の男はコートを開き，彼の仲間に大きなナイフを見せた。**18**２人の男は眠っているデイビッドに近づいた。１人の男がデイビッドの近くにナイフを構え，もう１人の男がデイビッドのかばんの中を見た。**19**その瞬間，犬が２人の男の間に入ってきた。**20**「もう何もできないな。犬の飼い主が近くにいるに違いない」　デイビッドが眠り続けている間，２人の男はその場から逃げた。今回，デイビッドは死が彼の近くにあることに気づかなかった。**21**数分後，駅馬車がやってきた。デイビッドは，馬車の車輪のうるさい音を聞いて，すぐに目を覚ました。**22**「こんにちは，運転手さん」とデイビッドは叫んだ。「もう１人乗せてくれるかい？」**23**「もちろん！」と運転手は答えた。**24**デイビッドは運転手の隣の席に登り，駅馬車はボストンへの道を進み続けた。**25**その日の午後，デイビッドが眠っている間に，彼は自分の運命を変えたかもしれない３つの出来事に気づかなかった。その１時間で，運命が彼に富，愛，そして死をもたらしそうになったことを，デイビッド・スワンは決して知らなかったのだ。

問１＜適語選択＞1-a. work as ～ で「～として働く」。　clerk「店員」　**1-b.** wait for ～「～を待つ」　**1-c.** 枕は「頭の下に」置くもの。　**1-d.** pass by ～ で「～のそばを通り過ぎる」。

問２＜文脈把握＞第３段落最終文で，妻は亡くなった自分の息子に似ているデイビッドを起こすことを提案している。これに対し夫は，自分たちはデイビッドの性格は知らないと述べている。下線部は，どんな人かもわからない男を起こそうとする妻に発言の真意を尋ねていると考えられる。これらをふまえて解答するとよい。have ～ in mind は「～を考慮している」という意味。

問３＜英文和訳＞現在完了（'have/has＋過去分詞'）の'継続'用法の文（文頭の Since は「～以来」の意味）。to give our money to は直前の no one を修飾する to不定詞の形容詞的用法（no one が最後の to の目的語になっている）。no one to give our money to で「お金をあげるべき人が誰もいない」という意味になる。

問４＜整序結合＞第４段落で夫は，自分たちはデイビッドの性格を知らないと述べ，彼を起こすことへの不安を示している。ここから「あなたは彼が見た目と同じくらい純真だと思いますか」という文になると考えられる。‘as＋形容詞/副詞＋as ～’「～と同じくらい…」の形を使って，「(純真に)見えるのと同じくらい(実際に)純真だと思いますか」という文をつくる。最後の looks の後には innocent が省略されている。 ‘look＋形容詞’「～に見える」

問５＜英文解釈＞5-a. 下線部の They felt foolish は「彼らはばかげていると感じた」の意味。for thinking ... は，foolish に感じた対象を表している。awaken は「～を起こす」という意味の動詞。the stranger「その見知らぬ人」は David のこと。この内容に近い意味を表すのは，C.「夫婦はデイビッドを起こそうとすることはばかげていると思った」。 silly「愚かな」 **5-b.** 第12段落から，少女がデイビッドをハンサムだと考えていることが，第13段落第２文から，彼女が内気すぎて彼を起こせなかったことがわかる。これらの内容から，D.「少女は思いがけず人を見かけて驚いた」が適切。彼女の顔が赤くなったのはハンサムなデイビッドを目にしたことによる恥ずかしさからくるものなので，AやCは合わない。また彼女は彼を起こせなかったのでBも合わない。 **5-c.** 下線部で男がコートの裏に隠しているナイフを見せたのは，「彼が目を覚ましたらどうする？」という２人目の男の質問に対する答えとしての行動である。第20段落最終文に「デイビッドは死が彼の近くにあることに気づかなかった」とあることから，この行動は「目を覚ましたら殺す」ことを示唆したものだと考えられる。この内容に合うのは，A.「１人目の男はデイビッドが目を覚ましたら彼の命を奪うつもりだった」。take ～’s life で「～の命を奪う」という意味を表す。

問６＜適語選択＞デイビッドが寝ている間に起きた３つの出来事を振り返る。最初の老夫婦は裕福で，妻の「私たちが死んだときに，私たちのお金をあげる人が誰もいない」という言葉から，彼女はデイビッドに遺産を渡すことを考えたと推測できる。これは，デイビッドが「富」を得る可能性があったということ。次のデイビッドをハンサムだと思った少女については，彼女のお金持ちの父親が，自分のために働き，娘と結婚する若者を探していたとある。これは彼が少女と結婚し，「愛」と「富」を手に入れる可能性があったことを示す。最後の２人組の泥棒が出てきた場面では，運が悪ければデイビッドは命を奪われていたかもしれないことがわかる。これは彼に「死」が近づいていたということである。

問７＜条件作文＞≪全訳≫マコト：デイビッドは運が良かったと思う，それとも悪かったと思う？／**ヒラリー**：私の答えは，彼は運が良くもあったし，悪くもあったという両方よ。運が良かったと思うのは，①(例)彼は犬のおかげで殺されなかった。それに彼のお金も盗まれなかったから。一方で運が悪かったと思うのは，②(例)二度大金を手に入れる機会を逃し，若くてかわいい女の子と結婚する機会を逃したからよ。

＜解説＞①にはヒラリーがデイビッドを幸運だったと思う理由を表す文を，②にはデイビッドを不運だったと思う理由を表す文を入れる。①ではデイビッドが殺されなかったことや，お金を盗まれなかったこと，②ではデイビッドがお金をもらえなかったことや，かわいい少女と結婚できなかったことを述べるとよい。

Ⅲ〔**長文読解総合─説明文**〕

≪全訳≫❶古代から，アスリートは常に競技会に勝つ方法を探してきた。アスリートは，より良いトレーニング，より良い指導，より良い食事で勝者になることができる。彼らはまた，より良い用具，言い換えれば，より良いシューズ，より良いスキー板，あるいはより良いテニスラケットでパフォーマンスを向上させることができる。古代ギリシャ人でさえ，工学を使って，投てき用のより良い円盤をつくった。しかし，人々は，スポーツは公平であってほしいと思っている。このため，スポーツ団体は，選手，用具，そして競技自体に関する規則をつくる。❷今日，新しい科学技術がアスリートを助けている。ハイテクの衣服から義手・義足まで，パフォーマンスを向上させる新しい方法がたくさんある。しかし，多くの人は，科学技術が一部のアスリートを有利にするかもしれないと心配している。競技会を不公平なものにするかもしれないのだ。また，多くの場合，より裕福なアスリートやチームだけが高価なハイテクの用具を購入できる。私たちは最高のアスリートに勝ってほしいと思うだろうか，それとも最高の用具を使うアスリートに勝ってほしいと思うだろうか。❸ハイテク水着の話は，科学技術がどのようにスポーツを不公平にするかを示している。／→C．数年前，スポーツのエンジニアが水着用の新しい素材を発明した。／→B．それはサメの皮膚と同じ性質をたくさん持っている。／→D．水泳選手がこの素材でできた全身スーツを使うと，泳ぐのが速くなり，より良く浮かぶようになる。／→A．この素材はまた，水泳選手の筋肉により多くの酸素を送る。❹企業は，2008年にこれらの新しいハイテク水着を導入した。その後まもなく，その水着を使う水泳選手が驚くべきペースで水泳の世界記録を更新し始めた。2008年の北京オリンピックで，水泳選手は25の世界記録を更新した。それらの水泳選手のうち，23人がハイテク水着を着ていた。対照的に，2004年には，オリンピックの水泳選手は８つの世界記録しか更新しなかった。その後，2009年の世界選手権では，43の世界記録が更新された。人々は，新しい水着がアスリートを助けていると知っていた。2010年１月，国際水泳連盟(FINA)はハイテク水着を禁止した。ほとんどの競泳選手は禁止を喜んでいた。あるオリンピック水泳選手が言ったように，「水泳は実際また水泳になった。誰がどんな水着を着ているか，誰がどんな素材を持っているかではない。私たちは皆，同じガイドラインの下にいるのだ」❺禁止後の２年間で，水泳選手が更新した世界記録は２つだけだった。明らかに，高価なハイテク水着が，より速い水泳のタイムの背後にある理由だった。水着は，一部の水泳選手に不公平な優位性を与えていたのだ。❻もちろん，より良い用具が悪いものであるとはかぎらない。新しい用具は確かに競技にとって良いものだ。例えば，テニスのラケットはかつて木製だった。その重いラケットは壊れてけがの原因になる可能性があった。1980年代，企業は新しいハイテクのカーボン製ラケットを導入した。それらはより使いやすく安全だ。新しいラケットは，(5)平均的なテニス選手にとってテニスをより楽しいものにした。科学技術は，ダウンヒル・スキーから自転車レースまで，あらゆるスポーツの用具を改良した。❼問題は，科学技術がいつ不公平な優位性を生み出すのかということだ。将来，スポーツのエンジニアが本物の足よりも優れた義足を発明するかもしれない。それは競技会に受け入れられるだろうか。ハイテクのコンタクトレンズはゴルフ選手に優位性を与えるだろうか。ランナーはあまりエネルギーを使わずにより速く走る手助けをしてくれる特別なシューズを使ってもよいのか。これらの問題には簡単な答えはない。私たちは科学技術がスポーツを不公平にしないようにする必要がある。しかし，私たちは全ての人にとってスポーツをより楽しく，より安全にする改良は歓迎すべきだ。

問１＜適語選択＞‘want＋目的語＋to不定詞’「～に…してほしい」の形。直後に For this reason「このため，これが理由で」とあり，その後にスポーツ団体が規則をつくることが述べられている。スポーツ団体が規則をつくるのは「スポーツが公平であってほしいから」である。　fair「公平な」　educational「教育の」　global「全世界の」

問２＜文整序＞まず，ハイテク水着用の新素材(a new material)の誕生を示すCを最初に置く。次にそれを it で受け，その素材の性質を説明するBを続ける。AとDはともに新素材の水着の効果を表す文。Aには追加の情報を述べるときに使う also「～もまた」があるので，D→Aの順になる。

問３＜語形変化＞3-a. 動詞 surprise は「～を驚かせる」という意味。動詞 surprise から派生した形容詞の surprising は「(人などを)驚かせる→驚くべき」, surprised は「(人が)驚かされる→驚いている」の意味になる。ここは直後に rate「ペース」があるので「驚くべきペースで」となる。 3-b. 過去の大会に関する記述である。 wear－wore－worn

問４＜英文解釈＞下線部の直訳は,「水泳は実際また水泳になった」。直後の文が, この文の意味を補完する内容になっている。どんな素材のどんな水着を着ているかではなく, 平等なガイドラインの下にいることになるのだから, 再び選手の能力で勝敗が決まるようになったということである。

問５＜整序結合＞整序結合の問題では, 特に日本語がない場合, まとめられそうな語句をまとめていくとよい。本問では例えば, have made(現在完了形), more enjoyable(形容詞 enjoyable の比較級), for the average tennis player(前置詞 for＋名詞)のようにまとめていくことができる。これらをふまえて, どんな意味の英文になるかをイメージする。「新しいラケットは, 平均的なテニス選手にとってテニスをより楽しいものにした」とすると文の流れに合う。「～を…にする」は'make＋目的語＋形容詞'で表せる。

問６＜英文和訳＞助動詞 can で始まる疑問文。that は主格の関係代名詞で, that 以下が先行詞 special shoes を修飾している。that の後の help them run は'help＋目的語＋動詞の原形'「～が…する手助けをする」の形で them は主語の runners を指す。without ～ing は「～することなしに, ～せずに」。

問７＜内容真偽＞A.「古代, アスリートは, 科学技術や工学を一切使わないことで, 試合で公平であるようにしていた」…× 第１段落第４文参照。古代ギリシャ人も工学を使っていた。 B.「良い用具を買う十分なお金を持っている人は, 競技会でより優位になるかもしれない」…○ 第２段落第３～５文に一致する。 C.「北京オリンピックでは, 記録を更新した水泳選手の約半数がハイテク水着を着ていた」…× 第４段落第３, ４文参照。世界記録を更新した25人のうち, 23人がハイテク水着を着ていた。 D.「FINAは, 競技会をよりわくわくするものにするために新しいタイプの科学技術を導入した」…× そのような記述はない。 E.「テニスラケットは, 1980年代にカーボンからプラスチックに改良された。というのもプラスチックの方が軽いからだ」…× プラスチック製のラケットに関する記述はない。 F.「筆者は, 科学技術がスポーツの競技会を不公平にしないのであれば, 受け入れられると考えている」…○ 第７段落終わりの２文に一致する。

Ⅳ 〔和文英訳―完全記述〕

(1)「こんな雨の日にタクシーをつかまえることはとても難しい」と読み換え,'It is＋形容詞＋to＋動詞の原形….'の形式主語構文で表すとよい。「こんな雨の日に」は on a rainy day like this などで表せる。Catching a taxi on a rainy day like this is very difficult. のように, 動名詞を主語とする文でもよい。

(2)「時間が余計にかかるかもしれない」は, It may〔might〕take more time. で表せる。it takes time で「時間がかかる」の意味。「バスにした方がいいと思うよ」は you should take a bus「あなたはバスに乗るべきです」などで表せる。but の代わりに though〔although〕を使い, Though〔Although〕it may take more time, you should … などとしてもよい。

数学解答

1 (1) $-\frac{1}{2}xy^2$　(2) $(x+6)(x-4)$

(3) $-\frac{5\sqrt{6}}{6}$

2 (1) 2　(2) $\frac{3}{14}$　(3) $\frac{8-4\sqrt{2}}{3}\pi$

3 $x=40$，$y=60$

4 (1) 111　(2) 50

(3) (50，44，67)，(56，50，61)，(58，50，61)

5 (1) $a=\frac{1}{3}$，$b=1$，$c=6$

(2) ① 3倍　② $\left(-2,\ \frac{4}{3}\right)$

(3) $3\pm\sqrt{6}$

6 (1) (例)EC＝EDより，∠C＝∠EDC……① FA＝FBより，∠FAB＝∠B……② $\overset{\frown}{\mathrm{AD}}$に対する円周角より，∠B＝∠C……③　①，②，③より，∠C＝∠EDC＝∠FAB＝∠B　∠C＝∠EDC＝∠FAB＝∠B＝xとおくと，△ECDの外角より，∠AED＝∠C＋∠EDC＝$2x$　△FABの外角より，∠AFD＝∠FAB＋∠B＝$2x$　よって，∠AED＝∠AFD　2点E，Fは直線ADに対して同じ側にあるから，4点A，F，E，Dは同じ円周上にある。

(2) ① $\frac{25}{2}$　② $\frac{75}{8}$

1〔独立小問集合題〕

(1)<式の計算>与式＝$\frac{9}{4}x^6y^4\div\left(-\frac{3}{4}x^7y^3\right)\times\frac{1}{6}x^2y=\frac{9x^6y^4}{4}\times\left(-\frac{4}{3x^7y^3}\right)\times\frac{x^2y}{6}=-\frac{9x^6y^4\times4\times x^2y}{4\times3x^7y^3\times6}=-\frac{1}{2}xy^2$

(2)<式の計算―因数分解>与式＝$2(x^2-9)-(x^2-2x+1)-5=2x^2-18-x^2+2x-1-5=x^2+2x-24=(x+6)(x-4)$

(3)<数の計算>与式＝$(2\sqrt{6}+6-6-3\sqrt{6})-2\left(\frac{1}{2\sqrt{6}}-\frac{2}{2\sqrt{6}}\right)=-\sqrt{6}-2\times\left(-\frac{1}{2\sqrt{6}}\right)=-\sqrt{6}+\frac{1}{\sqrt{6}}=-\sqrt{6}+\frac{1\times\sqrt{6}}{\sqrt{6}\times\sqrt{6}}=-\frac{6\sqrt{6}}{6}+\frac{\sqrt{6}}{6}=-\frac{5\sqrt{6}}{6}$

2〔独立小問集合題〕

(1)<数の計算>$\sqrt{1}<\sqrt{3}<\sqrt{4}$より，$1<\sqrt{3}<2$だから，$1+1<1+\sqrt{3}<1+2$であり，$2<1+\sqrt{3}<3$となる。よって，$1+\sqrt{3}$の整数部分$a$は$a=2$となり，小数部分$b$は$b=(1+\sqrt{3})-2=\sqrt{3}-1$となる。与式＝$b(a+b)$となり，$a+b=1+\sqrt{3}$だから，与式＝$(\sqrt{3}-1)(1+\sqrt{3})=(\sqrt{3}-1)(\sqrt{3}+1)=3-1=2$となる。

(2)<確率―カード>カードは7枚あり，取り出したカードを袋に戻さないので，カードの取り出し方は，1枚目が7通り，2枚目が6通りより，全部で，$7\times6=42$(通り)ある。これより，a，bの組も42通りある。このうち，$\frac{b}{a}$が整数となる場合は，$(a,\ b)=(1,\ 2)$，$(1,\ 3)$，$(1,\ 4)$，$(1,\ 5)$，$(1,\ 6)$，$(1,\ 7)$，$(2,\ 4)$，$(2,\ 6)$，$(3,\ 6)$の9通りだから，求める確率は$\frac{9}{42}=\frac{3}{14}$である。

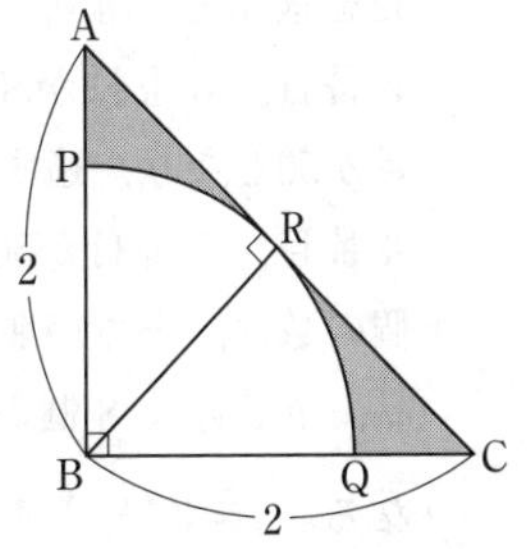

(3)<空間図形―体積―回転体>右図のように，2点P，Qを定め，$\overset{\frown}{\mathrm{PQ}}$と辺ACの接点をRとする。∠ABC＝90°だから，黒い部分の図形を直線ABを回転の軸として1回転させてできる立体は，底面の半径がBC＝2,

高さが$AB=2$の円錐から，半径がBRの半球を取り除いた立体となる。△ABCが直角二等辺三角形より，$\angle BAC=45^\circ$であり，点Rが接点より，$\angle BRA=90^\circ$だから，△ABRは直角二等辺三角形であり，$BR=\frac{1}{\sqrt{2}}AB=\frac{1}{\sqrt{2}}\times2=\sqrt{2}$である。よって，求める立体の体積は，$\frac{1}{3}\times\pi\times2^2\times2-\frac{4}{3}\pi\times(\sqrt{2})^3\times\frac{1}{2}=\frac{8}{3}\pi-\frac{4\sqrt{2}}{3}\pi=\frac{8-4\sqrt{2}}{3}\pi$である。

3〔数と式―連立方程式の応用〕

容器Aには初め，6％の食塩水がxg入っていて，容器Cから2％の食塩水がyg加わるから，食塩水の量は$x+y$g，含まれる食塩の量は$x\times\frac{6}{100}+y\times\frac{2}{100}=\frac{3}{50}x+\frac{1}{50}y$(g)となる。濃度は3.6％になったから，含まれる食塩の量について，$\frac{3}{50}x+\frac{1}{50}y=(x+y)\times\frac{36}{1000}$が成り立ち，$15x+5y=9x+9y$，$6x-4y=0$，$3x-2y=0$……①となる。また，容器Bには初め，9％の食塩水がxg入っていて，容器Cから残りの2％の食塩水が$300-y$g加わるから，食塩水の量は$x+(300-y)=x-y+300$(g)，含まれる食塩の量は$x\times\frac{9}{100}+(300-y)\times\frac{2}{100}=\frac{9}{100}x-\frac{1}{50}y+6$(g)となる。濃度は3％になったから，含まれる食塩の量について，$\frac{9}{100}x-\frac{1}{50}y+6=(x-y+300)\times\frac{3}{100}$が成り立ち，$9x-2y+600=3x-3y+900$，$6x+y=300$……②となる。①，②を連立方程式として解くと，①＋②×2より，$3x+12x=0+600$，$15x=600$，$x=40$(g)となり，これを②に代入して，$240+y=300$，$y=60$(g)となる。

4〔データの活用〕

(1)＜$a+b$の値＞10個の数の平均値は54だから，10個の数の合計について，$a+b+50+40+58+77+69+42+56+37=54\times10$が成り立つ。これより，$a+b+429=540$，$a+b=111$となる。

(2)＜aの値の最大値＞a，bを除く8個の数は，小さい順に，37，40，42，50，56，58，69，77となる。また，$a\leqq b$で，a，bを含めた10個の数の中央値が53であり，a，bを除く8個の数は，53より小さい数，53より大きい数が4個ずつだから，$a\leqq53$，$b\geqq53$である。$a=53$のとき，(1)より，$b=111-53=58$であり，10個の数の小さい方から5番目は53，6番目は56となる。これより，中央値は$\frac{53+56}{2}=54.5$となり，適さない。$a=52$のとき，$b=59$であり，10個の数の小さい方から5番目は52，6番目は56となる。中央値は$\frac{52+56}{2}=54$となり，適さない。同様にして，$a=51$のとき，$b=60$であり，5番目は51，6番目は56より，中央値は53.5となり，適さない。$a=50$のとき，$b=61$であり，5番目が50，6番目が56より，中央値は53となる。よって，aの値として考えられる最大の数は50である。

(3)＜値の組＞50以外の数を選ぶとき，どの数を選んでも，その数の10だけ小さい数は50にはならない。中央値は50になるので，小さい方から5番目，6番目はともに50になる。これより，a，bのどちらかは50となる。$a\leqq b$であり，$111-50=61$だから，このとき，$a=50$，$b=61$である。37，40，42を選ぶと，4番目，5番目が50となり，適さない。56を選ぶと，$56-10=46$より，4番目が46，5番目，6番目が50となり，適する。58を選ぶと，$58-10=48$より，4番目が48，5番目，6番目が50となり，適する。69，77を選ぶと，10小さい数はそれぞれ，$69-10=59$，$77-10=67$だから，4番目，5番目が50となり，適さない。また，50を選ぶとき，$50-10=40$より，a，bを除く8個の数は，小さい順に，37，40，40，42，56，58，69，77となる。10個の数の中央値が50であり，a，bを除く8個の数は，50より小さい数，50より大きい数が4個ずつなので，$a<50$，$b>50$となる。$a=49$とすると，$b=62$であり，5番目が49，6番目が56より，中央値は$\frac{49+56}{2}=52.5$だから，適さない。$a=48$ とすると，$b=63$ であり，5番目が48，6番目が56より，中央値は $\frac{48+56}{2}=52$ だから，適さない。同様にして，$a=47$，46，45とすると，適さない。$a=44$ とすると，$b=67$ であり，5番目が44，6番目が56より，中央値は $\frac{44+56}{2}=50$ だから，適する。$a\leqq 43$ としても中央値は50にならない。以上より，(選んだ数，a，b)＝(50，44，67)，(56，50，61)，(58，50，61)である。

5 〔**関数—関数 $y=ax^2$ と一次関数のグラフ**〕

⑴＜**比例定数，傾き，切片**＞右図1で，放物線 $y=ax^2$ はB(6，12)を通るから，$12=a\times 6^2$ より，$a=\frac{1}{3}$ となる。これより，点Aは放物線 $y=\frac{1}{3}x^2$ 上の点となる。x 座標は -3 だから，$y=\frac{1}{3}\times(-3)^2=3$ となり，A$(-3,\ 3)$である。直線 $y=bx+c$ は2点A，Bを通るから，傾き b は，$b=\frac{12-3}{6-(-3)}=1$ である。直線ABの式は $y=x+c$ となり，点Bを通ることより，$12=6+c$，$c=6$ となる。

図1

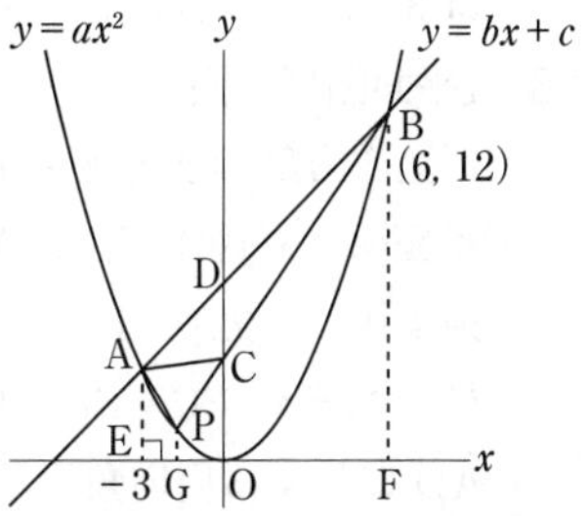

⑵＜**面積比，座標**＞①右上図1のように，直線ABと y 軸との交点をDとし，2点A，Bから x 軸に垂線AE，BFを引く。△ACD，△DCBの底辺をそれぞれAD，DBと見ると，この2つの三角形は高さが等しいから，△ACD：△DCB＝AD：DBである。AE∥DO∥BFより，AD：DB＝EO：OF＝$\{0-(-3)\}$：6＝3：6＝1：2だから，△ACD：△DCB＝1：2となり，△ACD＝$\frac{1}{2}$△DCB，△ACB＝△ACD＋△DCB＝$\frac{1}{2}$△DCB＋△DCB＝$\frac{3}{2}$△DCBとなる。また，△APBの面積が y 軸によって2等分されることより，〔四角形APCD〕＝△DCBだから，△APC＝〔四角形APCD〕−△ACD＝△DCB−$\frac{1}{2}$△DCB＝$\frac{1}{2}$△DCBである。よって，△APC：△ACB＝$\frac{1}{2}$△DCB：$\frac{3}{2}$△DCB＝1：3だから，△ACBの面積は△APCの面積の3倍である。　②図1で，点Pから x 軸に垂線PGを引く。①と同様にして，△APC：△ACB＝PC：CBである。また，△APC：△ACB＝1：3だから，PC：CB＝1：3となる。PG∥CO∥BFだから，GO：OF＝PC：CB＝1：3となる。OF＝6より，GO＝$\frac{1}{3}$OF＝$\frac{1}{3}\times 6=2$ となり，点Pの x 座標は -2 である。点Pは放物線 $y=\frac{1}{3}x^2$ 上にあるから，$y=\frac{1}{3}\times(-2)^2=\frac{4}{3}$ より，P$\left(-2,\ \frac{4}{3}\right)$である。

⑶＜**x 座標**＞右図2で，点Qを通り y 軸に平行な直線と直線ABの交点をRとし，点Qの x 座標を t，QR＝m とする。⑴より，直線ABの切片は6だから，D(0，6)であり，OD＝6である。点Aの x 座標は -3 なので，△OADは，底辺をODと見ると高さは3であり，△OAD＝$\frac{1}{2}\times 6\times 3=9$ となる。〔四角形OQBA〕＝30なので，〔四角形OQBD〕＝〔四角形OQBA〕−△OAD＝30−9＝21となる。また，台形OQRDの高さは t であり，△QBRは，底辺をQR＝m と見ると高さは $6-t$ となる。よって，〔四角形OQBD〕＝〔台形OQRD〕＋△QBR＝$\frac{1}{2}\times(6+m)\times t+\frac{1}{2}\times m\times(6-t)=3t+\frac{1}{2}mt+3m-\frac{1}{2}mt=3t+3m$ となるから，$3t+3m$

図2

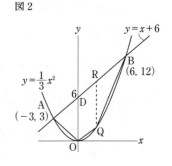

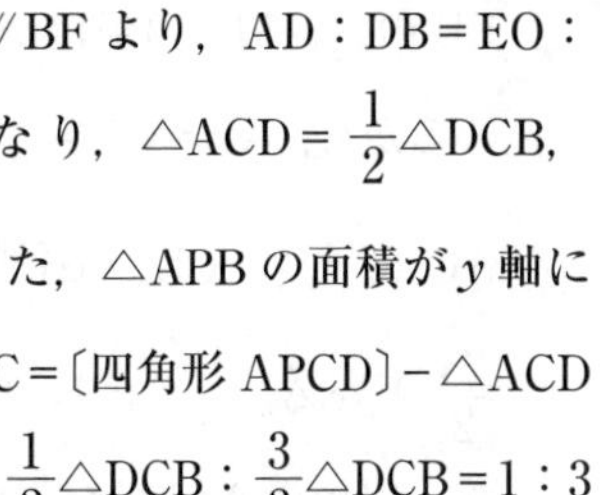

$=21$が成り立ち，$t+m=7$となる。ここで，点Qは放物線$y=\frac{1}{3}x^2$上にあり，x座標がtなので，$y=\frac{1}{3}t^2$より，$\mathrm{Q}\left(t,\ \frac{1}{3}t^2\right)$である。点Rは直線$y=x+6$上にあり，$x$座標が$t$なので，$y=t+6$より，$\mathrm{R}(t,\ t+6)$である。これより，$\mathrm{QR}=t+6-\frac{1}{3}t^2$だから，$m=t+6-\frac{1}{3}t^2$である。したがって，$t+\left(t+6-\frac{1}{3}t^2\right)=7$となるので，$-\frac{1}{3}t^2+2t-1=0$，$t^2-6t+3=0$より，$t=\frac{-(-6)\pm\sqrt{(-6)^2-4\times1\times3}}{2\times1}=\frac{6\pm\sqrt{24}}{2}=\frac{6\pm2\sqrt{6}}{2}=3\pm\sqrt{6}$となる。$0<t<6$より，$t=3\pm\sqrt{6}$はともに満たすので，点Qの$x$座標は$3\pm\sqrt{6}$である。

6 〔平面図形―円〕

≪基本方針の決定≫(2)①　AE＝CEであることに気づきたい。　②　点Eは円の中心である。

(1)<**証明**>右図1で，∠AED＝∠AFDであれば，円周角の定理の逆より，4点A，F，E，Dは同じ円周上にある。△ECD，△FABはそれぞれEC＝ED，FA＝FBの二等辺三角形である。また，$\overset{\frown}{\mathrm{AD}}$に対する円周角より，∠B＝∠Cである。解答参照。

図1

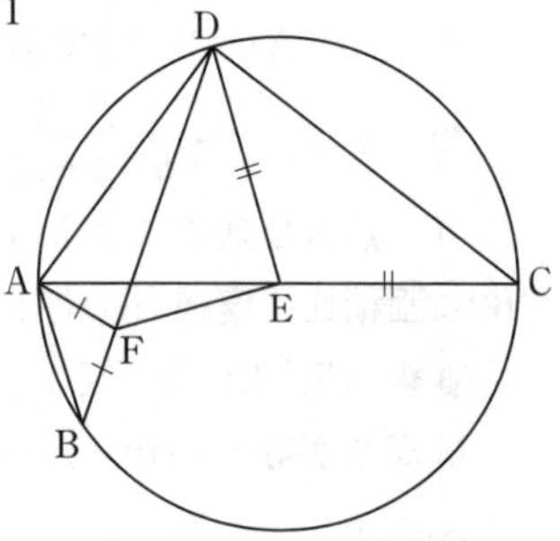

(2)<**長さ**>①右下図2で，線分ACは円の直径だから，∠ADC＝90°である。点EからCDに垂線EGを引くと，△ECDはEC＝EDの二等辺三角形だから，DG＝CGとなる。また，AD∥EGとなるから，$\mathrm{AE}=\mathrm{CE}=\frac{1}{2}\mathrm{AC}$である。△ACDで三平方の定理より，$\mathrm{AC}=\sqrt{\mathrm{AD}^2+\mathrm{CD}^2}=\sqrt{15^2+20^2}=\sqrt{625}=25$だから，$\mathrm{AE}=\frac{1}{2}\times25=\frac{25}{2}$となる。　②図2で，①より，点Eは線分ACの中点だから，円の中心である。2点B，Eを結び，EFの延長とABとの交点をHとする。FA＝FB，AE＝BE，EF＝EFより，△AEF≡△BEFだから，∠AEF＝∠BEFとなる。△AEBはAE＝BEの二等辺三角形だから，EH⊥AB，$\mathrm{AH}=\mathrm{BH}=\frac{1}{2}\mathrm{AB}=\frac{1}{2}\times7=\frac{7}{2}$となる。△AEHで三平方の定理より，$\mathrm{EH}=\sqrt{\mathrm{AE}^2-\mathrm{AH}^2}=\sqrt{\left(\frac{25}{2}\right)^2-\left(\frac{7}{2}\right)^2}=\sqrt{144}=12$となる。次に，△ECDと△FABはともに二等辺三角形で，$\overset{\frown}{\mathrm{AD}}$に対する円周角より，∠DCE＝∠ABFだから，△ECD∽△FABである。相似比はCD：AB＝20：7だから，EG：FH＝20：7である。△ACDで中点連結定理より，$\mathrm{EG}=\frac{1}{2}\mathrm{AD}=\frac{1}{2}\times15=\frac{15}{2}$となるので，$\mathrm{FH}=\frac{7}{20}\mathrm{EG}=\frac{7}{20}\times\frac{15}{2}=\frac{21}{8}$である。よって，$\mathrm{EF}=\mathrm{EH}-\mathrm{FH}=12-\frac{21}{8}=\frac{75}{8}$となる。

図2

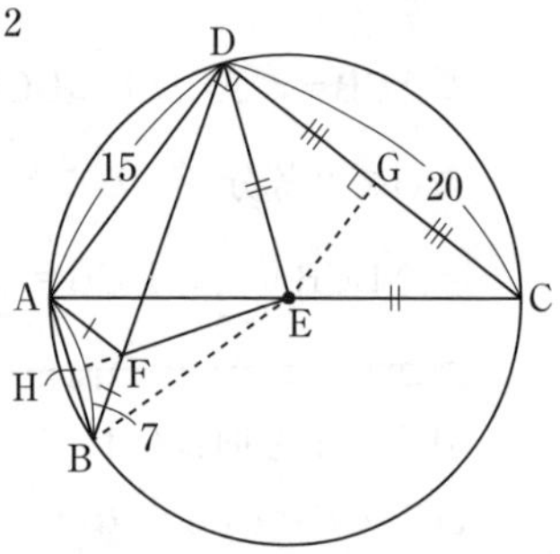

＝読者へのメッセージ＝

2(3)では，半球の体積を求めました。球の体積の求め方は今から2200年ほど前に，浮力の原理を発見したことで知られるアルキメデスによって発見されました。

国語解答

一 問一 紛争が何年も続き，日常となっているために，（銃声にも慣れ，）恐怖感さえ麻痺してしまっているという状態。

問二 エ　問三 ウ

問四 出身地を理～まうつらさ

問五 過酷で矛盾をはらんだ現実の中で，一人ひとりがどのような困難や複雑な思いを抱えながら生きているのかを想像し，深く理解しようとすること。

問六 ウ　問七 記号　問八 イ

問九 （例）『君たちはどう生きるか』の「雪の日の出来事」でコペル君は，上級生の暴力に対して勇気を出せず，何も言えないまま友達を裏切り見捨ててしまったことに苦しむ。そのとき「叔父さん」はコペル君に，「自分の過ちを認めることはつらい。しかし過ちをつらく感じるということの中に，人間の立派さもあるんだ」と語り励ます。その言葉はコペル君にとって，自分の過ちについての思いを正直に伝え，仲間とのつながりを取り戻す支えとなっていった。

問十 a 統括　b 亀裂　c 沸　d 検問

二 問一 a 経緯　b 暫定

問二 「男にする」という表現は，男性に対する伝統的なイメージや，女性には付与されない特別な価値などを含んでおり，現代という時代にはそぐわなくなった古い性認識に基づくものだから。

問三 夫婦間においては，対等な関係性に基づく呼称を用いようという傾向も一般化しているとまではいえず，特に相手の配偶者を呼ぶ場合には，不自然さや失礼な印象を与えない呼び方が定着していないから。

問四 エ

問五 A 物事の見方や価値観　B 用いるべき言葉

問六 ア　問七 つまり，か

問八 温[故]知[新]

問九 どのような言葉を用いるかという判断を，個人個人の好き嫌いや考え方に委ねること。

一 **〔随筆の読解―芸術・文学・言語学的分野―文学〕**出典；奈倉有里『夕暮れに夜明けの歌を――文学を探しにロシアに行く』。

≪本文の概要≫『灰色のミツバチ』という作品で描かれているように，現在も世界各地で紛争や分断が起きている。紛争地帯に暮らす人々は，勢力間の対立構造と無関係でいることはできず，どの立場をとるのかという選択を強いられ，悩み苦しむことになる。たとえ他の土地に移り住んだとしても，自分とは反対の立場の人と新たな対立を呼び起こしてしまう場合もある。しかし，人は，言葉をただ記号として扱うのではなく，さまざまな他者の立場や思いを想像することによって，言葉を意味のある思考として成り立たせることができる。だから，対立や困難から生み出された世界中の文学作品には，互いに立場の違う人たちをつなげる力があるはずである。ある場所で生まれた文学作品は，他の場所に生きる人々の対立を解消するきっかけになりうる。対立や困難に苦しむ人が多いというのは，決定的に文学が不足しているからであろう。

問一＜表現＞スタログラドフカ村では紛争が長引き，銃声の鳴り響く日がずっと続いていた。「過ぎゆく日々はいつも似通って」いたため，本来は恐ろしいはずの銃声も，セルゲイにとっては，日常の一部に感じられるようになっていたのである。

問二＜文章内容＞セルゲイは，ミツバチたちを無事に紛争地から逃れさせ，アカシアの花咲く地へと連れていくために，わざわざ暖かい季節を選んでスタログラドフカ村を去ったのである。

問三＜文章内容＞セルゲイは，紛争に関して立場を白黒はっきりさせたくなくて「灰色」の立場でいた。しかし，立場をはっきりさせている人は，「灰色」の人を警戒し，どちらの立場をとるのか選択を迫り，ときには排斥しようとするのである。

問四＜心情＞対立構造とは無縁でいようとしても，紛争地帯の出身というだけで，何かしらの立場を主張する人にとって「グレーゾーン」の人は「争いの種になりかねない」のである。セルゲイもまた，「出身地を理由に，自分という存在が，つい最近まで親しかった人々の争いを誘発させてしまう」ことがつらくて，結局故郷に帰っていくのである。

問五＜文章内容＞「灰色」の人といっても，それぞれに異なった事情や立場があり，意見や考えも人によってさまざまである。そのため，対立を解消するには，個々人の背景を理解し，尊重する姿勢が重要なのである。

問六＜表現＞報道や学校で学ぶことを通じて，人は紛争を知ることはできる。しかし，それだけでは何の実感も伴わない「知識」にすぎない。かぎかっこをつけることによって，人間どうしの対立のむなしさや悲しさなど，紛争について本当に理解しているとはいえないということが強調されている。

問七＜表現＞言葉や文字それ自体は「単なる記号」でしかなく，思考そのものではない。情報の背景にある文脈を補う努力をすることで，ようやく言葉は，意味のある思考として成り立つのである。

問八＜文章内容＞世界中の人々がそれぞれに人間どうしの対立による困難を乗り越えて，文学作品を生み出してきた。したがって，文学作品は人と人とをつなぎ，人間どうしの相互理解を促すものとなりうる。ある土地で生まれた文学作品は，別の土地の対立構造を解きほぐす可能性を持っているのである。

問九＜作文＞他者との関わりに困難を感じる中で，人とつながることの大事さを思い出すきっかけとなった言葉について，自分の経験や人から聞いた話，見知った小説や映画などを振り返って，具体的に書くとよい。

問十＜漢字＞a．「総括」は，別々になっているものを，調整して一つにまとめること。　b．「亀裂」は，亀の甲の模様のように，ひびが入ること。　c．音読みは「煮沸」などの「フツ」。　d．「検問」は，治安維持のため，警察が通行人や通行車両の取り締まりを行うこと。

二〔論説文の読解—芸術・文学・言語学的分野—言語〕出典；古田徹也『いつもの言葉を哲学する』。

≪本文の概要≫現代でも女性への蔑視や男女の不平等性を読み込める言葉は，数多く残っている。しかし，こうした言葉を言い換えようとしても，適切な表現が見つからないことも多い。言葉には，長い時間を経て形成された，世界の見方が含まれている。現代では許容できない価値観を反映した言葉もあるが，個々の言葉の歴史や意味合いをていねいに吟味し，どう扱っていくのかを考えていく必要がある。例えば「彼」という言葉は，現代では男性を指すものとして使われているが，それは明治以降のことであり，本来は，性や人間か動物かといった存在を差別せずに使われていた。「彼」という言葉の歴史と意味を見つめ直せば，多様な性認識や生き方を包み込む三人称の代名詞として，機能するかもしれない。むやみに原義や語源を重視するというわけではなくとも，言葉本来の意味を振り返り，新たな気づきを得ようとする姿勢が重要なのである。

問一＜漢字＞a．「経緯」は，物事の経過や成り行きのこと。　b．「暫定」は，一時的に決めておくこと。

問二＜文章内容＞「男にする」という言葉は，「一人前にする」や「立派にする」などの言葉とは異なり，男性を特権的な存在のように扱い，女性には付与されないものを示す古い価値観に基づいた表現である。男女の平等性や多様な性認識を尊重する現代にそぐわない言葉となってきているため，「私」は「男にする」という言葉を積極的に使用しようとは思わないのである。

問三＜文章内容＞「旦那」や「嫁」といった言葉は，男性優位のイメージを残す表現であるが，いまだに使われている呼称であり，現状，「夫」や「妻」などの対等な呼び方が一般化しているとはいいがたい。加えて，他人の配偶者を呼ぶための，伝統的なイメージを含まない適切な表現がないため，夫婦に関する呼称をどうすべきか悩む場面が生じやすいのである。

問四＜文章内容＞「英雄」は「好色や狡知といった特性を備えた人物」に対しても適用される言葉であるが，「偉人」は「人格的に優れた人物，高い徳を備えた人物」を指して用いられることが多い。そのため，「色を好む」やずる賢い「欺く」は，「英雄」とは結びつき，「偉人」とは結びつかないのである。

問五＜文章内容＞言葉は，長い時間を経て形成された世界に対する見方，つまり「物事の見方や価値観」を反映したものである(…A)。しかし，時間の経過とともに世界は変わっていくため，言葉の意味合いや使い方も変化していくのであり，時代や情勢の移り変わりと言葉が持つ豊かな意味合いを細かくとらえながら，「用いるべき言葉」を吟味する努力が重要である(…B)。

問六＜語句＞「前景」は，前方に見える景色のこと。「前景化する」は，ある部分が前に出て焦点が当たることを表す。

問七＜文章内容＞「彼」という言葉はもともと，対象の性別や性質に関係なく，あらゆる存在に対して使うことのできた幅広い表現であった。そのため，この原義に振り返った形で「彼」という呼び方を使えるならば，「彼」は，「性認識の多様性」や「人間と動物を峻別《しゅんべつ》しない観点」といったものに対応する，現代にふさわしい表現にもなりうるのである。

問八＜四字熟語＞「温故知新」は，昔のことを学び，新しい知識や発見を得ること。

問九＜文章内容＞時代や世界の移り変わりとともに，言葉の意味や使い方も変化していくものである。性差や性認識に関する言葉をどう扱うかは，個人の判断に任せるのではなく，言葉の持つ歴史や本来の意味にもふれたうえで，多くの人が議論をしながら考えていくべきなのである。

Memo

2022年度 桐朋高等学校

【英　語】（50分）〈満点：100点〉

〈注意〉・試験開始直後にリスニングテストを行う。
・リスニングテストが終了するまで筆記問題を始めてはいけない。
・リスニングテスト中，メモを取ってもかまわない。

Ⅰ　リスニング問題　放送を聞いて次のA，Bの問題に答えなさい。

A　これから英語で短い対話を放送します。そのあとでその対話についての質問がなされますから，その答えとして最も適切なものを選び，記号で答えなさい。対話と質問は**1回だけ**読まれます。

(1)　A．In the restaurant.　　B．In the gym.
　　C．In the classroom.　　D．In the library.

(2)　A．It's his turn to do it.
　　B．Karen did it twice already.
　　C．Karen has to study for the exam.
　　D．He promised to do it twice.

(3)　A．All right.　That will be nine dollars.
　　B．All right.　The movie will be starting soon.
　　C．Sure.　I'm glad you enjoyed the show.
　　D．Sure.　I hope you can have the ticket.

(4)　A．The restaurant closes at 8:00.
　　B．The non-smoking tables are not available all day.
　　C．The man wants to have more time to eat.
　　D．Some of the man's friends want to smoke in the restaurant.

(5)　A．At 3:00.　　B．At 3:30.　　C．At 4:00.　　D．At 4:30.

B　これから放送される英文について，以下の問いに答えなさい。英文は**2回**読まれます。

問1　以下の質問の答えとして最も適切なものを選び，記号で答えなさい。

(1)　Where was the hotel Henry was staying in ?
　A．It was close to the doctor's office in London.
　B．It was close to the doctor's office in New York.
　C．It was far from the doctor's office in London.
　D．It was far from the doctor's office in New York.

(2)　Why did Henry lie to the doctor ?
　A．Because he was feeling well.
　B．Because he was late for the appointment.
　C．Because he didn't want to pay much money.
　D．Because he didn't have the medicine.

問2　なぜ最後にHenryは驚いたのですか。その理由となるように，以下の日本語の空所部分を埋めなさい。(ア)は10字以内，(イ)は15字以内とします。

(　ア　)と医者に伝えたところ，医者に(　イ　)と指示されてしまったから。

※＜リスニング問題放送原稿＞は英語の問題の終わりに付けてあります。

II　次の英文を読んで，後の問いに答えなさい。

The names of companies and products have many different origins. Older companies often got their names from (1). Car companies are a good example. Many car companies, such as Ford, Toyota, and Tata, all have the names of the men who started them. Other car companies, such as SAAB, FIAT, and BMW have names that are (2). For example, BMW stands for Bavarian Motor Works. Today, most new companies do not choose names like these. They want more interesting names, because they know that company and product names are very important.

A new company must choose its name carefully. It must also think carefully when it names its products. A name (3)[people / can / about / what / think / influence] a company or a product. People will remember a good name. They may choose that company or product because of its name. This means that a company or a product with a good name may not need many advertisements. This can save the company a lot of money.

Companies *consider many things when they choose a name. They want a name that customers will connect with the company or product. If a company makes shoes for running, it should consider names that are *related to feet or shoes. *Green Moon* or *Crazy Cow* would not be good names for shoes. A good name should also be easy to remember. However, the name should not be too ordinary. It is probably not a good idea to choose a name like *Best Shoes* or *The Shoe Company*. These names are (4) and do not show how the company is unique.

(5)Perhaps the most important factor that a company must consider is the emotion that people will feel when they hear the name of the company. What will they think about when they hear the name ? When the online company Amazon began, it sold only books. The *founder of the company chose the name because the Amazon River is vast and powerful. It is the largest river in the world. He wanted his company to be the biggest bookseller in the world.

A good name tells a story. If a shoe company chooses a name like *Fast Feet*, this explains the business to the customers. There is a clear connection between shoes and their purpose, but the name is a little ordinary. Two companies that make running shoes chose names that are more interesting : Nike—the Greek *goddess of victory—and Reebok—a large animal from Africa that runs very (6-a). These names tell good stories. The companies hope their customers will think about (6-b) and speed when they buy their shoes.

The names of some electronic and technology products also give good examples of responses to products. The names for these products should make people think about modern science and technology. [A] Sometimes this choice relates to sounds. [B] In English, words that begin or end with *x*, such as x-ray, often sound very scientific or technical. [C] A good example of a product name is Xerox. [D] It sounds very technical, but it is also easy to remember. Another good example is the company name Google. This name comes from the word *googol*, which means a very large number : 10^{100}. The company's original name was Back Rub, but as it grew, the directors decided it needed a better name. They chose the new name because it makes the company sound scientific and powerful. Today, Google is a very successful company.

Finally, sometimes businesses want to find a new name. Kentucky Fried Chicken sells lots of fried chicken. Today, many customers worry that they eat too much fat. Kentucky Fried Chicken didn't want its customers to just think about its fried food. (7)The company decided to change its name to KFC. KFC wanted customers to think about its other products, which are not fried. A company may also change its name when something bad happens. For example, there was an airplane crash in Florida in 1997. Many people died in the crash. The company that owned the airplane, Valujet, wanted its customers to (8) the crash, so it changed its name to AirTran.

Choosing and changing names is an important part of any business. Names can have a powerful influence on customers. With a good response from customers, a company can make a lot of money. With a bad response, a company may lose a lot of money.

［注］ consider：～を熟考する　related to：～に関連した　founder：創立者　goddess：女神

問１　空所（１）に入る最も適切なものを以下より選び，記号で答えなさい。

Ａ．animals　Ｂ．computers　Ｃ．people　Ｄ．products

問２　空所（２）に入る最も適切なものを以下より選び，記号で答えなさい。

Ａ．capitals　Ｂ．images　Ｃ．initials　Ｄ．symbols

問３　下線部(3)の［　］内の語を並べかえて，意味の通る英文にしなさい。

問４　空所（４）に入る最も適切なものを以下より選び，記号で答えなさい。

Ａ．boring　Ｂ．short　Ｃ．difficult　Ｄ．interesting

問５　下線部(5)を日本語にしなさい。

問６　空所(6-a)と(6-b)に入る最も適切な語をそれぞれ１語の英語で答えなさい。

問７　第６段落からは，以下の文が抜けています。この文が入る位置を，同じ段落の空所［Ａ］～［Ｄ］より選び，記号で答えなさい。

For example, words that begin with *e-* or *i-*, like e-mail and iPhone, make people think about technology.

問８　下線部(7)の理由を日本語で説明しなさい。

問９　空所（８）に入る最も適切なものを以下より選び，記号で答えなさい。

Ａ．avoid　Ｂ．forget　Ｃ．survive　Ｄ．remember

Ⅲ　次の英文を読んで，後の問いに答えなさい。

Why do we smile? Many people automatically think that there is a simple answer to that question—we smile because we are happy. That answer is correct, but it doesn't tell the whole story. Social scientists who study smiles say (1)there's a lot more to smiling than just showing happiness. Smiling can actually have a great *effect on a person's quality of life.

Marianne LaFrance is a social scientist who is interested in smiles. She has studied smiles for over 20 years. LaFrance says that we use smiles to make and *maintain relationships. We need to do this because we are social animals. (2-a) social animals, we need strong relationships in order to survive and *thrive. According (2-b) LaFrance, smiling is one of the most important tools to maintain social relationships. For example, smiling makes it easier to make new friends. One reason (2-c) this is that we are attracted to people who smile. Smiling can put people at ease. Smiling also helps people make the best (2-d) *unexpected conditions and *adjust to difficult social situations. A smile can help *reduce *conflict and ease *embarrassment. In many languages, there are sayings that express the social importance of smiling. For example, in English, people say, "Smile and the whole world smiles with you. Cry and you cry alone."

Smiling does more than just help us make and maintain relationships, however. It seems that the amount we smile and the quality of our smiles may have some connection to our quality of life. Two studies show the relationship between smiling and the quality and length of people's lives. One study is the (3)“Yearbook Study.” In 2010, LeeAnne Harker and Dacher Keltner, two social scientists from the University of California, Berkeley, *compared the lives of women they found in a thirty-year-old yearbook. They *rated the women's smiles by *measuring the amount of muscle movement around the mouth and eyes. Then they asked the women to answer some questions about their lives. The results of their study showed that the women with the highest rated smiles in the pictures reported happier lives and happier and longer marriages.

Another study is the “Baseball Card Study” from 2010. Ernest Abel and Michael Kruger from Wayne State University in Detroit, Michigan, found that the quality of the smile in pictures of baseball players could actually tell how long they would live. Abel and Kruger also rated the players' smiles. The rating system had three levels : no smile, partial smile, or full smile. They found that the players with (4-a) smiles lived about seven years longer than the players pictured with partial smiles or with (4-b) smiles.

Research shows that smiling has many positive effects on our health. This might explain why the people in the studies with bigger smiles had longer lives. Studies show that smiling reduces stress and stress-related hormones. It also lowers blood pressure. Smiling can *affect the brain in the same way as exercise. For example, it increases the amount of feel-good hormones such as serotonin and endorphins. Endorphins not only make us feel better, but reduce pain as well. Furthermore, recent brain research shows that just the act of smiling can actually make us happier. In other words, we smile because something happens that makes us happy. But then, (5)our smiles send a message back to the brain that makes us feel even happier.

Smiling is clearly good for us. We can even get the benefits of smiling just by making ourselves smile. (6)One way to do this is to look at a picture of other people smiling. This is because smiling is contagious. It is very difficult to look at others smiling and not smile back. Even thinking about people smiling can make you smile. It is easy to see that smiling is much more than just an expression of happiness. (7)It's a powerful tool for maintaining both emotional and physical health.

［注］ effect：影響　maintain：～を維持する　thrive：よく成長する　unexpected：思いがけない
adjust to：～に適応する　reduce：～を減らす　conflict：衝突　embarrassment：困惑
compare：～を比較する　rate：～を評価する　measure：～を測定する　affect：～に影響を与える

問１　下線部(1)の表す意味として最も適切なものを選び，記号で答えなさい。

Ａ．幸せであることを言葉で相手に伝えるよりもほほえんだ方が得策である。
Ｂ．ほほえむことほど自分が幸せであることを相手に示す良い方法はない。
Ｃ．ほほえみは自分がうれしい状態であることを相手に伝えるだけではない。
Ｄ．単に自分の幸せを相手に伝えるためにほほえむ人がかなり増えている。

問２　空所(2-a)～(2-d)に入る語を以下より選び，記号で答えなさい。ただし，大文字で始めるべき語も小文字で示してある。

Ａ．with　Ｂ．for　Ｃ．of　Ｄ．in　Ｅ．to　Ｆ．as

問３　下線部(3)の“Yearbook Study”「卒業アルバムの研究」の結果を日本語で説明しなさい。

問４　本文の流れから考えて，空所(4-a)と(4-b)に入るべき語を本文中から抜き出しなさい。

問５　下線部(5)を日本語にしなさい。

問６　下線部(6)の理由を具体的に25字前後の日本語で説明しなさい。

問７　下線部(7)について，あなたの考えを自分自身の経験に触れながら40語程度の英語で書きなさい。

Ⅳ　次の(1)，(2)を英語にしなさい。

(1)　ここから遠く離れた町へ引っ越したなつかしい友だちから電話をもらった。

(2)　僕たちは幼なじみなので，思い出話に花が咲いた。

＜リスニング問題放送原稿＞

M…male speaker　　F…female speaker

A

(1)　F：Excuse me.　I'm going to ask you to leave if you don't keep quiet.

M：But I was just asking my friend to help me with my math homework.

F：I know, but you can't have a conversation here.　As the notice says, silence is the rule in this area.

M：Alright.　I'm sorry.

Question：Where is this conversation probably taking place?

(2)　F：James, could you do some shopping for me, please?

M：Oh, Grandma!　Why do I have to go?　It's Karen's turn, isn't it?

F：Yes, it is.　But she has to prepare for the exam.

M：OK, but she has to do the shopping the next two times.

Question：Why will James do the shopping this time?

(3)　M：Can I have one ticket for the five o'clock movie, please?

F：Well, it's 5:10 now, sir.　I'm afraid it's already started.

M：I don't mind.　I'd still like one.

Question：What will the woman probably say next?

(4)　(on the telephone)

F：Hello, Nico Diner.

M：Hello.　I'd like to reserve a non-smoking table for four people at 7 o'clock.

F：I'm sorry, but all our non-smoking tables are full until 8.　And we close at 9.

M：That means we would have only one hour to eat.　OK.　I'll try somewhere else.

Question：What is the problem?

(5)　(on the telephone)

F：Good morning.　ABC Dental Office.

M：Hi.　I was wondering if I could change my appointment.　I'd like to make it earlier.

F：OK.　When is your appointment?

M：It's 4 o'clock in the afternoon tomorrow.　Could I come in at 3 o'clock?

F：I'm sorry.　It's not available.　But you can make it half an hour earlier.

M：That'll be fine with me.　I'll see you then.

Question：When will the man see the dentist?

B　Henry was from London and he had come to New York for a holiday.

One day he was not feeling well, so he went to the clerk at the desk of his hotel and said, "I want to see a doctor.　Can you give me the name of a good one?"

The clerk looked in a book and then said, "Dr. Kenneth Glay, 61010."

Henry said, "Oh, just two blocks away.　Thank you very much.　Is he expensive?"

"Well," the clerk answered, "he always charges his patients 40 dollars for their first visit to him, and 20 dollars for later visits."

Henry decided to save 20 dollars, so when he went to see the doctor, he said, "I've come again, doctor."

For a few seconds the doctor looked at his face carefully without saying anything. Then he nodded and said, "Oh, yes." He examined him and then said, "Everything's going as it should. Just continue with the medicine I gave you last time."

Henry was surprised.

【数　学】（50分）〈満点：100点〉

〈注意〉 答えが無理数となる場合は，小数に直さずに無理数のままで書いておくこと。また，円周率はπとすること。

1 次の問いに答えよ。

(1) $\frac{16}{3}a\times\left(-\frac{1}{2}ab\right)^3+3a^6b^7\div(-3ab^2)^2$ を計算せよ。

(2) 連立方程式 $\begin{cases}5(4x+y)+3(2x+y)=9\\ \frac{4x+y}{3}-\frac{2x+y}{2}=2\end{cases}$ を解け。

(3) $\frac{(\sqrt{14}-\sqrt{6})(\sqrt{7}+\sqrt{3})}{2}-(\sqrt{2}+1)^2$ を計算せよ。

2 次の問いに答えよ。

(1) 縦の長さが横の長さより5cmだけ長い長方形がある。この長方形の面積が25cm^2のとき，横の長さを求めよ。

(2) 関数$y=ax-3$で，xの変域が$-3\leqq x\leqq -1$であるとき，yの変域は$3\leqq y\leqq b$である。a，bの値を求めよ。

(3) 大，小2つのさいころを投げ，大きなさいころの出た目をa，小さなさいころの出た目をbとする。1辺の長さが1cmの正方形ABCDで，点Pが頂点Aを出発点として，右の図の矢印の方向に辺上を$(a+b)$cm動く。このとき，点Pが頂点Dの位置にある確率を求めよ。

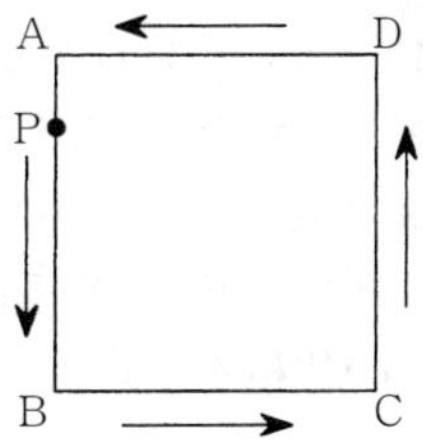

3 兄，弟の2人がP地からQ地まで歩いた。弟がP地を出発してからx分後に兄がP地を出発し，弟がP地を出発してから12分後に兄が弟を追い抜いた。兄の歩く速さは分速80mである。

(1) 弟の歩く速さは分速何mか。xの式で表せ。

(2) 兄がQ地に到着してから4分後に弟がQ地に到着した。PQ間の道のりは2400mである。xの値を求めよ。答えのみでなく求め方も書くこと。

4 右の図で，点Pは放物線$y=ax^2$ $(a>0)$上にあり，OP=2，A(−3, 0)，∠AOP=60°である。△AOPを点Oを中心として，はじめて辺OPがx軸の正の部分と重なるまで時計回りに回転移動させ，移動後の点Pの位置を点Q，点Aの位置を点Bとする。また，放物線$y=ax^2$と辺OBの交点をCとする。

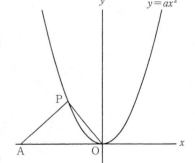

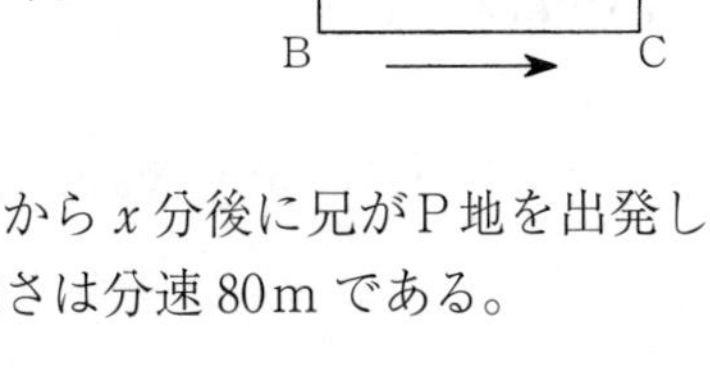

(1) aの値を求めよ。

(2) 四角形AQCPの周の長さを求めよ。

(3) 放物線$y=ax^2$上に点Rをとり，四角形RPOCの面積と△AOPの面積が等しくなるようにする。このとき，点Rの座標を求めよ。

5　右の図のように，２つの円 O_1 と O_2 が異なる２点A，Bで交わっている。円 O_1 の内部で円 O_2 の周上に点Cをとり，直線ACと円 O_1 の交点のうち，点Aと異なる方をDとする。また，円 O_2 の内部で円 O_1 の周上に点Eをとり，直線AEと円 O_2 の交点のうち，点Aと異なる方をFとする。

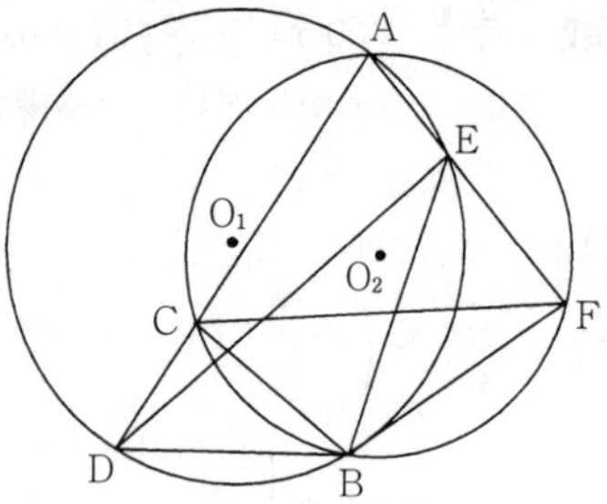

(1)　△BED∽△BFCであることを証明せよ。

(2)　線分AD，線分ABがそれぞれ円 O_1，円 O_2 の直径であり，AD＝10，AB＝8，AF＝6のとき，次のものを求めよ。

①　BCの長さ

②　EFの長さ

③　四角形ADBEの面積

6　右の図のように，正六角柱ABCDEF－A′B′C′D′E′F′がある。辺FF′の中点をM，線分ADとBFの交点をNとする。AB＝6，AA′＝12のとき，次の問いに答えよ。

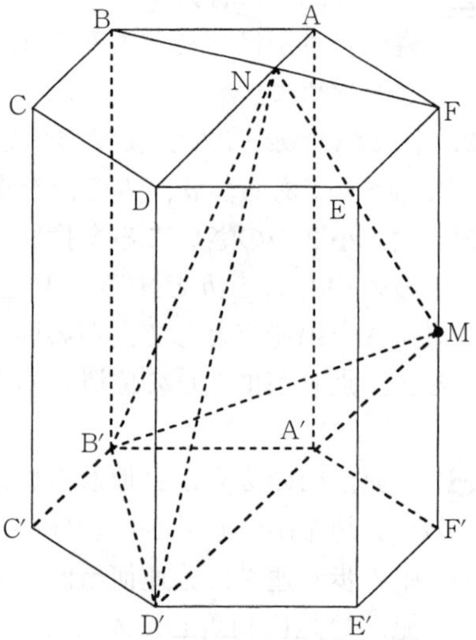

(1)　△MNB′の面積を求めよ。

(2)　三角錐D′－MNB′の体積を求めよ。

(3)　辺CC′の中点をPとし，Pを通り平面MB′D′に平行な平面で三角錐D′－MNB′を切ったとき，頂点Nを含む方の立体の体積を求めよ。

号で答えよ。

ア　総合的　　イ　画一的
ウ　恣意的　　エ　副次的

問七　――線部④で筆者はどのようなことを指摘しているのだろうか。その説明として最もふさわしいものを次の中から選び、記号で答えよ。

ア　「読む」という行為は、文の内容の理解に取り組む中で、自分の思考を捉え直すきっかけとなるということ。
イ　「読む」という行為は、受動的な面が強いのだが、読み手側の解釈という能動的な面もあるということ。
ウ　「読む」という行為では、自分の気付きを基に本文を離れて、考えを深めることになるということ。
エ　「読む」という行為では、他者の考えよりも、自分の解釈を優先する方が大切だということ。

問八　――線部⑤「SNS的な価値観」とはどのようなものか。その説明となっている三十五字以内の部分を、ここより後の本文中からさがし、その最初の五字を抜き出して答えよ。

問九　――線部⑥について。このように考える理由を、筆者の「言葉」についての捉え方をふまえながら説明せよ。

社会的風潮は、⑤SNS的な価値観のあらわれでもあります。「私」の側にある言葉は、ときに自分の奥深くに分け入って苦闘したり、また真理を解き明かそうと、時間をかけて言葉を費やしながら努力しますが、「皆」の側にあるネット上の言葉は、他人とつながるための道具として使用される。道具だから、その言葉自体が重要なのではなく、相手を瞬間的に引きつけるロープとして必要なものであって、用がすめばすぐにいらなくなるのです。

また従来の書き言葉は、本のようにいったん記されると長い間そこにとどまりメッセージを発信しつづけます。しかし、ネット言葉は「流れ」のなかにあります。書き言葉がストック、ネット言葉がフロー。対比的に整理するとこうなります。書き言葉が「私」の中に掘られた井戸に溜まっていくとすれば、ネット言葉は「皆」の間を川のように流れていく。SNSで発信した言葉は、三日もすればすっかり忘れ去られてしまいます。むしろ忘れられるということを前提に発信されているといっていいかもしれません。

現代社会の言葉はSNSなどに流れるネット言葉の影響によって透明のラップのように薄くなり、しだいに意味を失いつつあるように思えます。紙の上の活字がデジタル文字によって一掃されつつあるようで、私は不安になります。

というのも、SNSが「個」の発信ではなく、結果として「集団」への従属を促進する装置のように見えるからです。「私」を伝えているように見えながら、実は「皆」に溶けこむために発信されている言葉、それによって組み立てられるのが、スマホ的思考です。

これまでの社会は、自立した個人の成長や成熟を「読むこと」「書くこと」「生の対話」によって実現しようとしてきました。しかし現代のスマホ中心の情報社会は、個人の自立的な思考よりも、集団への参加とつながりを第一義的に考えるように、人々の内面を知らないうちに変化させているのではないでしょうか。

時に「私」は「皆」と対立することもあるはずですし、社会はそれを許容するものでなければならないはずです。もしも⑥SNSなどのネット社会が、集団のなかで個人が自立的に考え、自己形成を行うことをはばむものとして存在しているのなら、私たちはそれに対して、何らかのかたちで「ノー」を突きつける必要があると思います。

（藤原智美『スマホ断食　コロナ禍のネットの功罪』による。
問題の都合上、本文を一部省略している）

問一　＝線部a～cのカタカナをそれぞれ漢字に改めよ。

問二　――線部①について。なぜ、署名した作文を評価されるとこのような気持ちになると考えられるか。簡潔に説明せよ。

問三　[A]を補うのに最もふさわしいものを次の中から選び、記号で答えよ。

ア　自己を他人にあらわにする
イ　自己表現を自由にできる
ウ　言葉が他人のものになる
エ　言葉が示すものを明確化する

問四　――線部②で筆者がこのように述べている理由として最もふさわしいものを次の中から選び、記号で答えよ。

ア　匿名の言葉は、時に様々な人を無責任に傷つけ攻撃する手段となり得るから。
イ　偽名を使った発信では、読み手と密につながることができなくなるから。
ウ　個人名を明かさないと、著作権上の問題からその言葉の持ち主とはなれないから。
エ　言葉の発信者として、まず名前を出すことが読み手への礼儀であるから。

問五　――線部③で筆者がこう述べるのは、「人間の頭」の働きと言葉の関係をどのように捉えているからか。本文〈Ⅲ〉中から、その説明となっている二十五字以内の部分をさがし、その最初の五字を抜き出して答えよ。

問六　[B]を補うのに最もふさわしいものを次の中から選び、記

〈Ⅲ〉

言葉がデジタル化されると、無限ともいえる文章の中から、欲しい文章を簡単に運び出し記録できます。かつては目的の言葉や文章にたどり着くまでに、辞書や本に目を通しながら時間をかけて調べました。このときテーマに合わない別の言葉に出合ったり、特に必要のない文章をついでに読んだりということがある。一見、むだに思えるこの「読む」行為も、実は読者の中に蓄積されて残っていく。③人間の頭は、いつか役立つかもしれない言葉や知識があってこそ意味があるといえます。

辞書引き学習の良さもここにあります。そもそも辞書は必要だから引くものです。しかし辞書引き学習はいますぐ必要でなくても言葉を引く。「知りたい」という欲望が原点になる。だから授業には直接役立たない言葉もたくさん引く。その多くはむだになるわけですが、記憶のどこかに刻まれます。

辞書引き学習でよく耳にするのは「調べる言葉の前後にならぶ言葉にも注意がいって、それらもついでに調べてしまう」という B な効果です。デジタル化した辞書では、こうした効果はなかなか期待できない。目当ての項目だけがたちどころに表示されてしまうからです。

一方、スマホやタブレットの利点を指摘する声もあります。スマホなど情報端末から言葉を検索 c エツランすれば、たちどころにすべてのことが分かってしまう。スマホは世界最大の辞書であり、最新の知性が詰まった魔法の玉手箱なのだ、という意見を耳にします。だから人間は、記憶をスマホにまかせて、思考に徹すればいい。

しかし記憶されなかった言葉を使って思考することは不可能です。情報端末で検索するにも、その検索ワード、タグ情報が必要なのです。記憶が貧弱では何を検索していいか分からない。

手の平にのるスマホという情報端末画面が表現する世界は、そのサイズ分の狭いものです。それは世界というより、極小の「部分」でしかない。一方、事典は開いたページの背後に隠れた膨大な言葉と世界を常に意識させます。私は辞書を開いて調べるとき、自分が今見ているのは、膨大な世界のわずかな部分、塵《ちり》のようなものにすぎないと、いつも思います。大げさにいうと、世界の「知」への畏怖があります。これを少しでも解読したいという意欲が「教養」に通じるのだと考えています。

だから私たちは、紙の本を手放してはいけないのです。

〈Ⅳ〉

最近のスマホユーザーは「検索」もやらなくなっているという話をききました。パソコンではなくスマホ全盛の時代になってからは、他者とのメッセージのやりとりばかりになって、物事を「知りたい」という意欲さえなくしているというのです。

なぜ人々は、SNSの罠から抜けだせないのでしょうか。それは社会そのものが、SNS化しつつあるからではないかと私は思います。

これを理解するには皆（集団）と私（個人）という二分法を使って考えていくと簡単です。SNSは「皆」の側に属していて、人とのつながりを基本としています。それに対して考える、あるいは本を読む、書くという行為は「私」に属しています。もしもネット上のつながりばかりに興味がいき、自力で考えることや、読み書きがおろそかになっているとすると、それは思考の軸足が「私」ではなく「皆」にあるということ、これすなわちSNS的人間になっているということです。

紙に記された書き言葉は「私」に属していますが、ネット上を行き交う言葉は「皆」に属しているのです。

④読むという行為は文を通して考え、自分と向き合うということですし、書くということはまぎれもなく自己との対話にほかなりません。

一方、ネットでメッセージを発信するのは何よりも誰かとつながるということを目的とします。「つながり」「絆」を強調する最近の題も生まれたということ。

エ　感動とともに真実に気づかせる言葉の働きによって、アナーキーとエンパシーとのつながりを発見した喜びを感じるとともに、自分にその関係性を明らかにできる力量があるのか自問するようになったということ。

問十一　══線部a～dのカタカナをそれぞれ漢字に改めよ。

二

〈Ⅰ〉　次の文章を読んで、後の問に答えよ。

今、ICT（情報通信技術）の活用で、学校ではタブレットやパソコンを授業に使うようになってきました。特にコロナ禍では、自宅でのオンライン授業なども行われたりして、紙の教科書離れが進んでいます。そうなると作文もタブレットに書きこみ、データのログ（記録）としてクラウド上のコンピュータにストックされることになります。スマホ世代の子どもたちは難なくタブレットの授業に習熟し、手書きの文章を知らないままSNSを通じて他者とつながっていくのでしょうか？

そんなデジタルな作文の授業で、児童はどのようにして言葉への責任＝文責を学ぶのか心配です。

私が通った小学校の作文では、原稿用紙にかならず自分の名前を記しました。それはごく当たり前のことでした。

当時、私は気づかなかったのですが、原稿用紙に手書きで名前を記すのは、「署名」するという行為そのものだったわけです。原稿用紙の署名は、そこに書きつづった言葉が何より自分のものであるとの証明でした。

だから算数の計算問題を採点されるのと、作文をaテンサクされるのとでは、気持ちに大きな差が出ました。今思い起こすと、①作文を評価されるということは、自分の内面も評価されているような気持ちだったのでしょう。つまり、そのとき私は、言葉と書き手は分かちがたいということを無意識に学んだのです。作文の授業とは文章の習練だけではなく、人と言葉の関係と結びつきを肌で感じ、実践する場だったと思います。文章ができあがれば文責が生じる、言葉には責任がともなうということを作文の授業を通して学んでいたのだと思います。

ネット上で発せられる文章は文責を問われることなく、SNS上の言葉は書き手から離れて暴走します。政治家の言葉は限りなく軽くなり、訂正や取り消しがbヒンパツするようになりました。これも私はスマホ時代が生んだ現象だと思います。

〈Ⅱ〉

かつて言葉は、発言者と密につながっていました。言葉が口から出たとき、それが誰のものなのか明確であり、曖昧さはありません。やがて言葉が文字に記録されるようになったとき、言葉の発信者＝書き手が特定できないものも出てきた。しかし近代になって社会を構成する「個人」という観念が生まれると、書き手の存在に焦点があたるようになった。ことに公に向けた発言、創作物には、名を明らかにして語る、書くということが求められるようになりました。

かつて私が文学賞を受賞したとき、当時、住んでいたマンションの住所まで新聞に書かれてしまいました。二〇年ほど前までそれはさして不自然なことではなかった。作品を出版するということ、言葉を公にさしだすということは［　A　］ことであり、同時にそれは自分が発する言葉への責任を実名で引き受けることなのだと、覚悟させられたわけです。実際に脅迫めいた言葉が記された手紙を受けとりました。

今も新聞の投書欄は、実名での投稿を原則としているところが多い。自分の言葉に責任をもつという点では当然ですが、こういう「場」はもはや風前《ふうぜん》の灯火《ともしび》です。しかし私は、②公に発する言葉は原則的に実名であるべきであり、言葉への責任を負うべきだと考えています。

て考えていきたい。

（ブレイディみかこ『他者の靴を履く
―アナーキック・エンパシーのすすめ』文藝春秋　による）

＊エンパシー…他者の感情や経験などを理解する能力。

＊self-governed…自らが自らを統治し、自らの問題をコントロールする自由を持つこと。

問一　[A]を補うのに最もふさわしい表現を、文中から抜き出して答えよ。

問二　――線部①「深みのある洞察」の具体例となっている二十字以内の部分を、ここより前の本文中からさがし、その最初と最後の五字を抜き出して答えよ。

問三　――線部②について。「ポピュラリズム」は「エモーショナル・エンパシー」のどのようなところを「利用」するのか。次の中から最もふさわしいものを選び、記号で答えよ。

ア　強烈な自我をもつ人間に対して、その内面だけでなく外見までも同じようにしたいと思ってしまうところ。

イ　好き嫌いのような浅い感情を基準にして相手と一体化し、自分自身での判断ができなくなってしまうところ。

ウ　気持ちを引きつけるものへの共感が生まれ、一般の人気にかかわらず支持したいと思いこんでしまうところ。

エ　多数意見に同調しやすい気分になってしまい、自分のことを顧みずに相手に奉仕したいと思い込むところ。

問四　――線部③・④・⑤からは、金子文子が、どのような姿勢で書いていたことがうかがえるか。自分のことばでわかりやすく説明せよ。（短歌の中にある表現をそのまま用いないこと。）

問五　本文中の二つの[B]には同じ語が入る。補うのにふさわしい語を本文中から抜き出して答えよ。

問六　――線部⑥「外側から眺めている」とはどのようなことなのか。文中の語を用いながら、簡潔に説明せよ。

問七　――線部⑦「わたしはわたし自身を生きる」を比喩的に表現した部分を、ここより後の本文中から三十五字以内でさがし、その最初と最後の五字を抜き出して答えよ。

問八　――線部⑧について。なぜ、「思いきり利己的であること」が「思いきり利他的であること」につながると思ったのか。金子文子の「めざしの歌」をふまえて説明せよ。

問九　――線部⑨の具体例としてふさわしくないものを次の中から一つ選び、記号で答えよ。

ア　有名な大学に行って就職し安定する生活をめざすうちに、他の生き方の魅力を理解できなくなっていくこと。

イ　男は強くたくましくなくてはならないと思い込んで、自他の多様な性のあり方を排除し否定してしまうこと。

ウ　自社の利益ばかりを考えているうちに、他社が取り組んでいる社会貢献の発想に気づけなくなっていること。

エ　他の選手の練習法を意識しすぎるあまりに、自分がどんな選手になりたいかがわからなくなってしまうこと。

オ　その国独自のものを追い求め誇ろうとするあまりに、外国との交流でゆたかになりうる可能性を見失うこと。

問十　――線部⑩は、具体的には、どういうことを言っているのか。次の中から最もふさわしいものを選び、記号で答えよ。

ア　考えをはっきりさせる言葉の働きによって、アナーキーがエンパシーをもたらすということが明瞭になったが、それを新たな造語にして考える方法でよいのかという疑問も生じているということ。

イ　自問自答して考えをまとめられるようにする言葉の働きによって、アナーキーとエンパシーのつながりを論理的につかめるようになったが、その関係性をとらえる研究は未知の領域だと実感したということ。

ウ　見えないつながりを認識できるようにする言葉の働きによって、アナーキーとエンパシーが関係性をもつことに確信をもてるようになったが、それらがどういう関係にあるのかという課うに弄《もてあそ》び、殺すだの生かすだの転ばせるだのと勝手に決定する巨大な化け物の一部である看守の靴を履いてしまったのはなぜなのだろう。

　金子文子は、無籍者として成長したのでまともに学校にも通えなかった。幼くして親に捨てられ、親族に引き取られて朝鮮に渡ったが祖母や叔母からひどい虐待を受けた。文子は日本人コミュニティの人々よりも、貧しい朝鮮人の人々のほうに自分と近しいものを感じていた。日本からの独立を叫ぶ朝鮮の人々の三・一運動を見たときには、それまで感じたことがないような興奮を覚えたという。つまり、家族や学校、民族や国家といった人間が自然に「属している」と感じる枠組からいっさい外れたところで育ったのである。文子は、常に外れ者だった。これが彼女の思想家や文筆家としての特異性をつくったと言ってもいい。

　だから彼女は社会運動に身を投じても、どこか醒《さ》めた目で⑥外側から眺めているようなところがあった。実際、同志たちや社会派弁護士などに熱く支えられた裁判の最中に、パートナーの不手際による失敗の巻きぞえになるよりも、同志みなに背を向けられても役人に改悛《かいしゅん》の情を示してなるべく早く自由の身になれるような工夫をしてみようと思ったことがあると言った人だ。これは、「革命のジャンヌ・ダルク」になろうとするなら決して言ってはいけないことである。そうした鋳型《いがた》から「外れる」ことのできた文子だから言えたことであり、彼女はジャンヌ・ダルクになるよりも、「⑦わたしはわたし自身を生きる」にこだわった人だったからこそ、これを堂々と発言できた。（中略）

「わたしはわたし自身を生きる」と宣言し、「＊self-governed」のアナーキストとして生きた人が、他者の靴を履くためのエンパシー・スウィッチを自然に入れることができる人でもあったというのは逆説的である。彼女のことを考えると、⑧思いきり利己的であることと、思いきり利他的であることは、実のところ繋がっているのではないかとすら思えてくる。

　いずれにせよ、金子文子は、世間一般の「belonging（所属）」の感覚から完全に外れたところで成長した人だったからこそ、瞬発的に「敵vs友」の構図からするっと自由に外れることができたのは間違いない。ということは、「belonging」の感覚に強くはまっていればいるだけ、他者の靴は履けないということになる。⑨属性が自分を守ってくれるものだと信じ、その感覚にしがみつけばしがみつくだけ、人は自分の靴に拘泥し、自分の世界を狭めていく。

　それとは対照的に、自分の靴から「外れる」ことができた金子文子の思想は広がっていった。

　彼女が獄中で書いためざしの歌が示しているのは、自分の靴が脱げなければ他者の靴は履けないということだ。そして逆説的に、自分の靴に頓着しない人は自主自律の人だということでもある。

　金子文子は、自分の靴をすっと脱ぐことができるが、彼女の靴はいま脱いだ自分の靴でしかないことを確固として知っている。こういう人は、自分が履く靴は必ず自分自身で決定し、どんな他者にもそれを強制させない。

　先頃、東京で生物学者の福岡伸一さんとお会いする機会に恵まれた。そのときに福岡さんが仰ったことで、鮮やかに心に残った一言がある。

「『自由』になれば、人間は『他人の靴を履く』こともできると思うんです」

　アナーキーとエンパシーは繋がっている、ような気がする、という以前からのもやもやとした考えに一つの言葉を与えられたような気がした。

　⑩言葉。それは解答にもなるが、同時に新たな問いにもなる。

　アナーキック・エンパシー。

　そんな言葉は聞いたこともないが、増え続けるエンパシーの種類に新たなものが一つぐらい加わってもいいのではないか。そんな大風呂敷を広げつつ、これからアナーキーとエンパシーの関係につい的にならず、理性的に履いてみること。とはいえ、本当に人間にそんなことはできるのだろうか。しかし、エンパシーが「ability（能力）」だとすれば、きっとableな人にはできるのだろう。

そう考えるとき、この人はエンパシーの達人だったのではないかと思えるのが金子文子《ふみこ》だ。彼女は朝鮮出身の無政府主義者、朴烈のパートナーであり、共に「不逞社《ふていしゃ》」という組織を立ち上げてアナーキストや社会主義者の仲間たちと共に雑誌を発行したり、講演会を開いたりしていたが、関東大震災の2日後に警察に検束され、大逆罪の容疑をかけられてcキソされ、死刑判決を受けた。後に恩赦を受けて無期懲役に減刑されるのだが、彼女は天皇からの恩赦状を破り捨てて23歳の若さで獄中死している。

彼女の死については、縊死《いし》ということになっているが、様々な説があり、特に彼女が市ヶ谷刑務所から宇都宮刑務所栃木支所に移されてから最後の3ヵ月間は、外界とのdセッショクをシャットアウトし、刑務所内で激しい転向の強要が行われていたとも言われている。実際、本人もそれを思わせるような短歌をいくつか書き残している。

皮手錠、はた暗室に飯の虫　③只の一つも　嘘は書かねど《ないのに》

④在ることを只在るがままに書きぬる《たのに》を　グズグズぬかす　獄の役人

言わぬのがそんなにお気に召さぬなら　⑤なぜに事実を　消し去らざるや《ないのか》

狂人を縄でからげて　病室にぶち込むことを　保護と言ふなり

わたしは彼女のことを本に書いたことがある。そのとき、刑務所で彼女が書いた短歌の中でもひときわ印象に残り、これぞ金子文子だと取り上げた一首があった。それはこんな歌である。

塩からきめざしあぶるよ　女看守のくらしもさして　楽には《では》
あらまじ《ないだろう》

この女看守は、金子文子に転向を強いたり、刑務所の中で彼女にひどいことをしていた人かもしれない。そうでないとしても、国家を敵に回して反天皇制を唱えていた文子にとって、刑務所の職員は彼女に思想の転向を強いる「国家の犬」であり、彼女を痛めつけていた「敵」側の人間だ。

食事も満足に与えられず、または食事を拒否して空腹だったかもしれない文子の鼻に、おいしそうなめざしの匂いが漂ってくる。「貴様らだけ飯を食いやがって」と怒りがこみあげても不思議ではない。人をこんな目にあわせておいて、呑気《のんき》にめざしなんか焼きやがってふざけんなと。

だが、文子はめざしの匂いをかいで、女看守の食生活からその質素な暮らしぶりを［B］してしまうのだ。ああ、あの人の生活もきっとそんなに楽ではないんだろうと。

わたしは、こうした文子の性質を「やさしさ」と表現した。しかし、後になってこれこそがエンパシーなんじゃないかと考えるようになった。立場が違う人の背景をあえて［B］する努力をしなくても、彼女の場合は自然にエンパシー・スウィッチが入ってしまうのだ。

「やさしさ」が「kindness」のことだとすれば、それは全般的な親切心であるから、行うことが可能なシチュエーションであれば、何らかの親切な行為も伴うことになるだろう。が、刑務所にいる文子には物理的にそれはできないし、たとえできたとして、文子が女看守に友好的でやさしい態度を取るとはあまり考えられない。とすれば、文子のエンパシー・スウィッチは「やさしさ」から入ったものではないのではないか。ならばどうしてそれは入ってしまったのだろう。文子にとっては命がけで戦っていた国家権力、彼女を物のよ

二〇二二年度　桐朋高等学校

【国　語】（五〇分）〈満点：一〇〇点〉

一　次の文章を読んで、後の問に答えよ。

レベッカ・ソルニットが著書『定本　災害ユートピア』（高月園子訳）の中でこんなことを書いていた。

　わたしたちが感情について語るとき、たいていは、楽しいか、悲しいか、そのどちらかだ。前者はある種の滑稽な陽気さであり、後者は純粋にネガティブな感情だが、むしろ〝深いか浅いか〟〝豊かか貧しいか〟といったとらえ方をするほうが、わたしたちは自分の体験をうまく舵取りできるのではないだろうか。

　彼女は「最も深い感情」「個人の存在の核につながる感情」「人の最も強い感覚や能力を呼び覚ます感情」は「死の床や戦争や緊急事態にあってさえも豊かでありえる」という。逆に、平時の「幸せであると決めつけられる状況は、しばしば単なるどん底からの隔絶」であり、この深さからの隔絶の中で、人は、［　A　］という感情の基準で動くようになるというのだ。

「深いか、浅いか」の問題は、二つの＊エンパシーについてもスライドできそうだ。例えば、幸福そうな人を見て自分も笑ってしまうエモーショナル・エンパシーでは、幸福そうに見える人は本当に幸福なのかというようなことは考えずにとりあえず脳内でミラーリングして一緒に笑っている。なんというか、浅瀬で周囲に合わせるいい人っぽいが、そこに深さはない。

　他方、コグニティヴ・エンパシーのほうは、たとえ賛成できない、好感が持てない相手でも、心中で何を考えているのだろうと想像することだ。前提とする相手が嫌いな人物である場合もあるのだから、そんな相手を脳内でミラーリングする可能性は高くない。こちらは、無意識に起きてしまうミラーニューロンの働きとは性質が違う。それゆえ、人は単に「好きか、嫌いか」「楽しいか、悲しいか」というような浅い感情に留まらず（または縛られず）、①深みのある洞察を行う努力をするのだ。

　このことは、「ポピュラリズム」を考えるときに役に立つ。いま一般的に「ポピュリズム」と呼ばれているものは、「ポピュラリズム」のことであることが多い。片岡大右《だいすけ》氏が訳書『民主主義の非西洋起源について』（デヴィッド・グレーバー著）でPOPULISTを「民衆中心的」という的確な訳語で置き換えたように、民衆中心主義《ポピュリズム》と人気取り主義《ポピュラリズム》を混同すべきではないと個人的には思う（なぜなら、民衆中心主義は、実はそんなに庶民に人気があるわけでもないから）。だから、ここではあえて「ポピュラリズム」という言葉を使うが、まさに②ポピュラリズムこそがエモーショナル・エンパシーを最大限に利用したものだ。（中略）

　エンパシーに長けた人々はaクウソな「道具」や相手を映すだけの受動的な「鏡」になって自己をbソウシツする。それだけに、そういう個人が強烈な自我を持つ他者と出くわすと、まるでエンパシーの対象が自己になったかのような感情移入をし、自分を明け渡してしまうことがあるとブライトハウプトは指摘している。究極の「推し」ができる状態だろう。

　わたしが関心を持っているのは、あくまで、いま使われているカテゴリー分けの中でいえば、コグニティヴ・エンパシーと呼ばれるものである。

　つまり、自分を誰かや誰かの状況に投射して理解するのではなく、他者を他者としてそのまま知ろうとすること。自分とは違うもの、自分は受け入れられない性質のものでも、他者として存在を認め、その人のことを想像してみること。他者の臭くて汚い靴でも、感情

英語解答

I A (1)…D (2)…C (3)…A (4)…C (5)…B

B 問1 (1)…B (2)…C

問2 ア (例)通院したことがある

イ (例)渡した薬を飲み続けるように

II 問1 C 問2 C

問3 can influence what people think about

問4 A

問5 (例)会社が考えなくてはならない最も重要な要因は，おそらく人々がその会社の名前を聞いたとき，どう感じるかだ。

問6 6-a fast 6-b victory

問7 B

問8 (例)客に揚げ物しか売っていないと思われたくなかったから。

問9 B

III 問1 C

問2 2-a F 2-b E 2-c B 2-d C

問3 (例)卒業アルバムの写真でほほ笑み度が最も高く評価された女性たちは，その後幸せに暮らし，結婚生活もより幸せで長く続いていた。

問4 4-a full 4-b no

問5 (例)そのほほ笑みは私たちをさらに幸せに感じさせる信号を脳に送り返すのである。

問6 (例)周りの人がほほ笑んでいると自分もほほ笑むものだから。

(26字)

問7 (例) I think that smiling is a powerful tool. The other day, I did poorly on the math exam and I felt down. When I told my mother about that, she just smiled at me. Her smile made me feel much better. (41語)

IV (1) (例) I got a phone call from an old friend of mine who (had) moved to another town far from here.

(2) (例) We've been friends since we were small children, so we talked a lot about our memories.

I 〔放送問題〕解説省略

II 〔長文読解総合─説明文〕

≪全訳≫**1**会社や製品の名前にはさまざまな由来がある。古い会社はしばしば人にちなんだ名前がつけられた。自動車会社がその良い例だ。FordやToyota，Tataなど，多くの自動車会社は皆，会社を始めた男性の名前である。SAAB，FIAT，BMWなど，頭文字が名前になっている自動車会社もある。例えば，BMWはBavarian Motor Worksを表している。今日，新しい会社のほとんどはこのような名前を選ばない。彼らはもっと興味深い名前を望んでいる。社名，製品名がとても重要だとわかっているからだ。**2**新しい会社は，名前を慎重に選ばなければならない。また，製品を名づけるときも慎重に考えなければならない。名前は，人々が会社や製品についてどう思うかに影響しうる。人々は良い名前は覚えるだろう。名前を理由に会社や製品を選ぶかもしれない。このことは，良い名前の会社や製品には，多くの広告が必要ではないかもしれないということを意味する。これによって会社は多くのお金を節約できる。❸会社は名前を選ぶときに多くのことを考える。彼らは，顧客が会社や製品に結びつける名前を望んでいる。もしある会社がランニングシューズをつくる場合，足や靴に関連した名前を考えるべきだ。 Green MoonやCrazy Cowは靴に合った名前ではないだろう。良い名前はまた覚えやすいはずだ。しかし，その名前はあまり一般的でない方がよい。Best ShoesやThe Shoe Companyのような名前を選ぶのはおそらく良い考えではない。これらの名前は退屈であり，会社がどういう点でユニークかを示すものではない。❹会社が考慮しなければならない最も重要な要因は，おそらく人々がその会社の名前を聞いたときに持つ感情なのかもしれない。名前を聞いたとき，人々が何を考えるのか。オンライン企業のAmazonは創業時，本だけを売っていた。この会社の創立者は，アマゾン川が広大で力強いので，この名前を選んだ。それは世界最大の河川だ。彼は自分の会社が世界最大の書店になることを望んでいたのだ。❺良い名前には物語がある。靴の会社がFast Feetのような名前を選ぶと，これは顧客に事業の説明をする。靴とその目的には明らかな関係があるが，その名前は少々一般的だ。ランニングシューズを製造している２つの会社はより興味深い名前を選んだ。Nikeはギリシャの勝利の女神であり，Reebokはとても走るのが速いアフリカの大型動物だ。これらの名前には十分な説明がある。これらの会社は，顧客が自社の靴を購入するときに勝利やスピードについて考えることを望んでいるのだ。❻いくつかの電子製品や科学技術製品の名前も，製品に対する反応の良い例を示している。これらの製品の名前は，人々に現代の科学技術について考えさせる方がよい。このような選択は，ときに音に関連することもある。B例えば，e-mailやiPhoneのように，e-やi-で始まる語は，人々に科学技術について考えさせる。英語では，x-ray「X線」のように，xで始まる，あるいは終わる単語は，しばしばとても科学的または専門的に聞こえる。製品名の良い例はXeroxだ。それはとても専門的に聞こえるが，覚えやすくもあるのだ。もう１つの良い例は，Googleという社名だ。この名前は，googolという単語に由来し，これは10の100乗というとても大きな数を意味する。この会社のもともとの名前はBack Rubだったが，成長するにつれ，重役たちはもっと良い名前が必要だと判断した。彼らがこの新しい名前を選んだのは，会社が科学的で力強く聞こえるからだ。今日，Googleは大成功している会社である。❼最後に，新しい名前を見つけたい会社もある。Kentucky Fried Chickenはたくさんのフライドチキンを販売している。今日，多くの顧客は脂肪のとりすぎを心配している。Kentucky Fried Chickenは，顧客が自社の揚げ物だけを考えることを望まなかった。会社は社名をKFCに変更することに決定した。KFCは，顧客が揚げ物ではない他の製品について考えることを望んだのだ。会社が，何か悪いことが起こったときに，その名前を変えることもある。例えば，1997年にフロリダで飛行機事故があった。その事故で多くの人々が亡くなった。その飛行機を所有していた会社であるValujetは，顧客に事故を忘れてほしかったので，名前をAirTranに変更した。❽名前を選び，変更することは，あらゆるビジネスの重要な部分を占める。名前は顧客に強い影響を与える可能性がある。顧客からの良い反応があれば，会社は多くのお金を稼ぐことができる。悪い反応があれば，多くのお金を失うかもしれないのだ。

問１＜適語選択＞この後に，Ford，Toyota，Tata など，創業者の名前を使った会社の例が挙げられている。

問２＜適語選択＞直後の文に，Bavarian Motor Works の「頭文字(initials)」を社名としている BMW が具体例として挙げられている。Aの capitals は「大文字」，Bの images は「イメージ」，

Dの symbols は「象徴，シンボル」の意味。

問３＜整序結合＞直後の２文で「人々は良い名前を覚え，名前が理由で会社や製品を選ぶ可能性がある」という内容が述べられている。ここから「名前は人々が会社や製品についてどう思うかに影響しうる」といった内容になると推測できる。A name の後に動詞として can influence を続け，この目的語として what people think about ～「人々が～についてどう思うか」という間接疑問をつくる。　influence「～に影響する」

問４＜適語選択＞２文前に社名はあまり一般的でない方がよいと述べられている。空所を含む文の These names は，直前の文にある Best Shoes や The Shoe Company という名前のこと。これらの名前が靴の会社としてどうかを考える。　boring「退屈な，つまらない」

問５＜英文和訳＞文頭の perhaps は「ひょっとしたら，たぶん，おそらく」という意味の副詞。その後の the most important factor that a company must consider が文の主語で，that は目的格の関係代名詞。動詞 is の後に続く the emotion that people feel ... の that も目的格の関係代名詞である。解答例はこの部分を意訳しているが，「～したときに持つ感情だ」などでももちろんよい。

問６＜適語補充＞Nike と Reebok の社名の意味と，両社が社名から顧客に何を考えてほしいと思っているかを考える。前後の文脈から，the Greek goddess of victory → (6-b)，a large animal from Africa that runs very (6-a) → speed という相関性を読み取る。

問７＜適所選択＞脱落文の words that begin with *e*- or *i*-「e や i で始まる単語」は，sound「音」に関連する名前の選択の具体例といえる。なお，脱落文後半の make people think about technology という内容からは，Aの直後に入るとも考えられるが，Aの直後の文にある this choice が，Aの前の文の内容を受けて「科学や技術を思わせる名前を商品名として選択すること」という意味になることから，この２文は密接につながっており，この間に入れると this choice の内容がわかりにくくなって流れが悪くなる。

問８＜文脈把握＞Kentucky Fried Chicken は脂肪の食べすぎを心配する顧客(２文前)に，(脂肪が多い)揚げ物以外の製品について考えてほしいと思った(直後の文)ので Fried「揚げた」が目立たなくなるよう社名を変更したのだと考えられる。

問９＜適語選択＞事故機を所有していた会社が社名を変えた理由となる部分。事故という負の印象を顧客にどうしてほしかったのかを考える。

Ⅲ〔長文読解総合―説明文〕

≪全訳≫❶私たちはなぜほほ笑むのだろうか。多くの人は，自動的にその質問には１つの単純な答えがあると考える。私たちは幸せだからほほ笑むという答えだ。その答えは正しいが，それが全てを物語るわけではない。ほほ笑みを研究する社会科学者は，ほほ笑むことにはただ幸せであることを示すだけでなくもっと多くのことがあると言う。ほほ笑むことは人の生活の質に大きな影響を与える可能性があるのだ。**❷**マリアン・ラフランスは，ほほ笑みに関心を持っている社会科学者だ。彼女は20年以上にわたってほほ笑みを研究している。ラフランスは，私たちは関係を築き，維持するためにほほ笑みを使うと言う。私たちは社会的動物なので，こうする必要があるのだ。社会的な動物として，私たちは生き残って，よく成長するために緊密な関係が必要だ。ラフランスによれば，ほほ笑むことは社会的関係を維持するための最も重要な道具の1つだ。例えば，ほほ笑むことで新しい友達をつくるのがより簡単になる。この理由の1つは，私たちはほほ笑む人にひかれるからだ。ほほ笑むことは人々を安心させることができる。ほほ笑むことはまた，人々が思いがけない状況下をうまく切り抜け，困難な社会的状況に適応するのに役立つ。ほほ笑みが衝突を減らし，困惑を和らげるのに役立つこともある。多くの言語で，ほほ笑むことの社会的な重要性を表現することわざがある。例えば，英語では，「ほほ笑めば，全世界があなたと一緒にほほ笑む。泣けば，あなたは1人で泣くことになる」と言う。❸しかし，ほほ笑むことには，ただ人間関係を築き，維持するのに役立つという以上のことがある。私たちのほほ笑みの量とほほ笑みの質は，私たちの生活の質と関係があるようだ。2つの研究が，ほほ笑みと人々の生活の質と長さの関係を示している。1つの研究は「卒業アルバム研究」だ。2010年，リーアン・ハーカーとダーカー・ケルトナーというカリフォルニア大学バークレー校の2人の社会科学者が，30年前の卒業アルバムで見つけた女性たちの生活を比較した。彼らは，口や目周辺の筋肉の動きの量を測定することにより，女性たちのほほ笑みを評価した。その後，彼らは女性たちに自分たちの生活に関していくつかの質問に答えてもらうよう頼んだ。彼らの研究結果で，写真で最も評価の高いほほ笑みを持つ女性たちが，より幸せな生活や，より幸せで長い結婚を報告したことがわかった。❹もう1つの研究は，2010年から行われた「ベースボール・カード研究」だ。ミシガン州デトロイトにあるウェイン州立大学のアーネスト・アベルとマイケル・クルーガーは，野球選手の写真のほほ笑みの質が，実際に彼らがどれだけ長く生きるかを教えてくれることを発見した。アベルとクルーガーもまた，選手たちのほほ笑みを評価した。評価システムには，「ほほ笑みなし」，「部分的なほほ笑み」，「完全なほほ笑み」という3つのレベルがあった。彼らは，完全なほほ笑みの選手は，部分的なほほ笑みまたはほほ笑みなしで表されている選手よりも約7年長く生きることを発見した。❺研究によると，ほほ笑むことは私たちの健康に多くの良い影響を与える。これは，上述した研究でより大きくほほ笑む人の方が長生きした理由の説明となるかもしれない。研究からは，ほほ笑むことがストレスとストレスに関係するホルモンを減らすことがわかっている。それはまた血圧も下げる。ほほ笑むことは，運動と同じように脳に影響を与えうるのだ。例えば，セロトニンやエンドルフィンなどの気分を良くするホルモンの量を増やす。エンドルフィンは私たちの気分を良くするだけでなく，痛みも軽減する。さらに，最近の脳の研究によれば，ほほ笑むという行為だけで，実際に私たちはより幸せになれることがわかっている。言い換えれば，私たちは，私たちを幸せにする何かが起こったからほほ笑む。しかしそのとき，私たちのほほ笑みは，私たちをさらに幸せに感じさせるメッセージを脳に送り返しているのだ。❻ほほ笑むことは明らかに私たちにとって良いことだ。自分自身がほほ笑むだけで，ほほ笑むことの恩恵を受けることさえできる。これを行う1つの方法は，他の人がほほ笑んでいる写真を見ることだ。この理由は，ほほ笑むことは伝染するからだ。他の人がほほ笑んでいるのを見て，ほほ笑み返さないのはとても難しい。人々がほほ笑んでいることを考えることでさえ，あなたをほほ笑ませることができる。ほほ笑むことが単なる幸せの表現をはるかに超えたものであることは簡単にわかる。それは感情，肉体両方の健康を維持するための強力な道具なのだ。

問1＜英文解釈＞直訳すると「ほほ笑むことにはただ幸せを示すことよりずっとたくさんのことがある」となる。言い換えれば，「ほほ笑みは幸せを示すだけではない」ということ。'There is more to ～ than …' で「～には…以上のこと〔もの，意味〕がある」という意味。a lot は比較級の more を強調する副詞句で「ずっと」という意味。

問2＜適語選択＞2-a.「～として」の意味の as が適切。　2-b. according to ～ で「～によると」という意味。情報源について述べるときによく使われる表現。　2-c. reason for ～ で「～の理由」。　2-d. make the best of ～ で「～をうまく切り抜ける，～を最大限に活用する」という意味。

問3＜要旨把握＞同じ段落の最終文に The results of their study showed that … とある。このthat 以下の内容をまとめればよい。that 以下の文の主語は the women with the highest rated smiles in the pictures。この with は「～を持っている」の意味。

問4＜適語補充＞直前の文から，アベルとクルーガーがほほ笑みを no smile, partial smile, full smile という3つの段階で評価していることがわかる。文章を通してほほ笑みが与える良い影響について述べられているので，ほほ笑みの段階が高いほど長生きするという結果になると考えられる。

問5＜英文和訳＞主語の our smiles の後は‘send ～ to …’「…に～を送る」の形になっている。back があるので「…に～を送り返す」などと訳すとよい。that makes us feel even happier の that は主格の関係代名詞。makes us feel … は‘make＋目的語＋動詞の原形’「～に…させる」の形で，「私たちをさらに気分良くさせる」のは the brain ではなく message と考えられるので，先行詞は message であることに注意。この message は「情報」「メッセージ」などとしてもよいだろう。even は比較級を強調する副詞で「さらに」の意味。

問6＜文脈把握＞直後の This is because smiling is contagious. という文が理由を表している。This is because ～. で「これは～だからだ」という意味。contagious「伝染する，伝染しやすい」は難しい単語だが，続く2文の内容から，smiling is contagious が他の人のほほ笑みが自分にうつり，自分もほほ笑むようになることを意味する内容だと推測することができる。

問7＜テーマ作文＞まず下線部の「ほほ笑むことが心身両面の健康にとっての強力な道具である」という内容について自分の考えを述べ，続いて自分の経験を具体的に述べていくとよいだろう。解答例の訳は「私は，ほほ笑みは強力な道具だと思う。先日私は数学のテストの出来が悪く落ち込んでいた。母にそのことについて話すと，母はただ私にほほ笑みかけてくれた。母のほほ笑みは私の気分を良くしてくれた」。

Ⅳ〔和文英訳─完全記述〕

(1)「電話をもらう」は get〔receive〕a (phone) call などで表せる。「ここから遠く離れた町へ引っ越したなつかしい友だち」は，主格の関係代名詞を使い「ここから遠く離れた町へ引っ越した」が「なつかしい友だち」を後ろから修飾する形にするとよい。「引っ越した」のは「電話をもらった」という過去の時点よりもさらに前のことなので，過去完了形‘had＋過去分詞’にすることもできる。「～から遠く離れた」は far (away) from ～ で表せる。

(2)「幼なじみ」は「幼い子どもの頃からの友人」と考えれば，現在完了形を使って表せる。また現在形で We are friends from childhood などとしてもよい。「思い出話に花が咲いた」は「思い出についてたくさん話した」「思い出について話すのを本当に楽しんだ」などと読み換えるとよい。

数学解答

1 (1) $-\frac{1}{3}a^4b^3$　(2) $x=\frac{5}{2}$，$y=-7$

(3) -3

2 (1) $\frac{-5+5\sqrt{5}}{2}$cm

(2) $a=-6$，$b=15$　(3) $\frac{5}{18}$

3 (1) 分速$\frac{240-20x}{3}$m　(2) 2

4 (1) $\sqrt{3}$　(2) $9+\sqrt{7}$

(3) $\left(\frac{\sqrt{6}}{2},\ \frac{3\sqrt{3}}{2}\right)$，$\left(-\frac{\sqrt{6}}{2},\ \frac{3\sqrt{3}}{2}\right)$

5 (1) (例) 2点A，Bを結ぶ。△BEDと△BFCにおいて，円O_1の$\overset{\frown}{BD}$に対する円周角より，∠BED＝∠BAD……① $\overset{\frown}{BE}$に対する円周角より，∠BDE＝∠BAE……② 円O_2の$\overset{\frown}{BC}$に対する円周角より，∠BFC＝∠BAD……③ $\overset{\frown}{BF}$に対する円周角より，∠BCF＝∠BAE……④ ①，③より，∠BED＝∠BFC……⑤ ②，④より，∠BDE＝∠BCF……⑥ ⑤，⑥より，2組の角がそれぞれ等しいので，△BED∽△BFC

(2) ① $\frac{24}{5}$　② $\frac{3\sqrt{7}}{2}$

③ $\frac{27}{2}+6\sqrt{7}$

6 (1) $27\sqrt{3}$　(2) $81\sqrt{3}$　(3) $\frac{\sqrt{3}}{9}$

1 〔独立小問集合題〕

(1)＜式の計算＞与式＝$\frac{16}{3}a\times\left(-\frac{1}{8}a^3b^3\right)+3a^6b^7\div9a^2b^4=-\frac{16a\times a^3b^3}{3\times8}+\frac{3a^6b^7}{9a^2b^4}=-\frac{2}{3}a^4b^3+\frac{1}{3}a^4b^3=-\frac{1}{3}a^4b^3$

(2)＜連立方程式＞$5(4x+y)+3(2x+y)=9$……①，$\frac{4x+y}{3}-\frac{2x+y}{2}=2$……②とする。①より，$20x+5y+6x+3y=9$，$26x+8y=9$……①′ ②×6より，$2(4x+y)-3(2x+y)=12$，$8x+2y-6x-3y=12$，$2x-y=12$……②′ ①′＋②′×8より，$26x+16x=9+96$，$42x=105$ ∴$x=\frac{5}{2}$ これを②′に代入して，$2\times\frac{5}{2}-y=12$，$5-y=12$，$-y=7$ ∴$y=-7$

(3)＜数の計算＞与式＝$\frac{\sqrt{2}(\sqrt{7}-\sqrt{3})(\sqrt{7}+\sqrt{3})}{2}-(2+2\sqrt{2}+1)=\frac{\sqrt{2}\times(7-3)}{2}-(3+2\sqrt{2})=\frac{\sqrt{2}\times4}{2}-3-2\sqrt{2}=2\sqrt{2}-3-2\sqrt{2}=-3$

2 〔独立小問集合題〕

(1)＜二次方程式の応用＞長方形の横の長さを$x$cmとおくと，縦の長さは，横の長さより5cm長いので，$x+5$cmと表せる。長方形の面積が25cm²なので，$x(x+5)=25$が成り立つ。これを解くと，$x^2+5x-25=0$より，$x=\frac{-5\pm\sqrt{5^2-4\times1\times(-25)}}{2\times1}=\frac{-5\pm\sqrt{125}}{2}=\frac{-5\pm5\sqrt{5}}{2}$となる。$x>0$より，横の長さは$x=\frac{-5+5\sqrt{5}}{2}$cmである。

(2)＜関数―傾き，変域＞$a>0$のとき，関数$y=ax-3$は，xの値が増加するとyの値も増加する。よって，xの変域が$-3\leqq x\leqq-1$のときのyの変域が$3\leqq y\leqq b$より，$x=-3$のときyの値は最小の$y=3$となる。$x=-3$，$y=3$を$y=ax-3$に代入すると，$3=a\times(-3)-3$，$3a=-6$，$a=-2$となり，$a>0$とならないので，適さない。$a<0$のとき，関数$y=ax-3$は，xの値が増加するとyの値は減

少するから，$x=-1$ のとき y の値は最小の $y=3$ である。よって，$3=a\times(-1)-3$，$a=-6$ となり，$a<0$ だから，適する。これより，関数は $y=-6x-3$ となり，$x=-3$ のとき y の値は最大の $y=b$ だから，$b=-6\times(-3)-3$，$b=15$ となる。

(3)＜**確率—さいころ**＞大小２つのさいころを投げるとき，目の出方は全部で $6\times6=36$(通り)あるから，a，b の組は36通りある。$a+b$ の値は，最小で $1+1=2$，最大で $6+6=12$ だから，点Ｐが頂点Ｄの位置にあるのは，頂点Ａから３cm，７cm，11cm 動くときである。$a+b=3$ のとき $(a,\ b)=(1,\ 2)$，$(2,\ 1)$ の２通り，$a+b=7$ のとき $(a,\ b)=(1,\ 6)$，$(2,\ 5)$，$(3,\ 4)$，$(4,\ 3)$，$(5,\ 2)$，$(6,\ 1)$ の６通り，$a+b=11$ のとき $(a,\ b)=(5,\ 6)$，$(6,\ 5)$ の２通りあるので，点Ｐが頂点Ｄの位置にある場合は $2+6+2=10$(通り)あり，求める確率は $\frac{10}{36}=\frac{5}{18}$ である。

3 〔数と式—二次方程式の応用〕

(1)＜**文字式の利用**＞兄は弟がＰ地を出発してから x 分後にＰ地を出発し，弟がＰ地を出発してから12分後に弟を追い抜いたので，兄がＰ地を出発してから弟を追い抜くまでにかかった時間は $12-x$ 分となる。兄の歩く速さは分速80m だから，このとき兄が歩いた道のりは $80\times(12-x)=960-80x$ (m)と表せる。弟はこの道のりを歩くのに12分かかったので，弟の歩く速さは，$\frac{960-80x}{12}=\frac{240-20x}{3}$ より，分速 $\frac{240-20x}{3}$ m である。

(2)＜**二次方程式の応用**＞PQ 間の道のりが2400m なので，兄が PQ 間を歩くのにかかる時間は $2400\div80=30$(分)である。弟は，兄がＰ地を出発する x 分前にＰ地を出発し，兄がＱ地に到着した４分後にＱ地に到着しているので，弟がＱ地に到着するのは，Ｐ地を出発してから，$x+30+4=x+34$(分)後と表せる。(1)より，弟の歩く速さは分速 $\frac{240-20x}{3}$ m だから，$\frac{240-20x}{3}\times(x+34)=2400$ が成り立つ。これを解くと，$\frac{20(12-x)}{3}\times(x+34)=2400$，$(12-x)(x+34)=360$，$x^2+22x-48=0$，$(x+24)(x-2)=0$　$\therefore x=-24,\ 2$　$0<x<12$ だから，$x=2$(分)後である。

4 〔関数—関数 $y=ax^2$ と一次関数のグラフ〕

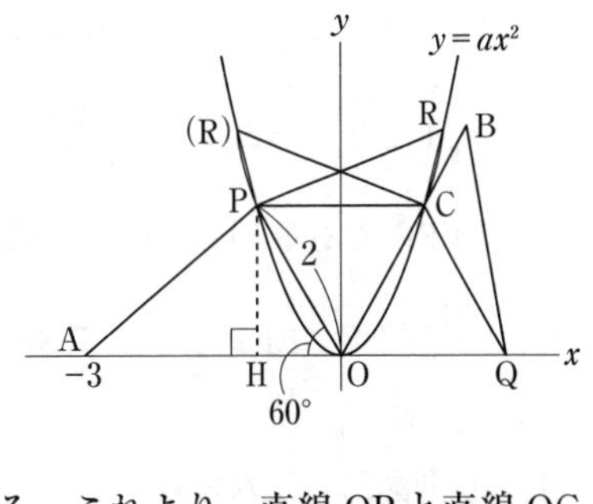

(1)＜**比例定数**＞右図で，点Ｐから x 軸に垂線 PH を引くと，$\angle AOP=60^\circ$ より，△OPH は３辺の比が $1:2:\sqrt{3}$ の直角三角形となる。よって，$OP=2$ より，$OH=\frac{1}{2}OP=\frac{1}{2}\times2=1$，$PH=\sqrt{3}OH=\sqrt{3}\times1=\sqrt{3}$ となるので，$P(-1,\ \sqrt{3})$ である。点Ｐは放物線 $y=ax^2$ 上にあるので，$\sqrt{3}=a\times(-1)^2$ より，$a=\sqrt{3}$ となる。

(2)＜**長さ**＞右図で，△BOQ は△AOP を点Ｏを中心として時計回りに回転移動させたものなので，$\angle BOQ=\angle AOP=60^\circ$ となる。これより，直線 OP と直線 OC は y 軸について対称であり，放物線 $y=\sqrt{3}x^2$ は y 軸について対称なので，２点Ｐ，Ｃは y 軸について対称な点となる。(1)より，$P(-1,\ \sqrt{3})$ だから，$C(1,\ \sqrt{3})$ となり，$PC=1-(-1)=2$ となる。また，$OC=OP=2$ となる。$OQ=OP=2$ より，△COQ は，$OQ=OC$，$\angle COQ=60^\circ$ だから，正三角形であり，$CQ=OQ=2$ である。さらに，$AH=OA-OH=3-1=2$，$PH=\sqrt{3}$ だから，△AHP で三平方の定理より，$AP=\sqrt{AH^2+PH^2}=\sqrt{2^2+(\sqrt{3})^2}=\sqrt{7}$ となる。以上より，四角形 AQCP の周の長さは $(OA+OQ)+CQ+PC+AP=(3+2)+2+2+\sqrt{7}=9+\sqrt{7}$ である。

(3)＜**座標**＞右上図で，$\triangle AOP=\frac{1}{2}\times OA\times PH=\frac{1}{2}\times3\times\sqrt{3}=\frac{3\sqrt{3}}{2}$ だから，〔四角形 RPOC〕＝△AOP

$=\dfrac{3\sqrt{3}}{2}$ となる。点Rの x 座標を t とすると，点Rは放物線 $y=\sqrt{3}x^2$ 上にあるので，$y=\sqrt{3}t^2$ となり，R$(t,\ \sqrt{3}t^2)$となる。△OPC，△RPCの底辺をPC＝2と見ると，△OPCの高さはPH＝$\sqrt{3}$ であり，△RPCの高さは $\sqrt{3}t^2-\sqrt{3}$ となる。よって，〔四角形RPOC〕＝△OPC＋△RPC＝$\dfrac{1}{2}\times2\times\sqrt{3}+\dfrac{1}{2}\times2\times(\sqrt{3}t^2-\sqrt{3})=\sqrt{3}t^2$ と表せる。したがって，$\sqrt{3}t^2=\dfrac{3\sqrt{3}}{2}$ が成り立ち，$t^2=\dfrac{3}{2}$，$t=\pm\dfrac{\sqrt{6}}{2}$ となる。$\sqrt{3}t^2=\sqrt{3}\times\dfrac{3}{2}=\dfrac{3\sqrt{3}}{2}$ だから，点Rの座標は$\left(\dfrac{\sqrt{6}}{2},\ \dfrac{3\sqrt{3}}{2}\right)$，$\left(-\dfrac{\sqrt{6}}{2},\ \dfrac{3\sqrt{3}}{2}\right)$である。

5〔平面図形―円〕

(1)＜**証明**＞右図1で，2点A，Bを結ぶ。円 O_1 の $\overset{\frown}{BD}$ と円 O_2 の $\overset{\frown}{BC}$ に対する円周角から，∠BED＝∠BFCを示す。同様にして，∠BDE＝∠BCFを示す。解答参照。

図1

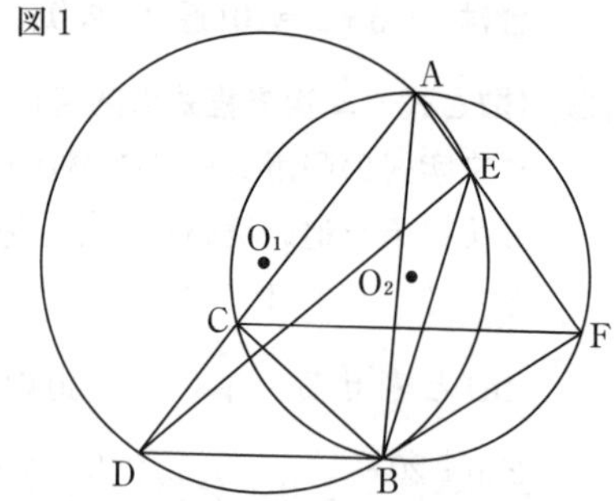

図2

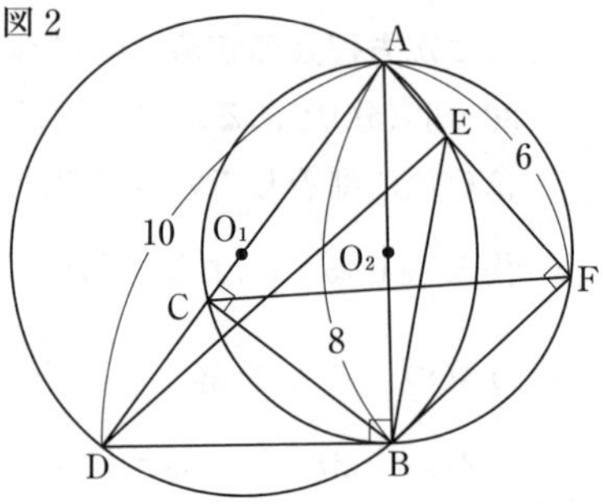

(2)＜**長さ，面積**＞①右下図2で，線分AD，線分ABはそれぞれ円 O_1，円 O_2 の直径だから，∠ABD＝∠ACB＝90°である。△ABDで三平方の定理より，BD＝$\sqrt{AD^2-AB^2}=\sqrt{10^2-8^2}=\sqrt{36}=6$ だから，△ABD＝$\dfrac{1}{2}\times$BD$\times$AB＝$\dfrac{1}{2}\times6\times8=24$ となる。△ABDは，底辺をADと見ると，高さはBCだから，△ABDの面積について，$\dfrac{1}{2}\times$AD$\times$BC＝24より，$\dfrac{1}{2}\times10\times$BC＝24が成り立ち，BC＝$\dfrac{24}{5}$ である。　②図2で，(1)より，△BED∽△BFCだから，BE：BF＝BD：BCが成り立つ。線分ABが円 O_2 の直径より，∠AFB＝90°だから，△AFBで三平方の定理より，BF＝$\sqrt{AB^2-AF^2}=\sqrt{8^2-6^2}=\sqrt{28}=2\sqrt{7}$ である。よって，BE：$2\sqrt{7}$＝6：$\dfrac{24}{5}$ となり，これを解くと，BE$\times\dfrac{24}{5}=2\sqrt{7}\times6$ より，BE＝$\dfrac{5\sqrt{7}}{2}$ となる。△EFBで三平方の定理より，EF＝$\sqrt{BE^2-BF^2}=\sqrt{\left(\dfrac{5\sqrt{7}}{2}\right)^2-(2\sqrt{7})^2}=\sqrt{\dfrac{63}{4}}=\dfrac{3\sqrt{7}}{2}$ となる。　③図2で，〔四角形ADBE〕＝△ABD＋△AFB－△EFBである。①より，△ABD＝24であり，△AFB＝$\dfrac{1}{2}\times$BF$\times$AF＝$\dfrac{1}{2}\times2\sqrt{7}\times6=6\sqrt{7}$，△EFB＝$\dfrac{1}{2}\times$BF$\times$EF＝$\dfrac{1}{2}\times2\sqrt{7}\times\dfrac{3\sqrt{7}}{2}=\dfrac{21}{2}$ だから，〔四角形ADBE〕＝$24+6\sqrt{7}-\dfrac{21}{2}=\dfrac{27}{2}+6\sqrt{7}$ である。

6〔空間図形―正六角柱〕

(1)＜**面積**＞次ページの図1で，2点B′，F′を結ぶと，四角形BB′F′Fは長方形となり，3点M，N，B′は面BB′F′F上にあるので，△MNB′＝〔長方形BB′F′F〕－△NBB′－△MFN－△MB′F′である。正六角形の内角の和は180°×(6－2)＝720°だから，∠BAF＝720°÷6＝120°となる。正六角形ABCDEFは線分ADについて対称な図形だから，∠ANB＝90°，∠BAN＝∠FAN＝$\dfrac{1}{2}$∠BAF＝$\dfrac{1}{2}\times120°=60°$ となる。これより，△ABNは3辺の比が $1:2:\sqrt{3}$ の直角三角形だから，BN＝$\dfrac{\sqrt{3}}{2}$AB＝$\dfrac{\sqrt{3}}{2}\times6=3\sqrt{3}$ となり，FN＝BN＝$3\sqrt{3}$，B′F′＝BF＝2BN＝$2\times3\sqrt{3}=6\sqrt{3}$ となる。また，

点Mは辺FF′の中点より，$MF=MF'=\frac{1}{2}FF'=\frac{1}{2}\times 12=6$ である。よって，〔長方形BB′F′F〕$=BF\times FF'=6\sqrt{3}\times 12=72\sqrt{3}$，$\triangle NBB'=\frac{1}{2}\times BN\times BB'=\frac{1}{2}\times 3\sqrt{3}\times 12=18\sqrt{3}$，$\triangle MFN=\frac{1}{2}\times FN\times MF=\frac{1}{2}\times 3\sqrt{3}\times 6=9\sqrt{3}$，$\triangle MB'F'=\frac{1}{2}\times MF'\times B'F'=\frac{1}{2}\times 6\times 6\sqrt{3}=18\sqrt{3}$ となるので，$\triangle MNB'=72\sqrt{3}-18\sqrt{3}-9\sqrt{3}-18\sqrt{3}=27\sqrt{3}$ である。

図1

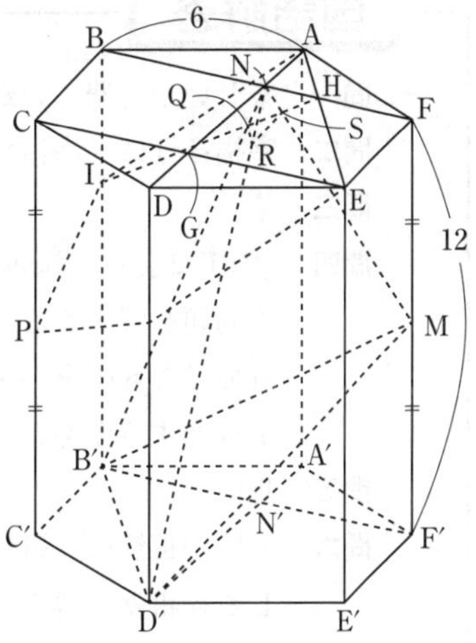

(2)**<体積>**右図1で，線分A′D′と線分B′F′の交点をN′とすると，D′N′⊥〔面BB′F′F〕だから，三角錐D′-MNB′は，底面を△MNB′と見ると，高さは線分D′N′となる。線分ADと線分CEの交点をGとすると，$DG=AN=\frac{1}{2}AB=\frac{1}{2}\times 6=3$，$GN=CB=6$ となり，$D'N'=DN=DG+GN=3+6=9$ となる。よって，〔三角錐D′-MNB′〕$=\frac{1}{3}\times\triangle MNB'\times D'N'=\frac{1}{3}\times 27\sqrt{3}\times 9=81\sqrt{3}$ である。

(3)**<体積>**右上図1で，点Pを通り平面MB′D′に平行な平面と線分NB′，ND′，NMとの交点をそれぞれQ，R，Sとすると，頂点Nを含む方の立体は，三角錐R-SNQであり，三角錐R-SNQは三角錐D′-MNB′と相似である。また，2点M，Pはそれぞれ辺FF′，辺CC′の中点であるから，点Pを通り平面MB′D′に平行な平面は，図形の対称性より，2点A，Eを通る。さらに，線分AEと線分BFの交点をHとし，この平面と辺BB′の交点をIとすると，HI∥MB′となる。そこで，右図2の4点B，B′，F′，Fを通る断面を考える。点Mを通り辺BFに平行な直線と辺BB′，HIの延長との交点をそれぞれJ，Kとする。図1で，$EF=AF$，$\angle AFE=\angle BAF=120^\circ$ より，$\angle FAE=(180^\circ-120^\circ)\div 2=30^\circ$ となり，$\angle NAH=\angle FAN-\angle FAE=60^\circ-30^\circ=30^\circ$ となる。これより，△ANHは3辺の比が $1:2:\sqrt{3}$ の直角三角形だから，$NH=\frac{1}{\sqrt{3}}AN=\frac{1}{\sqrt{3}}\times 3=\sqrt{3}$ となり，$BH=BN+NH=3\sqrt{3}+\sqrt{3}=4\sqrt{3}$ である。図2で，$\angle HBI=\angle B'F'M=90^\circ$，$\angle HIB=\angle MB'J=\angle B'MF'$ より，△IHB∽△MB′F′だから，$IB:MF'=BH:F'B'=4\sqrt{3}:6\sqrt{3}=2:3$ となり，$IB=\frac{2}{3}MF'=\frac{2}{3}\times 6=4$ となる。$BJ=FM=6$ なので，$IJ=6-4=2$ となる。さらに，$\angle HBI=\angle KJI=90^\circ$，$\angle HIB=\angle KIJ$ より，△IHB∽△IKJだから，$BH:JK=IB:IJ=4:2=2:1$ となり，$JK=\frac{1}{2}BH=\frac{1}{2}\times 4\sqrt{3}=2\sqrt{3}$ となる。$JM=BF=6\sqrt{3}$ だから，$MK=JK+JM=2\sqrt{3}+6\sqrt{3}=8\sqrt{3}$ となる。同様にして，△NSH∽△MSKだから，$NS:MS=NH:MK=\sqrt{3}:8\sqrt{3}=1:8$ となる。よって，図1で，三角錐R-SNQと三角錐D′-MNB′の相似比は $NS:NM=1:(1+8)=1:9$ となるので，体積比は $1^3:9^3=1:729$ となり，求める立体の体積は $\frac{1}{729}$〔三角錐D′-MNB′〕$=\frac{1}{729}\times 81\sqrt{3}=\frac{\sqrt{3}}{9}$ である。

図2

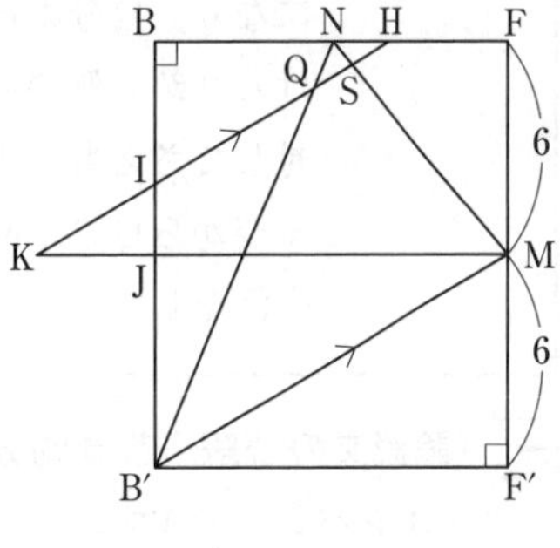

国語解答

一 問一　楽しいか，悲しいか

問二　幸福そうに～幸福なのか

問三　イ

問四　(弾圧によって転向せず)現実にある問題を解決するために，自分の目で見たものをごまかしなく伝えようとする姿勢。

問五　想像

問六　人間が自然に「属している」と感じる枠組みに縛られず，自由に物事をとらえること。

問七　自分が履く～制させない

問八　自分が属する集団の人々の求める型にはまった考え方や生き方よりも，徹底して自己の自由を最優先させることによって，「敵」と「友」を固定し対立したものとする世間一般のとらえ方からも自由になり，自分の自由を奪い痛めつける「敵」側の他者である看守に対してさえも，めざしを焼いている姿から自分と同じような貧しい生活をしていることを自然に想像し，その苦しさを思いやることができていると思えたから。

問九　エ　　問十　ウ

問十一　a　空疎　b　喪失　c　起訴　d　接触

二 問一　a　添削　b　頻発　c　閲覧

問二　書きつづった言葉が自分自身の考えや気持ちそのものであることを，責任を持って認めることになると感じたから。

問三　ア　　問四　ア

問五　記憶されな　　問六　エ

問七　ア　　問八　個人の自立

問九　これまでの社会においては，読み書きや自己との対話などにおける自分と向き合う言葉を自分や真理を解明する力として自立した個人の成長を導こうとしたが，ネット社会においては，他者とつながるための道具としてとらえることで言葉がしだいに意味を失いつつあるように，言葉自体の重要性を軽視しているから。

一 〔**論説文の読解―哲学的分野―人間**〕出典；ブレイディみかこ『他者の靴を履く――アナーキック・エンパシーのすすめ』。

≪**本文の概要**≫単に他人の感情に同調するだけの感情移入と，理性的に相手の立場を想像し，他者を他者として認める姿勢とは，エンパシーの性質が異なる。わたしが理性的に他者を他者として認めるコグニティヴ・エンパシーにたけた人と思えるのが，金子文子である。金子文子は，刑務所にいながらも，看守の生活の苦しさを思う短歌をよんだ。社会の枠組みから外れたところで生まれ育ち，何にも属していない金子文子は，自分の立場にこだわる人ではなかった。必要に応じて自由に他者の立場に立ち，たとえ相手が敵である国家権力に属する看守であっても，金子文子は，容易にその人の苦しみを想像できた。自分の立場にこだわっていないからこそ，自分の立場から外れ，他者を他者として理解することができるのである。このように，自分が属している枠組みに執着しないアナーキーさと，自分とは異なる立場の他者を理解するエンパシーは，深くつながっているのである。

問一＜**文章内容**＞レベッカ・ソルニットによれば，平時の穏やかな状況下では，人は単に「楽しいか，悲しいか」という感情で行動をする。

問二＜文章内容＞コグニティヴ・エンパシーは，たとえ相手が好ましくない人物であっても，その人の考えや心情を想像し，理性的に理解しようとすることである。コグニティヴ・エンパシーの人は，「幸福そうな人を見て自分も笑ってしまうエモーショナル・エンパシー」のような単なる感情の同調にとどまらず，「幸福そうに見える人は本当に幸福なのか」と洞察をするのである。

問三＜文章内容＞「エンパシーに長けた人々」は，強い個性を持つ他者と出会うと，「まるでエンパシーの対象が自己になったかのよう」に感情移入をし，自己が希薄になってしまう傾向がある。強烈な印象を与える派手な言動などを行うことで，こうした人々を利用し人気を集めようとするのが，ポピュラリズムである。

問四＜短歌の内容理解＞金子文子は，刑務所で思想の転向を激しく強いられていた。しかし，自らの信念を変えることなく，自分が見たありのままの事実を訴えようという思いを，金子文子はよみ込んでいる。

問五＜文章内容＞金子文子は，自分の敵ともいえる女看守がめざしを焼いていても，怒りの感情を抱くのではなく，相手の暮らしぶりが貧しいことを「想像」するような人である。金子文子は，コグニティヴ・エンパシーの相手のことを「想像する」ことを，努力しなくても自然にできてしまうのである。

問六＜文章内容＞金子文子は，社会運動に参加してはいたが，何かに「属している」と感じる枠組みから外れたところで成長した人なので，そのような感覚がなく，国家対社会主義のような対立の図式に縛られなかったのである。

問七＜文章内容＞金子文子は，社会的な枠組みや属性から外れ，確固とした自分を持ち，生き方を自身の意志で決定していた。こういう人は，自分の靴を脱ぐように，立場や属性の違いを超え，自分以外の他者の立場に立つことはできるが，自分の靴は脱いだものであることを知っているのであり，「自分が履く靴は必ず自分自身で決定し，どんな他者にもそれを強制させない」のである。

問八＜文章内容＞自らを最優先に考えて「思いきり利己的」に生きるということは，立場や属性から外れ自由になれるということであり，自由であるからこそ，敵のような人間のことであっても，境遇や感情を想像できるのである。

問九＜文章内容＞進学先や就職先といった属性にこだわり，人生選択を狭めてしまっている（ア…○）。男という属性にとらわれることで，性のあり方についての視野が狭まっている（イ…○）。自分の属する会社の利益ばかりを考えてしまい，社会貢献の視点からの発想に気づけないでいる（ウ…○）。他人を意識しすぎることで，自分自身がどうありたいかを見失ってしまっているが，自分の属性によって生き方を狭めているわけではない（エ…×）。自分の属する国のものばかり誇ろうとしてしまい，他国との交流の可能性を狭めてしまっている（オ…○）。

問十＜文章内容＞何にも属さないアナーキーな姿勢と，他者を理解しようとするエンパシーは，別の概念であるように見える。しかし，アナーキーな人間は立場にこだわらないからこそ，他者の立場を想像できることがわかり，アナーキーとエンパシーという二つの概念にはつながりがあると判明した。ただし両者がどのような関係性にあるのかは，さらなる考察が必要である。

問十一＜漢字＞a．「空疎」は，形だけで，しっかりした中身がないこと。　b．「喪失」は，失うこと。　c．「起訴」は，裁判所に訴えを提起すること。　d．「接触」は，近づいてふれること。

二〔**論説文の読解―社会学的分野―コミュニケーション**〕出典；藤原智美『スマホ断食　コロナ禍の

ネットの功罪』。

≪本文の概要≫本来，言葉と言葉を発した人とは，深く結びついているものである。そのため，発言者や書き手は，自分の言葉に社会的な責任を持たなければならない。しかし現代は，SNSなどのネット上で言葉を発することが一般的になり，人々が自らの言葉に対して無責任になってきている。SNSは人とのつながりを基本としており，言葉を発する人自身の考えよりも，どうやって他人の関心を引くかが重視される。また，紙に書かれた言葉とは違い，ネット上の言葉は，すぐに情報の流れにのまれ，忘れられてしまう。かつての社会は，読み書きや対話といった，自らの言葉に責任を持つ機会を通じて，自立した個人の成長を実現してきた。しかし，現代のスマホ中心の社会は，人々を集団に溶け込むことを考える思考へと変化させている。スマホやSNSによって，自己形成を行う機会が失われつつあることが，現代社会の問題点といえるだろう。

問一＜漢字＞a.「添削」は，文章や答案などを書き加えたり削ったりして直すこと。　b.「頻発」は，短期間に同じことが何度も発生すること。　c.「閲覧」は，書物や書類などを調べながら読むこと。

問二＜文章内容＞自分の名前を記す作文は，自分の考えや思いを目に見えるように表現したものであり，「言葉への責任＝文責」が生じるものである。そのため，作文が他人から評価されることは，自分自身がどのように見られているかを意識する経験となるのである。

問三＜文章内容＞文学作品は，作者の心情や思想などを言葉にしたものである。言葉は書き手と結びついているのであり，作品に記名をして公に発表するということは，自分自身を社会にさらけ出すことなのである。

問四＜文章内容＞発信者が誰であるか特定できない状態であれば，過激な言葉が多くの人に悪影響を及ぼす事態が生じても，その言葉の責任の所在が不明確になりかねない。言葉を公に発信する場合は，発信者は名前も明らかにし，「言葉への責任を負うべき」である。

問五＜文章内容＞人間は，「記憶されなかった言葉を使って思考することは不可能」なのである。記憶した言葉が少なくなれば，それだけ思考も貧弱なものになり，わからないことを調べたり検索したりすることも満足にできなくなってしまうのである。

問六＜表現＞デジタルの辞書でも言葉の意味を調べることはできるが，紙の辞書では，調べたい言葉だけでなく，近くに書かれている言葉も目にするため，結果的により多くの言葉を知るきっかけを得やすいのである。

問七＜文章内容＞読むという行為は，「思考の軸足」が「私」に属するものであり，自らの思考を整理したり，深めたりする機会になるのである。

問八＜文章内容＞SNSでは，発信された「言葉自体が重要なのではなく，相手を瞬間的に引きつけ」られるかという話題性が重視される。このような「スマホ的思考」によって，個人としての自立した思考や意見などよりも，「集団への参加とつながり」を優先する価値観が，現代社会には広まりつつあると考えられるのである。

問九＜主題＞スマホなどの情報通信機器の普及により，現代は言葉のデジタル化が進んでいる。またSNSによって，匿名の無責任な意見発信や，集団に迎合することを重視する考え方が広まっている。そのため，自らの力で思考をする経験や，責任を持って言葉を発信する場が少なくなってきており，自立した個人を育む機会が失われつつあるのである。

Memo

Memo

2021年度 // 桐朋高等学校

【英　語】（50分）〈満点：100点〉

〈注意〉・試験開始直後にリスニングテストを行う。

・リスニングテストが終了するまで筆記問題を始めてはいけない。

・リスニングテスト中，メモを取ってもかまわない。

Ⅰ　リスニング問題　放送を聞いて次のA，Bの問題に答えなさい。

A　これから英語で短い対話を放送します。そのあとでその対話についての質問がなされますから，その答えとして最も適切なものを選び，記号で答えなさい。対話と質問は**1回だけ**読まれます。

(1)　A．Practice hard for the next game.
　　B．Watch his daughter's soccer games.
　　C．Wash his daughter's socks.
　　D．Buy some new pairs of socks.

(2)　A．Because she doesn't like concerts.
　　B．Because she is going to another concert.
　　C．Because she has class.
　　D．Because she is going to study at home.

(3)　A．Under his bed.　　B．In his locker at school.
　　C．On his desk.　　D．In the kitchen.

(4)　A．He loves all tomato dishes.
　　B．He hates all tomato dishes.
　　C．He likes cooked tomatoes.
　　D．He likes to have raw tomatoes in his salad.

(5)　A．$140.　　B．$150.　　C．$170.　　D．$175.

B　これから放送される英文について，以下の問いに答えなさい。英文は**2回**読まれます。

問1　以下の質問の答えとして最も適切なものを選び，記号で答えなさい。

(1)　Why was the business school having interviews？
　　A．To find new students.
　　B．To find new teachers.
　　C．To find new staff members.
　　D．To find new business partners.

(2)　How did the boy feel when he heard the first question？
　　A．He was disappointed.
　　B．He was sad.
　　C．He was surprised.
　　D．He was angry.

問2　少年は，面接官の“Why？”という質問に答えませんでした。それはなぜですか。その答えとなるように，次の日本語の空所部分を埋めなさい。(ア)は12字以内，(イ)は15字以内とします。

(　ア　)に答えれば，(　イ　)と考えたから。

※＜**リスニング問題放送原稿**＞は英語の問題の終わりに付けてあります。

II 次の英文を読んで，後の問いに答えなさい。

Samantha Robinson (1-a) on her computer and checks her e-mail. Then she watches a couple of YouTube videos that a friend told her about. Finally, she decides to find out what her next *assignment will be in her European History class. She goes to her university's web page and signs in. She sees a message from her professor. She joins a chat room and sees that eight other students are there, too. They begin to discuss the professor's assignment and (1-b) ideas. Some of these students live on campus. Others live an hour away. A few live in a different country. Samantha's learning is more *typical than you might think. More and more college students are (1-c) to take distance education, or DE, classes. DE classes let students take college courses from home using their computer and the Internet. (1-d) a distance education course is a smart decision for many reasons.

First of all, taking a DE class can save students money. [2] One cost of a DE class is that of a computer. However, today you can buy a computer for less than five hundred dollars. Buying a computer is money well spent. After a year of traditional classes, you would probably pay more than five hundred dollars on gas and parking alone.

Another *benefit of DE classes is having many course and school options. Most U.S. universities give online classes. More than one-third of American colleges allow you to *earn a degree from home. In addition, there are thousands of DE classes *available every *semester from schools all around the world. This means that a person living in Tokyo could take a class at New York University, and a New Yorker could take a class at the University of London—(3). For people who don't live near any university at all, DE classes are even more helpful. For them, DE classes open up a door to higher education that never existed before. DE can bring people and schools close together no matter how far apart they are.

Finally, the best part of DE classes is their flexible schedule. You don't have to "be on-time" to class. You decide when to work on your assignments, listen to lectures, and take exams. People who like mornings can do their assignments early. People who work better at night can wait until after dinner. You can even take exams at midnight in your pajamas if you want! As usual, there are *due dates. But you don't have to follow a strict schedule every day like you do in a traditional class. (4)This is perfect for people who can't take classes on campus because of their work hours. It also *benefits parents who need to be at home to take care of their children. These parents can still take a class.

DE classes can make people's lives easier. They are a good option for students who like to learn on computers. They also teach students to be more *independent learners, which is an important skill. The (5)[DE classes / continually growing / is / taking / of / people / number]. As the number of DE students grows, the world seems to get smaller. Distance education is bringing schools and students closer together. It is just another sign that we live in a global society.

［注］ assignment：課題　typical：ふつうにある　benefit：恩恵（を与える）　earn a degree：学位を得る
available：入手可能な　semester：学期　due date：締切日　independent：自立した

問1 空所(1-a)～(1-d)に入る語を以下から選び，必要があれば適切な形に直して答えなさい。

decide / make / repeat / share / take / turn

問2 空所[2]には次の四つの文が入ります。文意が通じるよう正しい順番に並べかえて，記号で答えなさい。

A．As gas prices increase, this is an important point.

B．Parents can save hundreds of dollars a month if they don't use daycare.

C．If students don't have to drive to school, they reduce the amount of money to spend on gasoline and parking.

D．Moreover, students with children do not have to put their children in daycare in order to take classes.

問３　空所（３）に入る最も適切なものを以下より選び，記号で答えなさい。

A．all by paying less for school

B．all without really being there

C．all for traveling even to foreign countries

D．all in doing well in school

問４　下線部(4)の指す内容を日本語で説明しなさい。

問５　下線部(5)の［　］内の語句を並べかえて，意味の通る英文にしなさい。

問６　本文の内容に合うものを以下より二つ選び，記号で答えなさい。

A．In DE classes, students cannot communicate with other students.

B．In Samantha's university, students do not have to live near the university and some even live abroad.

C．DE can save parents time and money because they do not need to pay for living on campus.

D．Students in a DE class can take exams early in the morning but not late at night.

E．DE classes do not have either strict schedules for lectures or due dates for assignments.

F．DE is very helpful for working parents with children.

問７　高校生の Betty と Shota は，この文章を読んだあとで次のような会話をしました。空所①，②に入れるのに適切な英語を，それぞれ20語程度で書きなさい。その際，文が複数になってもよい。

Betty：Hmm.　DE is wonderful.　There are many benefits we can get from it.

Shota：Well, I'm not sure.　There may be several problems with it.　For example, ①(　　　　　)
Another problem is that ②(　　　　　)

Betty：Right.　You're so smart here again, Shota!　Things always have both good and bad sides.

Ⅲ　次の英文を読んで，後の問いに答えなさい。

The Amazon River is not a river anyone wants to swim, especially since it's the home of deadly piranhas, anaconda snakes, crocodiles, bull sharks, and dangerous *currents.　If you're marathon swimmer Martin Strel, however, you look at the powerful Amazon and see a challenge that can't be refused.　Using his *physical and mental strength, this man swam the largest river on Earth from its starting place in Peru all the way through Brazil to the Atlantic Ocean in 2007.　Only a man like Strel could complete (1)this difficult challenge.

Strel is a large, middle-aged man from Slovenia who was raised in a village called Mokronog, which means "wet feet" in English.　Strel has always loved swimming.　He swam in pools, ponds, and small rivers as a young boy.　As he grew older, Strel began swimming in larger rivers and soon became the world's best marathon swimmer.　Over the years, Strel has swum through more than 12,000 miles (19,300 kilometers) of the world's longest rivers, from Europe's *Danube to China's *Yangtze.　Strel likes to swim alone.　He needs only the *company of the river itself—and the longer the river, the better.

Though he holds world records for his swims, Strel now swims for peace, friendship, and a clean environment. He talks to audiences about the reasons for his swims. He has swum in dirty rivers to *promote the need for clean water. He swam the Amazon to raise people's *awareness of the importance of this area. The Amazon Rain Forest produces twenty percent of the world's *oxygen, and it is *threatened by *deforestation and pollution. If Strel could get people to pay attention to the Amazon, he hoped they might want to help protect and save it.

All of the rivers in which Strel has swum are difficult, but (2)the Amazon was the most challenging. Its length, amount of water, difficult currents, *extreme tides, and dangerous living things *required a large support team and a lot of tools. A group of doctors and guides traveled with Strel. Strel swam through deadly marine life, sometimes feeling the touch of a large unknown living thing. He never (3)[what / the water / looked in / was / it / see / to]. He just kept swimming toward his goal.

Along the way, Strel made friends with local people. As he swam down the river, large crowds came out to see him. People around the world also followed Strel's progress through news reports. The world was watching both Strel and the Amazon.

Although Strel had the support of his team and his fans, his biggest challenge was (4). He had to calm his mind as he spent ten hours a day alone in the water, swimming from port to port. All he heard was his *steady breath and the sound of his arms in the water. He filled the hours with dreams of his family. When he pulled into a port, he would swim steadily, not *hesitating in his pace. He could hear the noise of the cheering crowd, but he wouldn't look at his fans until he had reached the *bank. Then he would raise his arms and smile.

After 3,274 miles (5,269 kilometers) and sixty-six days on the river, fighting nature and *solitude, Strel finally arrived in Belém, Brazil, where the Amazon meets the Atlantic. When he touched land, he was twenty-six pounds lighter and smiling with *relief. He had become the first person to swim the Amazon. He had also *achieved (5)his other goal. He had built *cross-cultural friendships and helped the world think about this environmentally important area.

［注］ current：流れ　physical：肉体的な　Danube：ドナウ川　Yangtze：長江
company：一緒にいること　promote：～を広める　awareness：意識　oxygen：酸素
threaten：～を脅かす　deforestation：森林破壊　extreme tide：激流
require：～を必要とする　steady：一定のペースの　hesitate：ためらう　bank：岸
solitude：孤独　relief：安心　achieve：～を成し遂げる　cross-cultural：異文化間の

問1 下線部(1)の具体的な内容を日本語で説明しなさい。

問2 下線部(2)の理由として最も適切なものを以下より選び，記号で答えなさい。

A. Strel had no one to help him.
B. Strel did not have enough money for his swim.
C. The Amazon was the dirtiest river.
D. The Amazon had dangerous currents and living things.

問3 下線部(3)の［ ］内の語句を並べかえて，意味の通る英文にしなさい。

問4 空所（４）に入る最も適切なものを以下より選び，記号で答えなさい。

A. a physical one　　B. a technical one
C. an environmental one　　D. a mental one

問5 下線部(5)の具体的な内容を日本語で説明しなさい。

問6　本文の内容に合うものを以下より二つ選び，記号で答えなさい。

A．Strel learned to swim in the ocean when he was a child.

B．Strel has swum the Danube and Yangtze Rivers.

C．Strel likes swimming with other swimmers better than swimming by himself.

D．Strel has never held a world record for his swims.

E．The natural environment of the Amazon area is getting better.

F．No one heard of Strel's Amazon swim before he completed it.

G．Strel swam the Amazon River for 66 days and lost 26 pounds.

Ⅳ　次の下線部(1)，(2)を英語にしなさい。

最近，プラスチック(plastics)による環境汚染が話題となっています。(1)レジ袋(plastic bags)が毎日どれだけ使われているのかを知って驚きました。環境保護のためにはすこしでもプラスチックの使用を控えるべきです。しかし，(2)プラスチックほど軽くて丈夫なものはないので，プラスチックの使用をやめることは難しいでしょう。

＜リスニング問題放送原稿＞

[M]…male speaker　　[F]…female speaker

A

(1)　F：Dad, can you get me new soccer socks?
　　M：New socks?　I bought you a new pair only last month, Rachel.
　　F：Yeah, but they've already worn out.　I practiced really hard for the games.
　　M：Okay, maybe you need a few more pairs.　I'll get some new ones ready.
　Question：What will the father do?

(2)　M：Lucy, I have two tickets for the classical concert.　Why don't we go together?
　　F：When is it?
　　M：It's this Friday night at 7:00.
　　F：Thanks, but I've got class on Japanese history until 9:00 that day.
　Question：Why isn't Lucy going to the concert?

(3)　F：Bill!　Hurry up, or you'll be late for school.
　　M：I'll be down soon, Mom.　I'm looking for one of my textbooks.　Maybe I left it in my locker at school.
　　F：If it's your biology textbook, it's here on the kitchen table.
　　M：That's it, Mom.　Thanks!
　Question：Where was Bill's biology textbook?

(4)　F：Hey, Brian, don't you like tomatoes?　You're not eating any tomatoes in your salad.
　　M：Well, actually, I'm not a great fan of raw tomatoes.
　　F：Does that mean you can eat cooked tomatoes?
　　M：Yeah.　I love tomato sauce pasta and tomato soup.
　Question：What can we say about the man?

(5)　F：Excuse me, how much is this handbag?
　　M：Hello, madam.　It was two hundred dollars last month, but now we're giving a discount.　It's twenty-five percent off, and we can make it thirty percent off if you join our customer's

club.

F : That sounds nice. I think I'll join the club and get the discount.

Question : How much is the woman going to pay for the handbag ?

B In a business school, a team of teachers was giving interviews for admission to the school.

One young student entered the room and sat down nervously on the chair in front of the teachers. One of the teachers said to the boy, "You're going to answer twenty easy questions, or you're going to answer just one really difficult question. Which would you choose ?"

The boy thought for a while and replied, "I would like to answer just one really difficult question."

The interviewer smiled and said, "Well, then, good luck on you. Now, answer this question. Which comes first, day or night ?"

The boy was surprised, but he thought for a moment and replied, "It's day, sir."

"Okay. Why ?" asked the interviewer.

The boy said, "Sorry, sir, but you told me that I don't have to answer any other question if I choose to answer one difficult one."

The boy passed the test to study at the school.

【数　学】（50分）〈満点：100点〉

〈注意〉 答えが無理数となる場合は，小数に直さずに無理数のままで書いておくこと。また，円周率はπとすること。

1　次の問いに答えよ。

(1) $\dfrac{4}{3}a^3b^2\times\left(-\dfrac{1}{6}ab\right)^3\div\left(\dfrac{2}{9}a^3b\right)^2$ を計算せよ。

(2) 2次方程式 $\dfrac{x^2}{6}-\dfrac{x+5}{3}+\dfrac{1}{2}=0$ を解け。

(3) $5x(x-2)-4(x+1)(x-1)+20$ を因数分解せよ。

2　次の問いに答えよ。

(1) $\begin{cases}2x+y=\sqrt{3}\\x+2y=\sqrt{2}\end{cases}$ のとき，x^2-y^2 の値を求めよ。

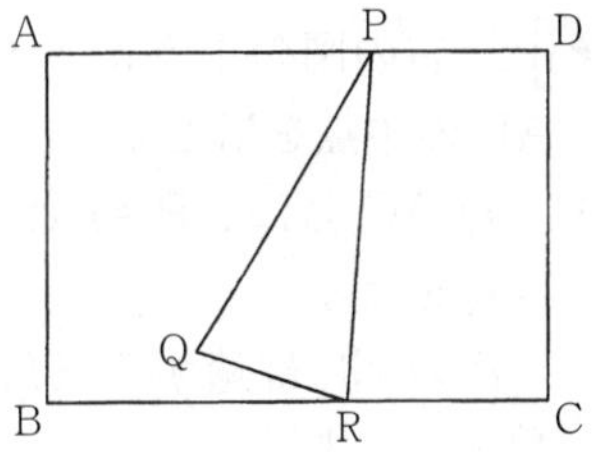

(2) 1つのさいころを2回投げて，1回目に出た目の数をa，2回目に出た目の数をbとする。$(a-b)^2\leqq4$ となる確率を求めよ。

(3) 右の図の四角形ABCDは長方形で，△PQRはPQ＝PRの二等辺三角形である。∠APQ＝2∠QPR，∠QRB＝20°のとき，∠PQRの大きさを求めよ。

3　4つの容器A，B，C，Dがあり，Aには18％の食塩水が100g，Bには3％の食塩水が600g入っている。C，Dは空である。

はじめに，Aから食塩水をxg取り出してCに入れ，残りをすべてDに入れた。次に，Bから食塩水をyg取り出してCに入れ，残りをすべてDに入れた。このとき，食塩水の重さはCとDで等しく，食塩水に含まれる食塩の重さはCのほうがDより10.5g軽くなった。

xとyの値を求めよ。答えのみでなく求め方も書くこと。

4　下の図のように，円と半直線AXは2点B，Cで交わり，円と半直線AYは2点D，Eで交わる。BEとCDとの交点をFとし，∠BFCの二等分線とBCとの交点をGとする。また，直線GFとDEとの交点をHとする。

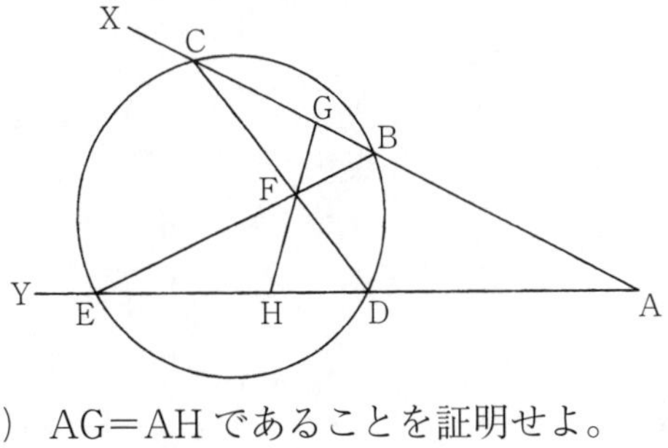

(1) AG＝AHであることを証明せよ。

(2) GF：FH＝2：3，AB＝11，AD＝9，△BGF＝8のとき，次のものを求めよ。

① △FHDの面積

② BGの長さ

③ △AGHの面積

5　右の図のように，放物線 $y=ax^2(a>0)$ 上に２点A，Bがあり，x 軸上に２点C，Dがある。AとCの x 座標はどちらも３であり，BとDの x 座標はどちらも６である。また，BD＝AC＋CD である。

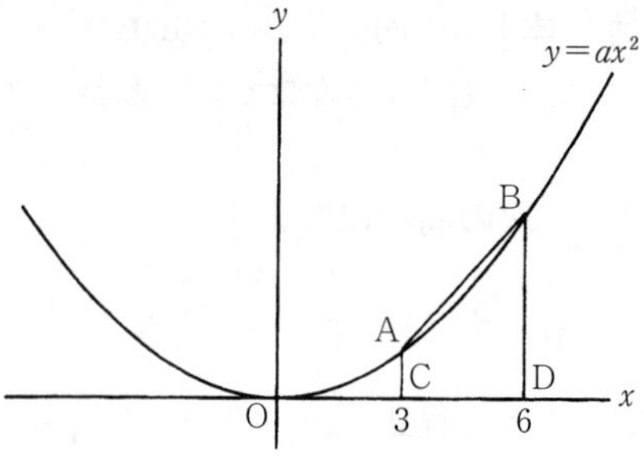

(1)　a の値を求めよ。

(2)　直線 AB について，C，Dと対称な点をそれぞれE，Fとする。放物線 $y=bx^2$ と線分 BF との交点をGとすると，四角形 FEAG は長方形となる。

①　b の値を求めよ。

②　x 軸上に点P，放物線 $y=bx^2$ 上に x 座標が負である点Qをとる。四角形 GQPE が平行四辺形になるようなPの x 座標を求めよ。

6　右の図のように，１辺の長さが10の正四面体 ABCD があり，辺 AB の中点をMとする。

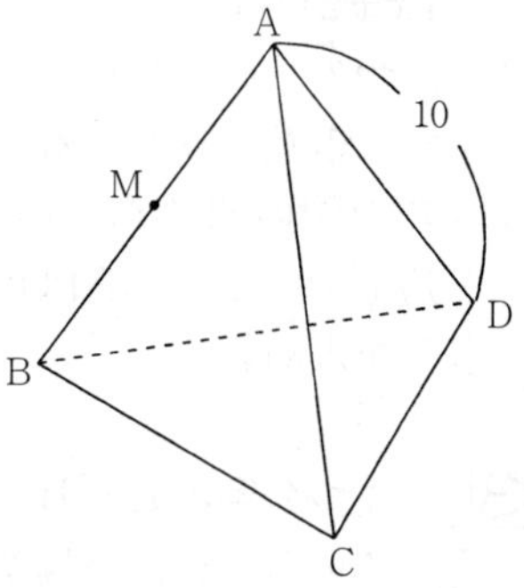

(1)　辺 AC 上に AP＝7 となる点Pをとり，辺 AD 上に AQ＝3 となる点Qをとる。

次の(ア)には適する三角形を，(イ)～(エ)には適する辺を，(オ)には適する数を入れよ。

> 辺 CD の中点をNとする。△MPQ と［　(ア)　］において，MP＝［　(イ)　］，PQ＝［　(ウ)　］，QM＝［　(エ)　］より，３組の辺がそれぞれ等しいから，△MPQ≡［　(ア)　］である。
>
> このことを利用すると，四面体 AMPQ の表面積は四面体 ABCD の表面積の［　(オ)　］倍である。

(2)　辺 AB 上に AR＝2 となる点Rをとり，辺 AC 上に AS＝1，AT＝4 となる点S，Tをとり，辺 AD 上に AU＝3，AV＝6 となる点U，Vをとる。四面体 ARTV の表面積は四面体 AMSU の表面積の何倍か。

そのさりげない広がりかたがさりげないしあわせにふさわしい。

（長谷川　宏『幸福とは何か』による。ただし途中本文を省略した部分がある）

問一　〈Ⅰ〉の詩の中で用いられている表現技法として、**ふさわしくないもの**を次の中から一つ選び、記号で答えよ。

ア　擬人法　　イ　倒置法

ウ　反復法　　エ　体言止め

問二　――線部①「とんでもない」のここでの意味を五字以内で答えよ。

問三　次のア～カは、〈Ⅰ〉の詩について説明したものである。〈Ⅱ〉の文章も参考にしながら、説明としてふさわしいものを二つ選び、記号で答えよ。

ア　「テーブルの上の胡椒入れ」という、作者にとって思い入れの深い題材を経験を交えて詠みこむことで、詩そのものの輝きや充実感が増している。

イ　「きみ」という二人称を用いることで、詩全体が作者から読者一人ひとりへの語りかけのように感じられ、作者と読者との距離を近づける効果が生じている。

ウ　「じゃない」という否定表現を多く用いることで、幸福は放っておけばやがて消えてしまうものであり、とらえることが難しいということを強調している。

エ　外来語の音の響きを詩の中に多く盛りこむことで、作者と読者一人ひとりとの間での幸福感の行き交いが国境を越えて広がっていくことを印象づけている。

オ　生活の一コマを詩の中で表現することで、日々の暮らしで人々が出会うすべてのものが、しあわせな親しい風物となりうることを実証している。

カ　ありふれた日常的な場面を描くことで、多くの人々の生活の中に存在しながらも見逃されてしまいがちなしあわせを、ことばによって掬いとっている。

問四　――線部②について。「友人」という詩全体の内容もふまえながら、このときの「きみ」の心情を説明せよ。

問五　――線部③について。「場面を自分のうちに取りもど」すとはどういうことか。それを詩「友人」に即して具体的に説明した75字以上80字以内の表現を本文中からさがし、その最初と最後の五字を抜き出して答えよ。

問六　――線部④に関連して。詩人が発したことばが「親しいものとして受けとめられる」とはどういうことか。それを説明した左の文の空欄を補うのに最もふさわしい25字以上30字以内の表現を、――線部④より後の本文中からさがし、その最初と最後の五字を抜き出して答えよ。

・［　　　　　］こと。

問七　――線部⑤「朗誦という行為」とは、どのような行為か。また、その行為は何をもたらすと筆者は考えているのか。説明せよ。

「友人」を収録した詩集『深呼吸の必要』の「後記」に以下の一節がある。

> 本は伝言板。言葉は一人から一人への伝言。
> 伝言板のうえの言葉は、一人から一人へ宛てられているが、いつでも誰でもの目にふれている。いつでも風に吹かれているが、必要なだけの短さで誌された、一人から一人への密かな言葉だ。伝言が親しくとどけば、うれしいのだが。

『深呼吸の必要』は、粒ぞろいの散文詩の並ぶ、長田弘の詩集のなかでも高い位置を占める秀作詩集だが、右の文言からは詩人自身が詩の出来に手応えを感じているさまが読みとれるように思う。

そのなかで、「一人から一人への密かな言葉」が「親しくとどけば、うれしい」と詩人はいう。詩の幸福感が「後記」にまで匂い出たかのようなもの言いだ。④さりげないしあわせは内密なことばとして一人から一人へとさりげなく伝わり、親しいものとして受けとめられるのがふさわしい、と詩人は考えたのであろう。詩の世界を媒介にして作り手と読み手の距離が多少とも近くなることが期待できる。しあわせを表現しえた詩の、徳ともいうべきものがそこにはあるといえるかもしれない。

詩が詩集の形を取って世に出る場合、一般的にいって、一人のことばが一人へと伝わることがめざされているとはいえない。印刷されて公刊されることは一人の同じことばが多くの人の目に触れることを求める行為であって、詩人がそのことを知らないわけではない。知った上であえて「一人から一人へ」というのは、一対多の伝達に飽き足らぬものを感じ、それを超えたもっと細やかなことばの行き交いを求めるからだ。詩のことばだから、——とりわけ、さりげないしあわせを表現した詩のことばだから、——そういう思いが強くわき起こったと考えられる。詩のことばのうちにさりげないしあわせを感じとるには、ことばの意味を頭で理解するところから一歩も二歩も進んで、自分の全身でもってことばを生きる方向へと向かわねばならないのだから。詩の作り手の側としては、詩のことばが読んだ一人ひとりの体のどこかに入りこんで息づくのを願わずにはいられないはずなのだから。

長田弘の詩が朗誦するのにふさわしい言語表現だと思えるのも、右のことと無関係ではない。

詩はもともとことばの音を大切にし、表現される意味やイメージとことばの音との響き合いに耳を傾けるものだったから、読むほうとしてもことばの音に心引かれ、いっそのこと音読したほうがことばの流れが自然にたどれると思えることが少なくない。が、『深呼吸の必要』の場合、そういう一般論をいうだけでは不十分で、さりげないしあわせといったほのかな心情のゆれを丁寧に追っていく抒情詩だけに、声に出して詠み、心情のゆれが音の流れと交錯するさまを楽しむのがふさわしい試みに感じられるのだ。詩のことばを「一人から一人への伝言」だと詩人はいうが、そのことばを声に出して詠むことで、一人の詩人の発したことばを「一人の」読み手として受けとめる方向に多少なりとも近づくように思える。声となった音は、声を出す当人にとって、書かれたことばの音であるとともに、ほかならぬ自分自身のことばとして聞こえてくるのだから。

自分自身の声には、当然のこと、自分の経験が組みこまれ、自分の思いが盛りこまれる。そのように個人の主観に染められた声ではあるが、詩のことばに寄りそいつつ詩の世界に入りこもうとする意欲があるかぎり、主観が一人歩きすることはない。⑤朗誦という行為のうちで、詩の書き手と読み手はそれぞれに一人であることが意識されつつ、ことばを媒介にしてたがいの経験と心情が大きく、あるいは小さく重なり合うことが感じられる。書き手によってことばの世界に掬いとられたしあわせが、読み手の側のそのような言語行為によって、もう一人の人間の心に受け容《い》れられた共有世界となる。

（長田　弘『食卓一期一会』による）

二〇一五年に亡くなった長田弘は、暮らしのさりげない場面に立ちあらわれるしあわせをとらえる、鋭敏にして繊細な感受性を具えた詩人だったが、その詩集『深呼吸の必要』に次のような詩がある。

〈Ⅱ〉

友人

自転車に乗って、きみは夜の道をゆっくりと走る。明るい家々の角を曲がると、急な坂だ。息はずませて上る。ペダルを踏むごとに、前灯が激しく揺れて、あたたかな風が汗の匂いをサッと拭いとってゆく。坂を上りつめて、線路ぎわへの暗い抜け道に折れる。道のなかばまで古いおおきな樹木の影がかぶさって、木の下闇いっぱいに、雑草が勢いよくひろがっている。

　自転車をとめ、きみは呼吸をやすめて、耳をすます。もしこんな暗いところで一人で何をしているのかと訊かれたら、何というのか。友人を待っているというのか。ガサッ、ガサゴソ。なつかしい微かな音がする。②きみは微笑する。一ぴきの老いたおおきな蟇《がま》がよたよたと、樹木の影のなかへでてくる。やあと、きみはいう。きみの旧友の蟇は約束を違えなかった。われらの星は太陽のまわりを一めぐりし、今年もいい季節がやってきたのだ。

詩人は、③過去のさりげない経験をことばにすることによって、場面を自分のうちに取りもどそうとしている。場面のもつしあわせを内面化しようとしている。放っておけばやがて消えてしまうかもしれぬさりげない場面であるだけに、かえってことばにしたかったということもあろうし、ことばに掬《すく》いとられることで場面が輝きを増すことに喜びを感じるということもあったかもしれない。さりげない情景がほんのりと脳裡に浮かび、それに導かれるようにしてことばを紡ぎ出し、紡いだことばを磨き上げて一篇の詩に仕立てる試みは、さりげないしあわせとのつき合いという点で、ほかでは得られそうもない充実感のともなう営みだったにちがいない。

　その営みのなかで詩人は夜の道や、自転車のペダルを踏む感触や、木の下闇や、蟇ののろまな足の運びを改めて近しいものに感じ、時を隔ててさりげないしあわせの気分を幾分か心に蘇《よみがえ》らせることができたはずだし、読者は読者で、ことばの流れを追うなかで、詩人のしあわせがなにほどかは自分のしあわせでもあると感じるのである。

　詩「友人」の中心が詩人と蟇の出会いにあるのは明らかだが、その場面が構想されたとき、詩人と蟇はすでに親しい間柄であって、だから「友人」と呼ばれ「旧友」と呼ばれるのはごく自然なことだった。そして、出会いを核とする過去の一情景が一篇の詩としてなりたったとき、詩人と蟇とのあいだのしあわせな親しさが夜の道や、坂を上る自転車や、樹木の影をもしあわせな親しい風物として浮かび上がらせる。

　そうした詩作の営みには、当然のこと、読者をもしあわせな親しい世界に誘おうとする力が働く。そもそも詩を書くという行為が読んでくれる人とのあいだに一つの世界を共有したいという思いをふくむものといえるが、この詩のように、当の詩人がおのれの描くさりげない世界に心の安らぐ親近感を抱くような場合、その世界が読者にとっても親しい世界であってほしい、という思いには切なるものがあろう。

問四　——線部③について。「わたし」がこのように判断するのは、「わたし」のどのような考えに基づいているか。それを説明した左の文の空欄を補うのに最もふさわしい十字の表現を本文中からさがし、抜き出して答えよ。

・［　　　　　］という考え。

問五　空欄 Ⅰ を補うのにふさわしい表現を、五字程度で考えて答えよ。

問六　——線部④について。深呼吸している「わたし」の状態として最もふさわしいものを次の中から選び、記号で答えよ。

ア　迷いを断ち切っている状態。
イ　不安な気持ちを紛らわせている状態。
ウ　差別的な言動を嘆いている状態。
エ　高ぶる気持ちを落ち着かせている状態。

問七　——線部⑤について。このときの「わたし」の心情を説明せよ。

問八　本文中からは左の一文が脱落している。どこに戻すのが最もふさわしいか。ふさわしい箇所を本文中の＊印よりも前からさがし、直後の五字を抜き出して答えよ。

・あるいは、わたしがうっとうしかったのか。

問九　——線部⑥「その痛みに気づかないふりをする」とは、どういうことか。説明せよ。

問十　——線部⑦について。「『正しさ』に溺れる」とは、どのような態度のことだと筆者は考えているか。また、そのような態度は何をもたらすことになるか。説明せよ。

問十一　═線部a～eのカタカナをそれぞれ漢字に改めよ。

二　〈Ⅰ〉は詩人・長田弘の詩集『食卓一期一会』に収められた詩、〈Ⅱ〉は長田弘の詩集『深呼吸の必要』について書かれた文章である。〈Ⅰ〉〈Ⅱ〉を読んで、後の問に答えよ。

〈Ⅰ〉

テーブルの上の胡椒《こしょう》入れ

それはいつでもきみの目のまえにある。
ベーコン・エンド・エッグスとトーストの
きみの朝食のテーブルの上にある。
ちがう、新聞の見出しのなかにじゃない。
混みあう駅の階段をのぼって
きみが急ぐ時間のなかにじゃない。
きみのとりかえしようもない一日のあとの
街角のレストランのテーブルの上にある。
ちがう、思い出やお喋《しゃべ》りのなかにじゃない。
ここではないどこかへの
旅のきれいなパンフレットのなかにじゃない。
それは冷えた缶ビールとポテト・サラダと
音楽と灰皿のあるテーブルの上に、
ひとと一緒にいることをたのしむ
きみの何でもない時間のなかにある。
手をのばせばきみはそれを摑《つか》めただろう。
幸福は①とんでもないものじゃない。
それはいつでもきみの目のまえにある。
なにげなくて、ごくありふれたもの。
誰にもみえていて誰もがみていないもの。
たとえば、
テーブルの上の胡椒入れのように。

なぜ、わたしのほうが、自分の悲しみや憤りを示すうえで、ここまで気を払わなければならないの？

――この国はだんだん窮屈になった。言いたいことものびのび言えなくなった。

ひょっとしたら、わたしの存在は、ごくふつうの日本人たちにそのように思わせてしまっているの？

たとえそうであるとしても、わたしは、わたしたちは、いつまで日本人たちに気を遣わなければならないの？

この国にいさせてくれてありがとう、となぜ、わたしは請わなければならないの？

こういうことを言わせてくださってありがとうございます？

なぜ、わたしはあのとき離れる間際に、感謝などしてしまったのだろう？

――もう二度と、わたしや、ほかのどんなひとにも、こういうことを言わせないでください。

むしろ、そう言えばよかった。いや、そう言うべきだったのだ……」

はじめこそ、話しながら憤怒のあまり、涙ぐんだこともあった。この話をするわたしに耳を傾けただれもが、そのように憤るわたしを慰め、cハゲましてくれた。そのおかげもあり、決して愉快とは言えない出来事に遭遇した衝撃は徐々に和らいだ。そうして冷静さを取り戻すにつれて、ファミレスで遭遇した〝差別的〟な態度の母親と息子たちを話題にするときの自分が、「正しさ」に酔い痴《し》れてはいないか不安をおぼえるようになった。わたしは早々と気づいていた。この話をするときに、日本語が理解できるのは日本人だけではない、と半ば叫ぶように同意を求めるdシュンカンの自分には、どのような異論をも挟ませないeカタクなさがみなぎっている。何しろ、この話を聞いてくれたひとたちは口を揃えて、あなたは正しいことを言っている、とわたしをなだめてくれたのだから。

――わたしは正しい。

その感覚は、やわらかな「棘」に刺された痛みを声にしようとするわたしを鼓舞する。ただし、その感覚が行き過ぎるとわたしの声は甲高くなるばかりで、とたんに聞き苦しくなってくる。どんなに正しいことでも、聞く耳を持ってもらえないのなら意味はない。正しければ正しいほど、キイキイとけたたましく喚《わめ》くだけでは届かない。とはいえ、ただ正しいことを正しいと訴えるのに、どうしてこんなにも得たいの知れない何かに対して忖度《そんたく》しなくてはならないのだろうとも思う。

要するに、たった今もわたしは、⑦「正しさ」に溺《おぼ》れることなく、自分が言葉にするべきことを言葉にする、その責任の果たし方を模索しているのだ。

（温又柔「やわらかな『棘』と、『正しさ』の震え」による）

問一 ――線部①「欠落」と熟語の構成（組み立て方）が同じものを次の中から選び、記号で答えよ。

ア　授受　　イ　前進　　ウ　換気
エ　削除　　オ　公立

問二 空欄《A》～《C》にそれぞれ漢字一字を補い、意味の通る表現にせよ。

問三 ――線部②について。「わたし」が「母親のようす」に注意を払っているのはなぜか。その説明として最もふさわしいものを次の中から選び、記号で答えよ。

ア　子どもたちには悪意がないので、怒りを母親にぶつけようと機会をうかがっているから。
イ　母親が「わたし」にどのような感情を抱いているのか、必死に読み取ろうとしているから。
ウ　子どもたちの差別的な言動に対して母親がどのような態度をとるか、見届けようとしているから。
エ　子どもたちの差別的な発言を「わたし」が許せずにいることを、母親に気づかせようとしているから。

日本人じゃないから、という会話をしてませんでした？……」

子どもたちがゲーム機から顔をあげる。わたしは子どもたちと目を合わせる。

「……苦手な友だちはだれにでもいるよ。でも、その子のお母さんがナニジンとかは関係ないんだよ」

ふたりの男児はａトマドっていたようだったが、わたしはかまわず続ける。

「日本には、日本語が理解できる外国の人もいっぱいいるんだよ。日本語は日本人にしかわからないと思って、外国の人たちが聞いたら悲しくなるようなことは言わないで」

日本人のように見えるし、日本の一員として生きてはいるけれど、日本以外の国にも根がある人たちがこの国にはたくさんいる。わたしは自分こそがそういう一人なのだとまでは言わなかった、いや、言えなかった。

「この方の言うとおりよ。わかった？」

わたしのことばを引き取り、子どもたちにそう言い聞かせたのは、どうかしました？　と声をかけてきたほうの女性だった。このひとは根っからのわるいひとではないのだろう、という思いが胸をよぎる。⑤そのとたん、狂おしくなってくる。わたしは伝票をつかんで立ち上がる。お皿には半分パスタが残ったままだったが、これ以上、ここにはいられないと思った。隣席に近づく。子どもたちはふたりともうつむいていて、もうわたしのことを見ていなかった。わたしは気づいていた。ふたりいる母親のうち、もう一人は始終わたしと目を合わせようともしなかった。韓国人なのよね、と言っていたほうのひとだ。どんな顔をしたらいいのかわからなかったのだろう。いずれにしろわたしは、《Ｃ》を打ったように静かになった隣席の四人を前にして、申し訳ない気持ちが芽生える。わたしのせいで、かれらにとって楽しいはずの午後にけちをつけてしまったことが急に心苦しくなる。ほんとうは、お父さんがいないおうちの何がいけないんでしょうか？　とも言いたかった。けれども、これ以上はわたしのほうが耐えられそうにない。それでわたしは自分で自分に言い聞かせる。もういい。もう十分だ。これぐらいにしておこう。わたしはかのじょたちに謝る。突然すみませんでした。そして礼を言う。こういうことを言わせてくださってありがとうございます。

――〇〇ちゃんのとこ、お父さんいないから……

――だって、あの子は日本人じゃないもんね。

血まみれになるほどではない。けれども、わたしはあのとき確かに、まろやかな午後のファミレスで交わされたことばの孕《はら》む棘《とげ》に刺されたのだ。刺されたとはいっても、耐えようと思えば耐えられる程度の痛みではあった。でもわたしは、⑥その痛みに気づかないふりをすることができなかった。

（〇〇ちゃんやそのお母さんは、いま、堂々と生きていられてるんだろうか？）

この「棘」に刺されながらも刺されたことすら気づかぬまま痛みに耐えているだれかのためにもわたしは、ここに「棘」があるのだと堂々と声にしなければならない。そう思うからこそ、わたしはどちらかといえば不愉快なこの出来事についてあちこちで積極的に話した。

＊

「……かのじょたちに絶妙のタイミングで気づきを与えたという意味では、自分がしたことは正しかったと思っている。かのじょたちにとってはそのせいで、よい一日が台無しになったとしてもね。

ただ、わたしは？

わたしの気持ちは？

なぜ、わたしのほうが、聞く耳をもってくれた日本人たちに感謝をしなければならないの？

なぜ、わたしのほうが、こんな会話はこの国ではありふれてるんだからいちいち嚙みつかず、流そう。それが日本人のなかに溶け込んで暮らすときの、一種のｂショセイ術だって昔から知ってるでしょ、と自分に言い聞かせなければならないの？

二〇二一年度　桐朋高等学校

【国　語】（五〇分）〈満点：一〇〇点〉

一　次の文章を読んで、後の問に答えよ。

二〇一九年三月某日。

腹ごしらえのために、近所のファミレスに行った。となりの席には、小学二、三年生と思われる男児ふたりと、その母親らしき四人連れ。学校あるいは習い事の帰りなのだろう。食事はとっくに終えたらしく、子どもたちはゲーム機で遊んでいて、母親たちはお喋《しゃべ》りに花を咲かせている。聞き耳をたてていたのではないが、「ほら、〇〇ちゃんのお母さんって、日本人じゃないから……」と聞こえてくる。続けて、もう一人の女性も声を低める。

「韓国人なのよね」

まるで、そのことが決定的な①欠落のような口ぶりにわたしは《Ａ》を疑った。母親たちの会話を聞きつけて、

「うえー、〇〇のママ、韓国人なの？」

ゲーム機で遊んでいた男の子が言う。もう一人の子も、うげえ、などと同調している。心拍数が一気に早まるのを感じながら、子どもたちではなく、②かれらの母親のようすをわたしは盗み見する。しかし、どちらの女性も息子たちを特にたしなめない。それどころか、母親のうちのひとりはこう続けた。

「それに、あそこのおうち、パパがいないからね……」

ふたりの母親が含み笑いを浮かべるのを、わたしは確かに目撃する。フォークを握る手が震えた。息が苦しくなってくる。しかし、隣席の母親たちはひきつづきお喋りにいそしみ、子どもたちもふたたびゲームに集中している。要するに四人とも、何もなかったかのように、ありふれた午後の続きを送っている。でも、かれらの隣にいるわたしは、何もなかったかのように自分の時間に戻ることはできなかった。

――うえー、〇〇のママ、韓国人なの？

母親たちが、息子の発言を叱らないのは当然だ。③かのじょたちの息子であるからこそかれらは、そのような発言をしたのだから。

――〇〇ちゃんのお母さんは日本人じゃないから。

ぎこちなくフォークを動かすものの、好物のパスタの味がまったくしない。食欲など失せてしまった。

どこにでもいそうな、ごくふつうの男の子たちは、かつてのわたしの同級生だったとしてもおかしくはない。かれらの母親は、いつかのわたしの同級生の母親のうちのだれかと、よく似ているのかもしれない。

わたしは、日本人ではないという理由でクラスメートや友だちと思っていたひとから馬鹿にされたり、からかわれたりしたことは、幸いにも、めったになかった。少なくとも、わたし自身がはっきり自覚できるようなかたちでは。けれどもそうだからといってわたしは、自分は運がよかったのだ、とは言いたくない。それは、運などで、左右されるようなことではないのだ。

（うまれつきの差別者はいない。環境が差別者をつくるのだ……）

とうとうわたしは、握っていたフォークを半分空になったお皿のうえに叩きつける。けっこうな音だったと思う。母親の一人がこちらを見た。かのじょが《Ｂ》を呑むのがわかった。わたしはかのじょを見つめる。いや、［Ｉ］といったほうが正確だ。けれども、ことばが出てこない。数秒ほど、そのような状態が続いたあと、あちらのほうから声をかけられる。

「……あの、どうかしました？」

――〇〇ちゃんのお母さんって、日本人じゃないから……と言っていたほうの母親だ。どうかしました？　信じられないと思った。このひとたちは、自分たちの発言がどんなものなのかまるでわかっていないのだ。④わたしは深呼吸ののちに口を開く。

「こちらの聞き違いでなければ、先ほど、おともだちのお母さんは

英語解答

I A (1)…D (2)…C (3)…D (4)…C
(5)…A
B 問1 (1)…A (2)…C
問2 ア とても難しい質問1つ
イ 他の質問に答える必要はない

II 問1 (1-a) turns (1-b) share
(1-c) deciding
(1-d) Taking
問2 C→A→D→B
問3 B
問4 (例)伝統的な授業とは異なり，毎日決まったスケジュールに従う必要がないこと。
問5 number of people taking DE classes is continually growing
問6 B，F
問7 ① (例)it is difficult for some students to concentrate during DE classes. They may do something else on their computers in class.
(21語)
② (例)some students may have poor Internet connection. They cannot watch lectures or communicate with their classmates on the Internet.
(19語)

III 問1 (例)世界最大規模の河川，アマゾン川の源流から，大西洋に注ぐ河口まで泳ぎきること。
問2 D
問3 looked in the water to see what it was
問4 D
問5 (例)アマゾン川流域に暮らす人々と交流し，世界の人々にアマゾン川流域の環境問題に関心を持ってもらうこと。
問6 B，G

IV (1) (例)I was surprised to learn how many plastic bags are used every day.
(2) (例)nothing is as light and strong as plastics, so it will be difficult to stop using them.

I 〔放送問題〕解説省略

II 〔長文読解総合―説明文〕

≪全訳≫**1**サマンサ・ロビンソンはパソコンの電源を入れ，メールをチェックする。次に，友達が教えてくれたYouTubeのビデオを2，3本見る。最後に，欧州史の授業の次の課題が何か調べようとする。彼女は大学のウェブページに行って，サインインをする。教授からのメッセージを確認する。チャットルームに入って，学生が他に8人いるのを確認する。彼女たちは教授の課題について議論し，意見交換を開始する。学生の中にはキャンパスに住んでいる人もいれば，1時間離れたところに住んでいる人もいる。外国に住んでいる人も少数いる。サマンサの学習は，あなたが思う以上に普通である。ますます多くの大学生が遠隔教育の授業を受けることを決めている。遠隔教育の授業は，パソコンとインターネットを使って自宅から大学の講座を学生が受けることを可能にしている。遠隔教育の講座を受けることは，多くの理由で賢明な決断である。❷第一に，遠隔教育の授業を受けることで，学生はお金を節約できる。／→C．もしも学生が車で通学しなくてよければ，ガソリンや駐車に使う金額を減らせる。／→A．ガソリン代が上がっているので，これは重要な点だ。／→D．さらに，子どもがいる学生は，授業を受けるために，子どもを託児所に預けなくてよい。／→B．託児所を使わなければ，親は１か月あたり何百ドルも節約できる。遠隔教育授業のコストの１つはパソコン代だ。しかし，今日ではパソコンを500ドル未満で買える。パソコンを買うことは，お金の上手な使い方だ。１年間従来どおりの授業を受けると，ガソリン代と駐車場代におそらく500ドル以上かかるだろう。❸遠隔教育授業のもう１つの恩恵は，講座や学校の選択肢が多いことだ。アメリカの大学のほとんどは，オンライン授業を提供している。アメリカの大学の３分の１以上は，あなたが自宅で学位を得られるようにしている。さらに，世界中の大学から，学期ごとに数千もの遠隔教育授業が利用可能だ。つまり，東京に住んでいる人がニューヨーク大学の授業を受けられるし，ニューヨークに住んでいる人がロンドン大学の授業を受けられる。$_3$全て，実際に現地にいることなしに，である。どの大学からも全然近くないところに住んでいる人にとって，遠隔教育授業はなおのこと役立っている。そうした人たちにとって，遠隔教育授業は，高等教育へのかつて存在していなかった扉を開いている。遠隔教育は，どんなに離れていても，人と大学を結びつけることができるのだ。❹最後に，遠隔教育授業の最も良い部分は，その柔軟なスケジュールである。あなたは授業に「間に合う」必要がないのだ。いつ課題に取り組み，講義を聴き，試験を受けるかはあなたが決める。朝が好きな人は，課題を朝早くすることができる。夜の方が勉強がはかどる人は，夕食後まで待つことができる。望めば，深夜にパジャマ姿で試験を受けることもできるのだ。従来どおり，締切日はある。しかし，従来型の授業のように，毎日，厳格なスケジュールに従う必要はない。これは，仕事の時間のためにキャンパスで授業を受けられない人にとっては申し分ない。さらに，子どもの世話をするために家にいなくてはならない親にも恩恵を与えている。こうした親でも授業を受けられるのだ。❺遠隔教育の授業は，人々の生活をもっと楽にすることができる。それは，パソコンで学ぶことが好きな学生にとっては良い選択肢である。また，学生がより自立した学習者になるように教えてもいる。これは重要な技能だ。$_5$遠隔教育の授業を受けている人の数は増え続けている。遠隔教育を受ける学生の数が増えるにつれて，世界は小さくなっていくように思える。遠隔教育は，大学と学生を結びつけている。これは我々がグローバル社会に生きているという，もう１つのしるしにすぎないのだ。

問１＜適語選択・語形変化＞(1-a)turn on ～「(電源)を入れる」(≒switch on ～)⇔ turn〔switch〕off ～「(電源)を消す」。文章全体が現在形で書かれているので３単現のｓをつけること。　(1-b)share ideas で「意見を交換〔共有〕する」。　(1-c)decide to ～「～することを決める」の形。前に are があるので現在進行形にする。　(1-d)直前の文にある take college courses に着目。この take は「(授業・試験など)を受ける」という意味。後ろの動詞 is に対応する主語となる部分なので，動名詞(～ing)にする。

問２＜文整序＞直前の文が示すように，この段落は DE(＝distance education)「遠隔教育」の金銭面の利点について述べている。AとCはガソリン代の話，BとDは daycare「託児所」の話である。Cの内容をAが this で受け，次にDが Moreover「さらに」で新たな話題を導入し，Bに続く。

問３＜適語句選択＞直前の内容を違う言葉で言い換えているBが適切。直前のダッシュ(―)は，このように直前の内容を補足したり，具体的に言い換えたりする際に使われる。　without ～ing「～

することなしに」

問４＜指示語＞直前の文の内容がほぼそのまま答えになる。like は接続詞として使われており，ここでは「～するように」(≒ as)という意味。do は直前の follow a strict schedule と同じ内容を表す代動詞。　follow「～に従う」　strict「厳格な，厳しい」　traditional「伝統的な，従来の」

問５＜整序結合＞前後の内容から，「遠隔教育の授業を受ける人の数が増えている」というような内容になると推測できる。まず，主語を The number of people, これに対応する動詞を is continually growing とし，残りは people を後ろから修飾する現在分詞句として taking DE classes とまとめる(現在分詞の形容詞的用法)。

問６＜内容真偽＞A.「遠隔教育の授業では，学生は他の学生と意思疎通できない」…×　第１段落第６，７文参照。意思疎通はできる。　B.「サマンサの大学では，学生は大学の近くに住まなくてもよく，中には外国に住んでいる学生もいる」…○　第１段落第８～10文に一致する。　C.「キャンパスでの生活のためにお金を払う必要がないので，遠隔教育で親は時間とお金を節約できる」…×　そのような記述はない。　‘save＋人＋時間・お金など’「〈人〉の〈時間・お金など〉を節約する」　D.「遠隔教育の授業を受けている学生は，試験を朝早く受けられるが，夜遅くは受けられない」…×　第４段落第６文参照。夜遅くでも試験を受けられる。　E.「遠隔教育の授業は，講義の厳格なスケジュールも，課題の締切日もない」…×　第４段落第７文参照。締切日はある。　‘not ～ either *A* or *B*’「*A* も *B* も～ない」　F.「遠隔教育は子どもがいて働いている親にとても役立っている」…○　第２段落第４，５文および第４段落終わりの３文に一致する。

問７＜条件作文＞≪全訳≫❶ベティ(B)：ふーん。遠隔教育ってすばらしいわね。遠隔教育から得られるたくさんの恩恵があるんだね。❷ショウタ：うーん，どうかな。遠隔教育にはいくつかの問題点があるかもしれないよ。例えば，①(例)一部の学生は遠隔教育の授業中に集中するのが難しい。授業中にパソコンで何か他のことをしているかもしれない。もう１つの問題としては，②(例)一部の学生はインターネットの接続が悪いかもしれない。そういう学生はインターネットで講義を見たり，クラスメートと意思疎通したりできない。❸B：そうね。あなたはこの話題でもとても賢いのね，ショウタ！物事には必ず良い面と悪い面があるのね。

＜解説＞遠隔教育の問題点を２つ，それぞれ20語程度で述べる。解答例で挙げている集中力の問題，ネット接続の問題以外にも，クラスメートや先生に実際に会えないのはさびしい，実技を伴う授業はオンラインでは難しい，などといった内容が考えられる。

Ⅲ〔長文読解総合―説明文〕

≪全訳≫❶アマゾン川は，誰も泳ぎたいと思うような川ではない。というのは，特に，この川が人を死に至らしめるようなピラニア，アナコンダ，ワニ，メジロザメ，そして危険な流れのある場所だからだ。しかし，もしあなたがマラソンスイマーのマーティン・ストレルであれば，強大なアマゾン川を見て，拒むことのできない挑戦だと思うだろう。彼は持ち前の肉体的・精神的な強さを駆使して，ペルーの出発点からブラジルを延々と通過して大西洋に至るまで，この地球で最大の川を2007年に泳ぎ通した。ストレルのような男だけが，こんなに難しい挑戦を完了できたのだ。❷ストレルはスロベニア出身の大柄な中年男性で，モクロノクと呼ばれる村で育った。この言葉は英語で「濡《ぬ》れた足」という意味だ。ストレルはずっと泳ぐのが好きだった。子どもの頃は水たまりや池や小川で泳いでいた。大きくなるにつれて，もっと大きな川で泳ぎ始め，ほどなくして世界一のマラソンスイマーになった。長年にわたって，ストレルはヨーロッパのドナウ川から中国の長江に至るまで，世界最長のいくつもの川を合計１万2000マイル(１万9300キロメートル)以上泳いできた。ストレルは１人で泳ぐのが好きだ。彼には川そのものと一緒にいることだけが必要なのであり，川が長ければ長いほど良い。❸ストレルは自分の泳ぎの世界記録を持っているが，現在では平和，友情，きれいな環境のために泳いでいる。彼は自分が泳ぐ理由を聴衆たちに語っている。彼はきれいな水の必要性を広めるために汚い川で泳いできた。アマゾン川を泳いだのは，この地域の大切さに関する人々の意識を高めるためだ。アマゾンの熱帯雨林は世界の酸素の20%を生み出しているが，森林破壊と汚染によって脅かされている。人々の関心をアマゾン川に向けられれば，人々はアマゾン川を守ったり救ったりするのを手伝いたくなるかもしれない，とストレルは願っていた。❹ストレルが泳いできた川は，どれも泳ぐのが難しいが，アマゾン川は最も難しかった。その長さ，水の量，難しい流れ，激流，危険な生き物ゆえに，巨大なサポートチームと大量の道具が必要だった。大勢の医者やガイドがストレルと一緒に移動した。ストレルは人を死に至らしめるような海洋生物がいる中を泳ぎ，ときには未知の巨大生物を触った感じもした。彼は(3)それが何であるかを確かめるために水の中を見ることは決してしなかった。ただゴールに向かって泳ぎ続けた。❺途中でストレルは地元の人々と友人になった。川を泳ぎ進めるにつれて，彼を見るために多くの群衆がやってきた。さらに，世界中の人々がストレルの進み具合を報道で追っていた。世界がストレルとアマゾン川両方を見ていたのだ。❻ストレルは自分のチームやファンの支援を得ていたが，彼の最大の課題は精神的なものだった。１日に10時間も１人で水の中で過ごし，港から港へと泳いでいくとき，彼は自分の精神を落ち着かせなくてはならなかった。彼に聞こえるのは，自分の一定のペースの呼吸と，水中の自分の両腕の音だけだった。彼は家族のことを夢見ることで何時間もの時間を埋めていた。港に入ったときも，一定のペースで泳ぎ，自分のペースでためらうことなく進んだ。歓声を上げる群衆の声が聞こえたが，ファンの方を見たのは，ようやく岸に着いてからだった。そして，両腕を高く挙げて，ほほ笑んだのだ。❼自然や孤独と闘いながら，川の上で3274マイル(5269キロメートル)を66日間にわたって泳いで，ストレルはついにアマゾンが大西洋に合流する，ブラジルのベレンに到着した。陸にたどり着いたとき，彼は26ポンド(約12キログラム)軽くなっていたが，安心してほほ笑みを浮かべた。彼はアマゾンを泳ぎきった最初の人になった。同時に彼は別の目標も達成した。すなわち，異文化間の友情を築き，この環境上重要な地域について世界が考える役に立ったのだ。

問１＜指示語＞直前の文の内容を中心にまとめればよい。the largest river on Earth は，第１段落第１文の The Amazon River を言い換えている。　‘from *A* (all the way) through *B* to *C*’「*A* から *B* を(はるばる)通過して *C* に至るまで」　the Atlantic Ocean「大西洋」

問２＜文脈把握＞この challenging は「難しい，骨の折れる」という意味。その理由は直後の文に書かれている。それをまとめた内容のD.「アマゾン川には危険な流れがあり，危険な生き物がいたから」が適切。

問３＜整序結合＞過去の内容なので動詞は過去形を選ぶが was では後が続かないので，まず looked in を置くと，前の文の内容から，見なかったのは「水の中」だと考えられるので，looked in the water とまとめる。この後は‘目的’を表す to不定詞の副詞的用法で to see と続け，see の目的語を‘疑問詞＋主語＋動詞’の間接疑問で what it was「それが何なのか」とまとめる。

問４＜適語句選択＞直後の文にHe had to calm his mind「自分の精神を落ち着かせる」とある。

問５＜語句解釈＞ストレルが泳ぐ目的は第３段落に書かれており，その内容から下線部直後の内容が，彼が達成した「別の目標」の具体的な内容になっていると判断できるので，この部分をまとめる。help the world think は‘help＋目的語＋動詞の原形’「～が…するのに役立つ」の形。this environmentally important area「この環境上重要な地域」はアマゾン川流域を指す。

問６＜内容真偽＞A．「ストレルは子どものときに海で泳げるようになった」…×　第２段落第３，４文参照。「海」ではなく「川」。　B．「ストレルはドナウ川と長江で泳いだことがある」…○　第２段落第５文に一致する。　C．「ストレルは自分１人で泳ぐよりも他の人たちと泳ぐ方が好きだ」…×　第２段落終わりの２文参照。ストレルは１人で泳ぐのが好きである。　D．「ストレルは水泳の世界記録を１つも持っていない」…×　第３段落第１文参照。　E．「アマゾン川の自然環境は良くなってきている」…×　第３段落第５文参照。汚染が進んでいる。　F．「ストレルがアマゾン川を泳いでいることは，彼がそれを完了するまで，誰も聞いたことがなかった」…×　第５段落第３文参照。報道で伝わっていた。　G．「ストレルはアマゾン川を66日間泳いで，26ポンドやせた」…○　第７段落第１，２文に一致する。

Ⅳ〔和文英訳─完全記述〕

(1)「～して驚きました」はbe surprised to ～で表せる。この‘to ～’は‘感情の原因’を表すto不定詞の副詞的用法。「～を知る」はlearn。learnの目的語となる「レジ袋がどれだけ使われているのか」は「どれだけたくさんのレジ袋が使われているのか」ということなのでhow many plastic bags are usedと表せる。間接疑問は‘疑問詞＋主語＋動詞’の形になるが，このhow many plastic bagsのように疑問詞が主語になっている場合は‘疑問詞(主語)＋動詞’の語順になる。

(2)「～ほど…なものはない」は，‘nothing is as〔so〕＋原級＋as ～’または‘nothing is＋比較級＋than ～’の形で表せる。「プラスチックの使用をやめることは難しいでしょう」は，主語が長いので‘It is ～ to …’「…することは～だ」の形式主語構文を使うとよいが，動名詞〔to不定詞〕を主語にしてstopping〔to stop〕 using plastics〔them〕 will〔would〕 be difficult. としても可。「～の使用をやめる」はstop ～ing「～するのをやめる」を使って表せる。

数学解答

1 (1) $-\frac{b^3}{8}$ (2) $x=1\pm2\sqrt{2}$

(3) $(x-4)(x-6)$

2 (1) $\frac{1}{3}$ (2) $\frac{2}{3}$ (3) 76°

3 $x=15$，$y=335$

4 (1) (例)$\overset{\frown}{BD}$に対する円周角より，∠GCF＝∠HEF……① GH は∠BFC を2等分するから，∠CFG＝∠BFG 対頂角は等しいから，∠BFG＝∠EFH よって，∠CFG＝∠EFH……② ①，②より，∠GCF＋∠CFG＝∠HEF＋∠EFH となるから，∠AGH＝∠GCF＋∠CFG，∠AHG＝∠HEF＋∠EFH より，∠AGH＝∠AHG したがって，△AGH において，AG＝AH

(2) ① 18 ② 4 ③ 75

5 (1) $\frac{1}{9}$

(2) ① $\frac{4}{9}$ ② $-\frac{3\sqrt{3}}{2}-1$

6 (1) (ア) △NQP (イ) NQ (ウ) QP

(エ) PN (オ) $\frac{1}{4}$

(2) $\frac{16}{9}$倍

1 〔独立小問集合題〕

(1)＜式の計算＞与式＝$\frac{4a^3b^2}{3}\times\left(-\frac{a^3b^3}{216}\right)\div\frac{4a^6b^2}{81}=-\frac{4a^3b^2\times a^3b^3\times 81}{3\times216\times4a^6b^2}=-\frac{b^3}{8}$

(2)＜二次方程式＞与式の両辺に6をかけて解く。$x^2-2(x+5)+3=0$，$x^2-2x-10+3=0$，$x^2-2x-7=0$ 解の公式より，$x=\frac{-(-2)\pm\sqrt{(-2)^2-4\times1\times(-7)}}{2\times1}=\frac{2\pm\sqrt{32}}{2}=\frac{2\pm4\sqrt{2}}{2}=1\pm2\sqrt{2}$ となる。

(3)＜因数分解＞与式＝$5x^2-10x-4(x^2-1)+20=5x^2-10x-4x^2+4+20=x^2-10x+24=(x-4)(x-6)$

2 〔独立小問集合題〕

(1)＜式の値＞$2x+y=\sqrt{3}$……①，$x+2y=\sqrt{2}$……②とする。ここで，$x^2-y^2=(x+y)(x-y)$と因数分解できるから，$x+y$，$x-y$の値を求める。①＋②より，$3x+3y=\sqrt{3}+\sqrt{2}$，$x+y=\frac{\sqrt{3}+\sqrt{2}}{3}$であり，①－②より，$x-y=\sqrt{3}-\sqrt{2}$ だから，$x^2-y^2=\frac{\sqrt{3}+\sqrt{2}}{3}\times(\sqrt{3}-\sqrt{2})=\frac{(\sqrt{3}+\sqrt{2})(\sqrt{3}-\sqrt{2})}{3}=\frac{3-2}{3}=\frac{1}{3}$である。

(2)＜確率―さいころ＞1つのさいころを2回投げるとき，目の出方は全部で6×6＝36(通り)ある。このうち$(a-b)^2\leqq4$となるのは，$a-b=0$，±1，±2の場合である。$a-b=0$の場合は，$a=b$のときで，$(a,\ b)=(1,\ 1)$，$(2,\ 2)$，$(3,\ 3)$，$(4,\ 4)$，$(5,\ 5)$，$(6,\ 6)$の6通りある。$a-b=\pm1$の場合は，$(a,\ b)=(1,\ 2)$，$(2,\ 1)$，$(2,\ 3)$，$(3,\ 2)$，$(3,\ 4)$，$(4,\ 3)$，$(4,\ 5)$，$(5,\ 4)$，$(5,\ 6)$，$(6,\ 5)$の10通りあり，$a-b=\pm2$の場合は，$(a,\ b)=(1,\ 3)$，$(2,\ 4)$，$(3,\ 1)$，$(3,\ 5)$，$(4,\ 2)$，$(4,\ 6)$，$(5,\ 3)$，$(6,\ 4)$の8通りある。これより，$(a-b)^2\leqq4$となる場合は，6＋10＋8＝24(通り)ある。よって，求める確率は$\frac{24}{36}=\frac{2}{3}$となる。

(3)＜図形―角度＞右図のように，点Qを通り辺BCに平行な直線と辺PRとの交点をEとし，∠PQR＝xとおく。QE∥BCより，錯角は等しいから，∠EQR＝∠QRB＝20°である。これより，∠PQE＝∠PQR－∠EQR＝x－20°となり，AD∥QEだから，∠APQ＝∠PQE＝x－20°である。また，△PQRはPQ＝PRの二等辺三角形で，∠PRQ＝∠PQR＝xとなるから，∠QPR＝180°－2xと表せる。よって，∠APQ＝2∠QPRより，x－20°＝2(180°－2x)が成り立つ。これを解くと，x－20°＝360°－4xより，x＝76°となる。

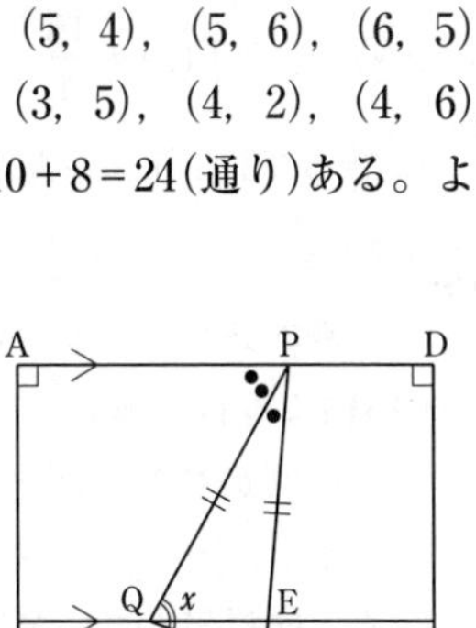

3〔方程式―連立方程式の利用〕

容器Cの食塩水の量は$x+y$g，容器Dの食塩水の量は$(100-x)+(600-y)=700-x-y$(g)だから，食塩水の重さについて，$x+y=700-x-y$が成り立ち，これを整理して，$x+y=350$……①である。また，容器Cの食塩水に含まれる食塩の量は$\frac{18}{100}x+\frac{3}{100}y$g，容器Dの食塩水に含まれる食塩の量は$\frac{18}{100}(100-x)+\frac{3}{100}(600-y)$gだから，食塩水に含まれる食塩の重さについて，$\frac{18}{100}x+\frac{3}{100}y+10.5=\frac{18}{100}(100-x)+\frac{3}{100}(600-y)$……②が成り立つ。①，②を連立方程式として解く。②×100より，$18x+3y+1050=18(100-x)+3(600-y)$，$18x+3y+1050=1800-18x+1800-3y$，$36x+6y=2550$　$6x+y=425$……②′　②′−①より，$5x=75$　$\therefore x=15$　これを①に代入して，$15+y=350$　$\therefore y=335$

4〔平面図形―円〕

≪基本方針の決定≫(1)　∠AGHと∠AHGに着目する。　(2)①，②　△FHDと△FGBの関係に着目する。　③　高さの等しい三角形の面積比は底辺の比と等しいことを利用する。

(1)<論証―二等辺三角形>右図1の△AGHで，∠AGH＝∠AHGであることを示せばよい。∠AGHと∠AHGはそれぞれ△GCFと△HEFの外角だから，∠GCFと∠HEF，∠CFGと∠EFHの関係に着目する。解答参照。

図1

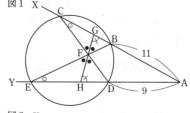

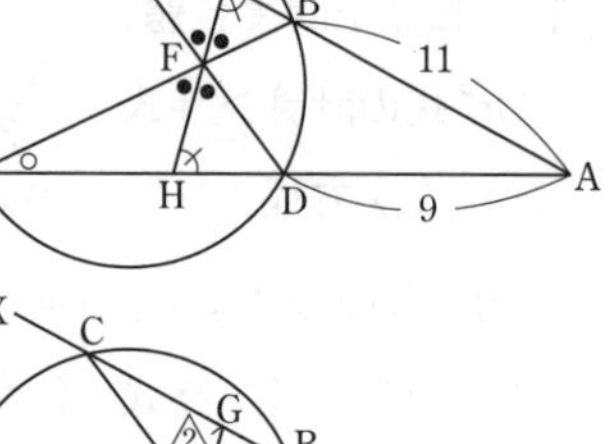

(2)<面積，長さ―相似>①右下図2の△FHDと△FGBで，(1)より，∠FHD＝∠FGB……(i)である。また，∠BFG＝∠CFGであり，対頂角より，∠DFH＝∠CFGだから，∠DFH＝∠BFG……(ii)となる。(i)，(ii)より，2組の角がそれぞれ等しいから，△FHD∽△FGBであり，相似比はFH：FG＝3：2である。よって，これらの三角形の面積比は，△FHD：△FGB＝$3^2:2^2$＝9：4となる。したがって，△FHD＝$\frac{9}{4}$△FGB＝$\frac{9}{4}\times8=18$である。　②図2で，①より，△FGB∽△FHDであり，相似比は2：3だから，BG：DH＝2：3である。よって，xを正の数とすると，BG＝$2x$，DH＝$3x$とおけ，AG＝AB＋BG＝$11+2x$，AH＝AD＋DH＝$9+3x$と表せる。したがって，AG＝AHより，$11+2x=9+3x$が成り立ち，これを解くと，$x=2$となるから，BG＝$2x=2\times2=4$である。　③図2で，2点A，Fを結ぶ。△FGAと△FGBで，辺GA，GBをそれぞれの底辺と見ると高さは等しいから，△FGA：△FGB＝GA：GBとなる。ここで，②より，BG＝4なので，GA＝AB＋BG＝11＋4＝15となり，△FGA：△FGB＝15：4である。よって，△FGA＝$\frac{15}{4}$△FGB＝$\frac{15}{4}\times8=30$である。同様にして，△AGH：△FGA＝GH：GF＝(2＋3)：2＝5：2より，△AGH＝$\frac{5}{2}$△FGA＝$\frac{5}{2}\times30=75$となる。

図2

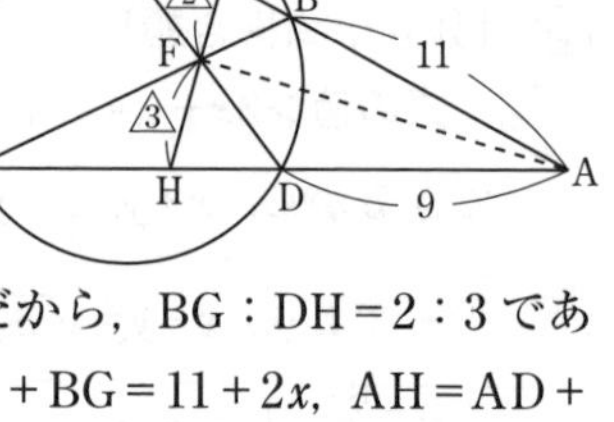

5〔関数―関数$y=ax^2$と直線〕

≪基本方針の決定≫(2)①　直線ABの傾きに着目する。　②　点Qのy座標に着目する。

(1)<比例定数>右図1で，点Aは放物線$y=ax^2$上にあって，x座標は3だから，$y=a\times3^2=9a$より，A(3，$9a$)である。よって，AC＝$9a$となる。同様にして，B(6，$36a$)より，BD＝$36a$となる。よって，CD＝6−3＝3だから，BD＝AC＋CDより，$36a=9a+3$が成り立つ。これを解くと，$a=\frac{1}{9}$となる。

図1

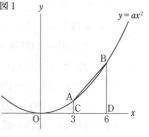

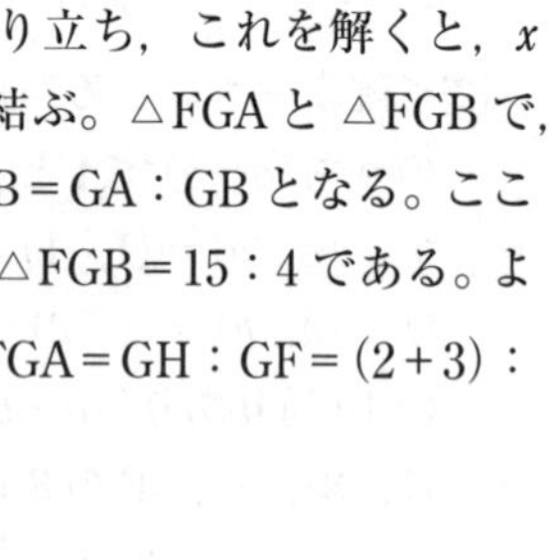

(2)＜比例定数，座標＞①右図2で，(1)より，$a=\frac{1}{9}$だから，$9a=9\times\frac{1}{9}=1$，$36a=36\times\frac{1}{9}=4$となり，A(3, 1)，B(6, 4)である。これより，直線ABの傾きは$\frac{4-1}{6-3}=1$であるから，∠ABD＝45°となる。点Fと点Dは直線ABについて対称より，∠ABF＝∠ABD＝45°となるから，∠DBF＝∠ABD＋∠ABF＝45°＋45°であり，DB⊥FBで，FBはx軸に平行である。よって，四角形FEAGが長方形より，∠AGF＝90°だから，AGはy軸に平行となる。つまり，直線BFはx軸に平行で，直線AGはy軸に平行なので，点Gのx座標は点Aのx座標に等しく，y座標は点Bのy座標に等しく，G(3, 4)となる。したがって，$4=b\times3^2$より，$b=\frac{4}{9}$である。

図2

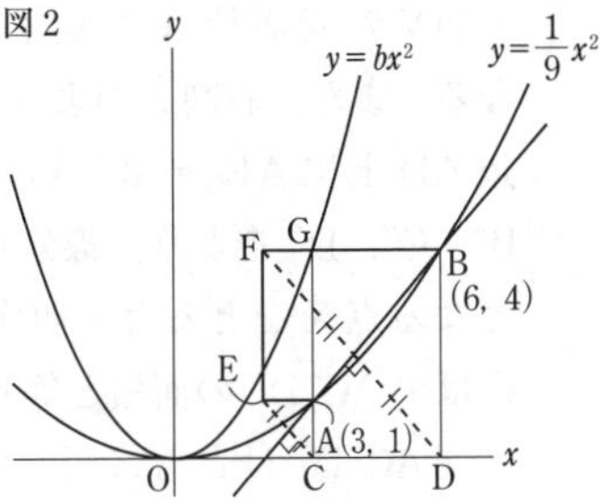

②右図3で，四角形GQPEは平行四辺形だから，QP∥GE，QP＝GEである。また，図2で，四角形FEAGは長方形で，BF＝BD＝4，G(3, 4)より，BG＝6－3＝3だから，AE＝GF＝4－3＝1となる。これより，点Eのx座標は3－1＝2で，E(2, 1)となるから，点Eは点Gからx軸方向に－1，y軸方向に－3移動した点である。よって，点Pは点Qからx軸方向に－1，y軸方向に－3移動した点であり，点Pのy座標は0だから，点Qのy座標は3である。①より，点Qは放物線$y=\frac{4}{9}x^2$上にあるから，$3=\frac{4}{9}x^2$より，$x^2=\frac{27}{4}$，$x=\pm\frac{3\sqrt{3}}{2}$となり，点Qのx座標は負だから$-\frac{3\sqrt{3}}{2}$である。よって，点Pのx座標は$-\frac{3\sqrt{3}}{2}-1$である。

図3

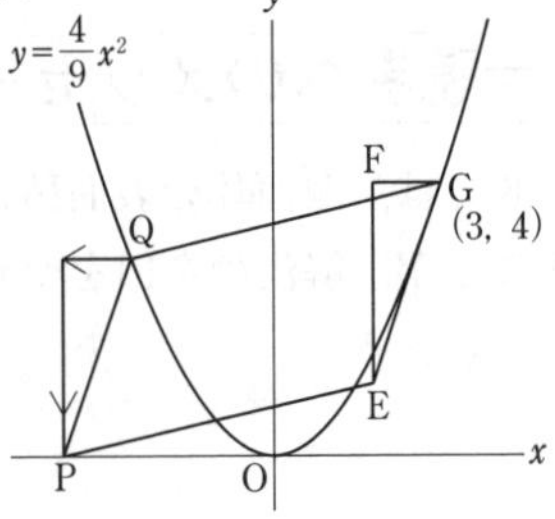

6〔空間図形―正四面体〕

≪基本方針の決定≫(2)　(1)を参考にして，2つの四面体ARTV，AMSUが，それぞれ1辺の長さがどれだけの正四面体の一部と見ることができるかを考えるとよい。

(1)＜論証，面積比―合同＞右図1の△ABCと△ACDは合同な正三角形である。これより，△AMPと△DNQで，$AM=\frac{1}{2}AB=\frac{1}{2}\times10=5$，$DN=\frac{1}{2}DC=\frac{1}{2}\times10=5$より，AM＝DNである。AP＝7，DQ＝DA－AQ＝10－3＝7より，AP＝DQであり，∠MAP＝∠NDQ＝60°だから，2組の辺とその間の角がそれぞれ等しいことより，△AMP≡△DNQとなり，MP＝NQ(イ)……①である。同様にして，△AQM≡△CPNより，QM＝PN(エ)……②である。よって，△MPQと△NQP(ア)において，①，②とPQ＝QP(ウ)より，3組の辺がそれぞれ等しいから，△MPQ≡△NQPとなる。このとき，△MPQ＝△NQPであり，△AMP≡△DNQより△AMP＝△DNQ，△AQM≡△CPNより△AQM＝△CPNだから，△APQ＋△MPQ＋△AMP＋△AQM＝△APQ＋△NQP＋△DNQ＋△CPN＝△ACDとなり，四面体AMPQの表面積は△ACDの面積と等しくなる。したがって，△ACDの面積は正四面体ABCDの表面積の$\frac{1}{4}$倍だから，四面体AMPQの表面積は正四面体ABCDの表面積の$\frac{1}{4}$(オ)倍である。

図1

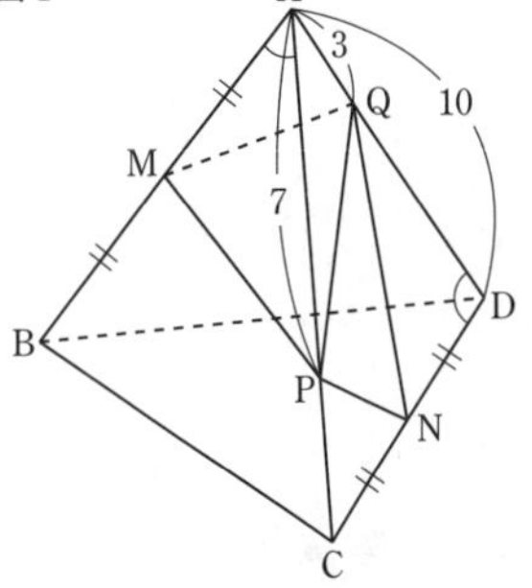

(2)＜面積比―相似＞次ページの図2のように，辺AB，辺AC，辺AD上にAB′＝AC′＝AD′＝8となる3点B′，C′，D′をとり，線分C′D′上にC′W＝2となる点Wをとると，(1)と同様にして，四面体

ARTVの表面積は△AC′D′の面積と等しくなる。また，右図3のように，辺AB，辺AC，辺AD上にAB″＝AC″＝AD″＝6となる3点B″，C″，D″をとり，線分C″D″上にC″X＝1となる点Xをとると，四面体AMSUの表面積は△AC″D″の面積と等しくなる。△AC′D′と△AC″D″はともに正三角形だから相似であり，相似比はAC′：AC″＝8：6＝4：3となる。よって，面積比は△AC′D′：△AC″D″＝$4^2:3^2$＝16：9であるから，四面体ARTVの表面積は四面体AMSUの表面積の$\frac{16}{9}$倍である。

図2

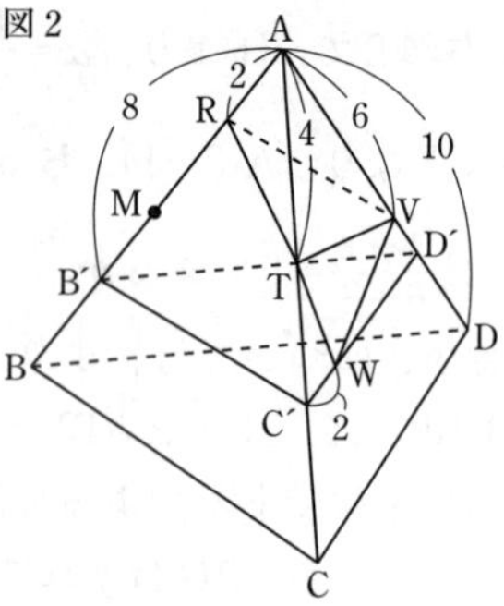

図3

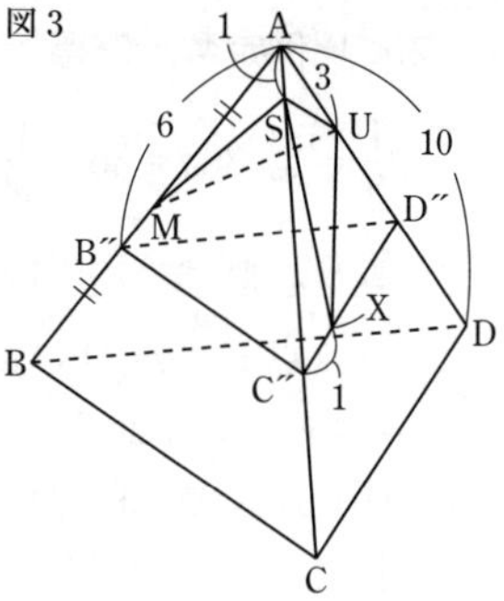

═読者へのメッセージ═

6では，四面体の表面積について考えました。(2)では，(1)で示された解き方を応用してみようと考えることが，解決の糸口をつかむ第一歩でした。日頃から小問間のつながりに注意する習慣をつけるとよいでしょう。

国語解答

一 問一　エ

問二　A　耳　B　息　C　水

問三　ウ

問四　環境が差別者をつくる［という考え。］

問五　にらみつけた　　問六　エ

問七　自分が口にしたことは間違っていないと思うものの，自分の言葉に対する女性の反応を見て，その人が根っからの悪意の持ち主ではないのだと実感したことで，自分の伝え方が正しかったのか悩ましく思う気持ちが生まれ，いたたまれない思いになっている。

問八　いずれにし

問九　自分が感じ取ったささやかな悪意によって，自分がわずかに傷つけられたことを認識しながらも，(日本人に溶け込んで暮らすための処世術に従って)何もなかったことにしてその場をやり過ごそうとすること。

問十　「正しさに溺れる」とは，自分の主張は正しいのだという思いが強くなりすぎることで，相手のことを考えずに，一方的に強い主張をし続けてしまう態度のことだと筆者は考えており，そのような態度は相手の聞く耳を閉ざし，結果としてこちらの主張が届かないという状況をもたらすことになる。

問十一　a　戸惑　b　処世　c　励　d　瞬間　e　頑

二 問一　ア　　問二　特別な

問三　イ，カ

問四　一年越しの蟇との再会の約束を果たすべく暗い夜道を一人やってきたが，聞き覚えのある物音を聞いて蟇も約束を果たそうとしていることがわかり，うれしく思っている。

問五　夜の道や，～らせること

問六　詩のことば～んで息づく［こと。］

問七　朗誦という行為は，詩人の発した言葉を，心情の揺れと音の流れの交錯を楽しみつつ，自分自身の声として音に出すことであり，それにより言葉を媒介に書き手と読み手の経験と心情の重なり合いが感じられ，両者の共有世界が生じる。

一〔随筆の読解―社会学的分野―現代社会〕出典；温又柔「やわらかな『棘』と，『正しさ』の震え」(「対抗言論　反ヘイトのための交差路　1号」所収)。

≪本文の概要≫「わたし」はファミレスで，隣席にいた子連れの母親たちの会話を耳にする。それは，日本人ではないという理由だけで差別をする内容であった。そこで自分自身も日本人ではない「わたし」は，母親たちに対し，外国の人を差別する発言をしてはならないと指摘した。すると母親たちも反省する様子を見せたため，「わたし」は心苦しくなって，たまらずに店を出た。しかし，「わたし」は，このとき刺された差別的な言葉のとげの痛みに気づかないふりをすることができず，あちこちで積極的に話した。この出来事について話すうちに，「わたし」は，この出来事を話題にするときの自分が，正しさに酔いしれているのではないかという不安を感じるようになった。どんなに正しいことであっても，声高に叫び続けるばかりでは，人を遠ざけてしまう。とはいえ，日本の社会に遠慮をし，言うべきことを言わないでいるわけにもいかない。「わたし」は，そうしたせめぎ合いの中で，自らの正しさを適切に発信していく方法を探し続けている。

問一＜熟語の構成＞「欠落」と「削除」は，似た意味の漢字を組み合わせた熟語。「授受」は，反対の意味の漢字を組み合わせた熟語。「前進」は，上の漢字が下の漢字を修飾している熟語。「換気」は，下の漢字が上の漢字の目的語になっている熟語。「公立」は，上の漢字と下の漢字が主語と述語の関係になっている熟語。

問二＜慣用句＞Ａ．「耳を疑う」は，思いがけないことを聞き，聞き間違いだと感じる，という意味。Ｂ．「息を呑む」は，驚いて思わず息を止める，という意味。　Ｃ．「水を打ったよう」は，しんと静まり返った様子。

問三＜文章内容＞男の子たちは，韓国人というだけで差別するような発言をしていた。「わたし」は，母親たちが男の子たちを注意するのか気になって，母親たちを見ていたが，母親たちは，特に男の子たちをたしなめる様子もなく，「わたし」は，不快な気分になったのである。

問四＜文章内容＞男の子たちが差別的な発言をするのは，生まれながらに差別をする意識を持っているのではなく，差別的な考えを持っている母親たちに育てられたからであると，「わたし」は，考えている。

問五＜文章内容＞「わたし」は，差別的な発言に憤りを感じ，自分の方を見た母親の一人に対して，とがめるような視線を向けたのである。

問六＜文章内容＞「どうかしました？」と言う母親の反応を見て，「わたし」は，母親たちが差別的な発言をした自覚がないとわかり，怒りを募らせたが，冷静に指摘をするべきだと考え，少しでも自分を落ち着かせようと深呼吸をしたのである。

問七＜心情＞「わたし」は，差別的な発言に異を唱えた自分の行為を正しいと思っているが，すぐに「わたし」の指摘に同意した母親の反応を見て，「根っからのわるいひとではない」とも感じた。そこで「わたし」は，自分の指摘の仕方が適切であったのかがわからなくなり，母親たちや男の子たちの楽しい時間を台なしにしてしまったという罪悪感も抱いている。

問八＜文脈＞「わたし」が差別的な発言に対して指摘したとき，母親のうち一人は，目を合わせようともしなかったため，どんな顔をしたらいいのかわからなかったのか，もしくは自分のことをうるさい人間ととらえているのではないかと，「わたし」は感じた。しかし「わたし」としてはどちらの場合であっても，母親たちや男の子たちの楽しい時間の邪魔をしてしまった申し訳なさを感じることに変わりなく，その場にいることが心苦しくなった。

問九＜文章内容＞「わたし」は，差別的な発言に，日本人ではない自分が傷つけられたようにも感じて不快感を抱いた。その場の雰囲気を悪くしないことを重視し，異を唱えないまま聞き流すこともできたが，「わたし」は，聞き流してやり過ごすことが日本で暮らしていくための世渡りであると感じてはいても，差別に対しては声を上げなければいけないと考えている。

問十＜文章内容＞「わたし」は，差別に異を唱えた自分の行いを正しいと感じている。しかし，正しさに身を委ね，相手のことを考えずに一方的な主張をするだけになると，相手に聞く耳を持ってもらえなくなり，理解を得ることができなくなる。どんなに正しいことでも，聞いて理解をしてもらえなければ意味がないので，「わたし」は，正しいことを訴えるためにどのような発信をしていくべきか考え続けているのである。

問十一＜漢字＞a．「戸惑う」は，どう対処していいかわからずに慌てる，という意味。　b．「処世」は，世間でうまく生活をしていくこと。　c．音読みは「勉励」などの「レイ」。　d．「瞬間」は，きわめて短い時間のこと。　e．音読みは「頑固」などの「ガン」。

二 〔詩の鑑賞〕出典；長田弘「テーブルの上の胡椒入れ」（『食卓一期一会』所収）／〔説明文の読解―芸術・文学・言語学的分野―文学〕出典；長谷川宏『幸福とは何か』。

問一＜詩の技法＞擬人法は，人間でないものを，人間に見立てて表す技法。倒置法は，十八～二十二行目の「それはいつでもきみの目のまえにある。～テーブルの上の胡椒入れのように」のように，語句を普通の順序とは逆にする技法。反復法は，一行目と十八行目の「それはいつでもきみの目のまえにある」のように，同一語句や類似語句を繰り返す技法。体言止めは，十九行目の「なにげなくて，ごくありふれたもの」のように，短歌などの最後や文の末尾を体言で言いきる技法。

問二＜詩の内容理解＞幸福は，「手をのばせば」すぐに手に入れることのできる「なにげなくて，ごくありふれたもの」であり，なかなか手に入らないような特別な価値のあるものではない。

問三＜詩の内容理解＞「きみ」という読者に直接語りかけ，作者と一対一で心を通わせることができるような二人称形式が用いられている（イ…○）。また，食事や人と過ごす時間といった日常の何気ない情景を提示し，幸福は「テーブルの上の胡椒入れ」のようなささやかなものにたとえられるものであり，日々の暮らしの中ですぐに見つけられることが描かれている（カ…○）。

問四＜詩の内容理解＞冬眠から覚めた「蟇」と一年ぶりに再会する「約束」を果たそうと，「きみ」は，自転車で暗い夜道を走り，汗をかきながら一生懸命に坂を上りつめ，大きな樹木の所までやってきた。すると，「蟇」も「約束」を果たそうと，かすかな物音を立てて出てきていることがわかり，「きみ」は，春の到来とともに友人との再会が果たされたことを喜んだのである。

問五＜文章内容＞詩人は，自転車で夜の道を走り，たどり着いた樹木の影の中へ「蟇」がかすかな物音を立てて出てくるという場面を詩に書くことで，その体験をしたときに抱いた幸せな感情を再び感じることができたと考えられる。

問六＜文章内容＞詩は，詩集の形で出版された場合，不特定多数の読者に読まれることとなる。しかし，長田弘は，特定の誰かに語りかけるように，読者との一対一の関係を求めている。詩の作り手の側として，詩の言葉を通じ，自らの世界を読者一人ひとりにも追体験してもらうことで，ささやかな幸福感が息づくことを期待しているのである。

問七＜文章内容＞朗誦は，「心情のゆれが音の流れと交錯するさまを」楽しみながら，詩の言葉を，自分の声として「音」に出して読む行為である。朗誦を通じて，読者は，自らの体験として心情を詩の言葉と重ね合わせるため，詩人と読者の間で一つの世界が共有され，親密な関係を築き上げることが可能になる。

Memo

2020年度 桐朋高等学校

【英　語】（50分）〈満点：100点〉

〈注意〉・試験開始直後にリスニングテストを行う。
・リスニングテストが終了するまで筆記問題を始めてはいけない。
・リスニングテスト中，メモを取ってもかまわない。

I　リスニング問題　放送を聞いて次のA，Bの問題に答えなさい。

A　これから英語で短い対話を放送します。そのあとでその対話についての質問がなされますから，その答えとして最も適切なものを選び，記号で答えなさい。対話と質問は**1回だけ**読まれます。

(1) A. Go to school.
B. Go shopping.
C. Wash the dishes.
D. Buy some dishes.

(2) A. He is not good at English.
B. He likes Japanese better.
C. He didn't study enough.
D. He studied for a *kanji* test.

(3) A. Go to Takayama by bus.
B. Take the bus to the Tourist Information Center.
C. Ride the train to Nagoya.
D. Wait for a train for two hours.

(4) A. He is going to have dinner.
B. He is going to see a movie.
C. He is not good at singing.
D. He went to *karaoke* last Sunday, too.

(5) A. Around 3:20.　B. Around 3:30.
C. Around 4:00.　D. Around 4:30.

B　これから放送される英文について，以下の問いに答えなさい。英文は**2回**読まれます。

問1　以下の質問の答えとして最も適切なものを選び，記号で答えなさい。

(1) What did the lady buy at the shops ?
A. Some kitchen goods.
B. A mouse-trap.
C. Some cheese.
D. A magazine.

(2) Why didn't the lady go back to the shops ?
A. Because she had to keep watching the mouse.
B. Because she did not have anything to buy.
C. Because it was very late.
D. Because she wanted to read a magazine.

問2　女性の取った行動とその結果について，以下の文を完成させなさい。ただし，(　)内にはそれぞれ6字以内の日本語を入れること。

女性がネズミ捕りの中に(ア)を置いたら，翌朝にはその隣に(イ)が置いてあった。

※＜**リスニング問題放送原稿**＞は英語の問題の終わりに付けてあります。

II　次の英文を読んで，後の問いに答えなさい。

Joseph Campbell (1904–1987) spent his life answering this question: What is a hero? Campbell was a professor of literature and religion at Sarah Lawrence College in New York. He studied and taught hero stories from around the world. Over the years, he noticed that a lot of myths—a kind of hero story—are very similar. In old myths or new ones, whether from Asia, Africa, or South America, the world's hero stories all have the same basic shape. The *details of the stories may (1), but every hero story has the same three parts.

During the first part of any hero story, the hero starts a journey. This can be a trip from one country to another. It can be an adventure into outer space. It can be a journey into a dream world. Often the hero does not, at first, want to go on this journey. But in the end, (2)he agrees. He leaves the safety of his home, friends, and family and goes to this new place. This place is very different from the hero's home and is often dark and dangerous. Sometimes there is a mentor or a teacher who helps the hero understand this new place. The mentor (3)[the hero / or information / he / gives / the tools] needs. For example, a kind old lady on the road may give our hero a map for his journey. A stranger may give the young hero the key to the door of the enemy king's castle.

The second part in the hero story is the most exciting. This is when the hero must pass (4)some kind of test or challenge. A common example of a test is fighting a monster. In these stories, the monster is much bigger and stronger than our hero. The hero and the readers do not, at first, believe he can kill the monster. Other common challenges *include solving a problem or facing a fear such as the fear of snakes. In any challenge, the hero must use his *strength, intelligence and heart to pass the test. He must kill the dragon, answer the question, or trust his feelings. Of course, in the end, he always succeeds.

[A] Finally, in the third part of the hero story, the hero returns home. [B] He is a different person now and brings what he has acquired or learned on his journey—wealth, knowledge, and *wisdom—to share with his family and friends. [C] Sometimes his enemies are *embarrassed. [D] Sometimes his family and his friends become rich. [E] Sometimes the hero's town becomes free.

Campbell believes that the adventure of the hero is the adventure of being alive. Campbell spent his life studying myths because he loved the stories and believed they were important. He believed that the hero's journey is similar to a person's life. All people live through difficult struggles (the test or challenge) and must use their (5) to succeed. He says that by going down into the darkness we find the treasures of life. (6)He explains that the *cave we are afraid to enter has the treasure we are looking for and that when we *stumble, then we will find gold. In short, Campbell believes that *opportunities to find deeper powers within ourselves come when life seems most difficult.

[注] detail：細部　include：～を含む　strength：力，強さ　wisdom：知恵
embarrassed：恥ずかしく思っている　cave：洞穴　stumble：つまずく　opportunity：機会

問1　空所(1)に入る最も適切なものを以下より選び，記号で答えなさい。

A．happen　　B．change　　C．appear　　D．turn

問2　下線部(2)について，何に「同意する」のか，日本語で説明しなさい。

問3　下線部(3)の［　］内の語句を並べかえて，意味の通る英文にしなさい。

問4　下線部(4)の具体例を3つ，それぞれ10字程度の日本語で説明しなさい。

問5　第4段落からは，以下の文が抜けています。この文が入る位置を，同じ段落の［A］～［E］の中から選び，記号で答えなさい。

When he returns home, others are also *affected by his journey.

［注］ affect：～に影響をおよぼす

問6　空所(5)に入れるのに適切な4語を本文中より抜き出して書きなさい。

問7　下線部(6)を日本語にしなさい。

問8　最後の段落にある波線部について，その具体例として語ることのできるあなたの経験を一つ挙げ，40語程度の英語で書きなさい。

Ⅲ　デンキウナギ(electric eels)に関する次の英文を読んで，後の設問に答えなさい。

Did you know that electric eels have (1)quite a misleading name? They do! That's because even though it's true they are electric, they're actually not eels! Instead they are a kind of fish ア(call) "knife-fish." They are closely related to carp and *catfish. The most interesting thing about electric eels is that they can produce an *electric charge. The shock can go up to 600 volts. That is (2)[produced / than / five times / the electricity / stronger] in a regular *wall socket. This can knock down a full grown horse. That's pretty powerful!

The body of an electric eel contains three pairs of special *abdominal organs that produce electricity. These organs can produce two types of electricity: high *voltage and low voltage. Electric eels use their charge to hunt and protect themselves. They also use the charge in another way. Since these eels have poor eyesight, they don't *rely on their eyes to see. Instead, they give out a weak electric signal that they use like radar. This radar helps them find their way around. It also helps them find where their *prey is.

Electric eels live in fresh water. They are (3)nocturnal, which means they sleep during the day and are active at night. They mostly live in rivers in South America. They like dark waters, mud, and caves. Most of their time is イ(spend) underwater. *Once in a while, they come up to the *surface to breathe. This is pretty unusual. Let's take a look why.

Almost all *species of fish breathe *oxygen in the water, through their *gills. The electric eel, however, is quite different. Electric eels live in waters that have very low levels of oxygen. As a result, they have *adapted to (4)their environment in a way that allows them to breathe air. An electric eel will regularly come to the surface about every ten minutes to *inhale air through its mouth, then it will swim back to the bottom of the water.

Electric eels are *carnivores, so they love to eat meat. They like to *chomp on fish, shrimp, and other small animals like birds or rats. They are very good at ウ(attack) their prey, and their teeth are really sharp. Electric eels like to dig in the sand and hide there. (5)That way, they can launch surprise attacks on their prey.

Electric eels are pretty amazing travelers. Some of them even travel up to 4,000 miles to find a mate. That's a long way! This journey can take over 7 months. After they mate, the male uses his *saliva to make a nest for eggs. The female can lay up to 17,000 eggs.

Electric eels have long, thin bodies. They can be white, black, blue, purple, or gray in color. They can grow to be quite big, even as long as 8 feet ! That's taller than most people. They can weigh up to 44 pounds. Some people may be afraid of them since they can look a bit *creepy and they produce electric charges. But there's no need to worry. (6)It is very unusual for you to come in contact with one. And they *rarely harm humans. In fact, they are afraid of people. In some cultures, people eat electric eels. They are a *delicacy. Since the blood can be *toxic, the eels need to be fully cooked. Would you eat one ?

［注］ catfish：ナマズ　electric charge：電荷　wall socket：壁コンセント　abdominal organs：腹部組織
voltage：電圧　rely on：～に依存する　prey：獲物　once in a while：時々
surface：水面　species：種・種類　oxygen：酸素　gill：えら
adapt to：～に適応する　inhale：～を吸い込む　carnivore：肉食動物
chomp on：～をむしゃむしゃ食べる　saliva：唾液　creepy：気味が悪い
rarely：めったに～しない　delicacy：珍味　toxic：有毒な

問1　下線部(1)について，なぜ「誤解を招く名前」であるのか，その理由を簡潔に日本語で述べなさい。

問2　下線部(2)の［　］内の語句を並べかえて，意味の通る英文にしなさい。

問3　下線部(3)の語の意味を，以下の空欄に漢字２字を補って答えなさい。

□□**性**

問4　下線部(4)の内容を15字以内の日本語で説明しなさい。

問5　下線部(5)について，デンキウナギは獲物を急襲するためにどのようなことをしますか。本文に即して，簡潔に日本語で述べなさい。

問6　下線部(6)を日本語にしなさい。

問7　文中のア～ウの(　)内の動詞を適切な形にしなさい。

問8　本文の内容に合うものを以下より二つ選び，記号で答えなさい。

A．Electric shock produced by an electric eel is strong enough to knock down a horse.
B．Recent studies have not yet found how electric eels produce electricity.
C．Since electric eels have poor eyesight, they use a low-level electric charge that helps them find their food.
D．Electric eels can be found in the deep waters of the Pacific Ocean.
E．Electric eels do not need to get oxygen to survive like other fish.
F．Electric eels often kill humans by drowning them after giving them an electric shock.

Ⅳ　次の(1)，(2)を英語にしなさい。(2)は下線部だけでよい。

(1)　トムは日本に来てまだ１週間で，この町のことは右も左もわからないんだ。

(2)　言いたいことは山ほどあったが，彼は何も言わずに部屋を後にした。

＜リスニング問題放送原稿＞

［M］…male speaker　［F］…female speaker

A

(1)　M：Mary, can you wash the dishes for me ? I have to go shopping now.
F：I washed them yesterday. It's your turn today.
M：I know, Mary. But I need to buy a notebook. I need it at school tomorrow. I'll do the

dishes for the rest of the week. I promise!

F : All right, then. Only this time, though.

Question : What will the man do now?

(2) F : Hi, Takeo! How was your English test?

M : It was terrible. I didn't have enough time to study because I had my big baseball match during the weekend.

F : Oh, that's a pity.

M : I have to do better on the *kanji* test tomorrow, or Mom will get angry!

Question : Why did Takeo do badly on the English test?

(3) [TELEPHONE RINGTONE]

M : Hello, this is Nagoya Tourist Information Center. How can I help you?

F : Yes, I'd like to know how I can get to Takayama from Nagoya.

M : Well, if you go by bus, it'll take about three hours. If you take the train, you can get there in about two hours, but it's more expensive.

F : Thank you. I'll take the cheaper option.

Question : What is the woman going to do?

(4) [TELEPHONE RINGTONE]

M : Hello?

F : Hi, Billy. This is Mom. Do you want to go to *karaoke* together with Dad and me on Sunday?

M : Sorry, Mom. I promised my girlfriend I'd go to see a movie with her that day.

F : I see. How about Saturday, then? We can also have dinner after that.

M : That'll be great, Mom. I'll have to practice singing for it then!

Question : Why won't Billy go to *karaoke* on Sunday?

(5) M : Hello. I'm here to see Dr. Taylor at 3:20, but I'm ten minutes late. I'm so sorry.

F : You must be Nick Harrison. Please take a seat in the waiting room.

M : Will I have to wait long?

F : Well, about half an hour. The doctor is seeing three more patients before you.

Question : When will Mr. Harrison see the doctor?

B One day a lady saw a mouse running across her kitchen floor. She was very afraid of mice, so she ran out of the house, got in a bus and went down to the shops. There she bought a mouse-trap. The shopkeeper said to her, "Put some cheese in it, and you will soon catch that mouse."

The lady went home with her mouse-trap, but when she looked in the fridge, she could not find any cheese in it. She did not want to go back to the shops, because it was very late, so she cut a picture of some cheese out of a magazine and put that in the trap.

Surprisingly, the picture of the cheese was quite successful! When the lady came down to the kitchen the next morning, there was a picture of a mouse in the trap beside the picture of the cheese!

【数　学】（50分）〈満点：100点〉

〈注意〉 答えが無理数となる場合は，小数に直さずに無理数のままで書いておくこと。また，円周率はπとすること。

1 次の問いに答えよ。

(1) $9x^3y\times\left(-\dfrac{1}{10}xy^4\right)\div\left(-\dfrac{3}{5}x^2y\right)^2$ を計算せよ。

(2) $(\sqrt{5}-2)(\sqrt{5}+3)-\dfrac{(\sqrt{7}-\sqrt{2})(\sqrt{7}+\sqrt{2})}{\sqrt{20}}$ を計算せよ。

(3) 2次方程式 $(x-5)^2+3(x-5)-9=0$ を解け。

2 次の問いに答えよ。

(1) 座標平面上に2点A(1, 7), B(6, −2)がある。直線 $y=ax+2$ と線分ABが共有する点をもつように，aの値の範囲を定めよ。ただし，線分ABは点Aと点Bを含むものとする。

(2) 大，小2つのさいころを投げ，大きなさいころの出た目をa，小さなさいころの出た目をbとする。このとき，$\dfrac{b}{a}$の値が整数となる確率を求めよ。

(3) xについての2次方程式 $ax^2-3a^2x-18=0$ の解が $x=-3$ だけであるとき，aの値を求めよ。

3 右の表は，Tスポーツクラブの1月から4月までの会員数を表したものである。この表で次のことが分かった。

月	1月	2月	3月	4月
会員数(人)	a	368	356	347

2月，3月，4月の会員数は，それぞれ，その前の月の会員のx%の人がやめ，y人が新しく会員に加わった人数になっている。

(1) x，yの連立方程式をつくり，x，yの値を求めよ。答えのみでなく求め方も書くこと。

(2) 表のaの値を求めよ。

4 右の図のように，放物線 $y=ax^2(a>0)$ 上に4点A，B，C，Dがあり，C，Dのx座標はそれぞれ2，6である。四角形ABCDはADとBCがx軸と平行な台形で，その面積は64である。

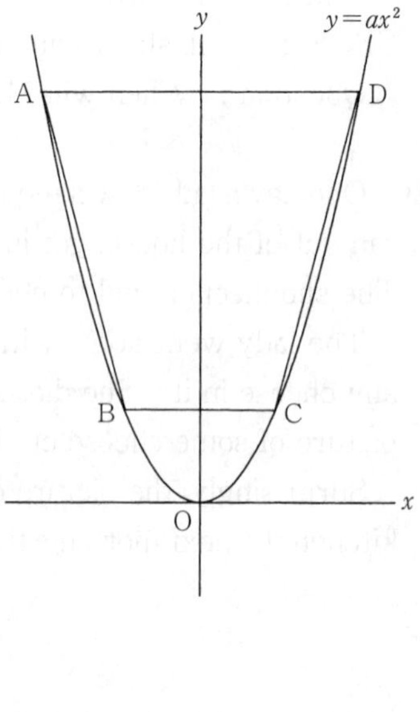

(1) aの値を求めよ。

(2) 点(1, 0)を通り，台形ABCDの面積を2等分する直線の方程式を求めよ。

(3) 点P(0, t)とする。点Pを

台形ABCD＝△PAC

となるようにとるとき，tの値を求めよ。ただし，$t>0$とする。

5　右の図の四角形ABCDにおいて，∠ABC＝∠CDA＝90°である。辺AB上に点E，辺BCの延長線上に点Fがあり，∠EDF＝90°である。

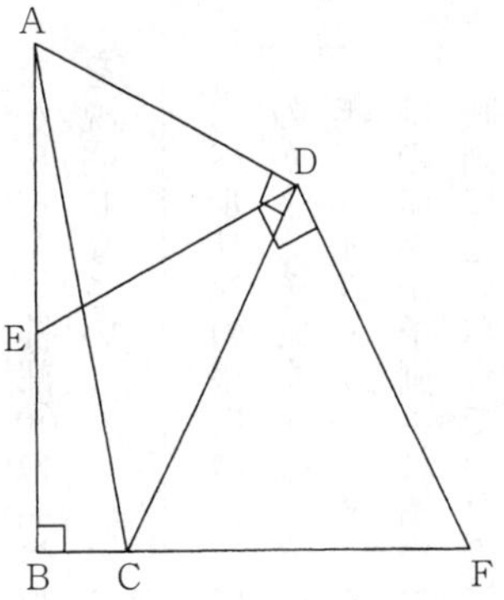

(1)　△AED∽△CFDであることを証明せよ。

(2)　AE＝6，EB＝5，BC＝2，CF＝8のとき，次のものを求めよ。

①　ACの長さ

②　ADの長さ

③　DFの長さ

④　四角形ABFDの面積

6　右の図のように，Pを頂点とし，円Oを底面とする円錐がある。円Oの半径は1で，母線PQの長さは4である。点Qから円錐の側面上を1周して点Qにもどる曲線のうち，長さが最短となるものを l とする。また，円Oの周上に3点A，B，Cを

$\overset{\frown}{\mathrm{AB}}:\overset{\frown}{\mathrm{BC}}:\overset{\frown}{\mathrm{CQ}}:\overset{\frown}{\mathrm{QA}}=2:2:1:1$

となるようにとり，3つの母線PA，PB，PCと l との交点をそれぞれD，E，Fとする。

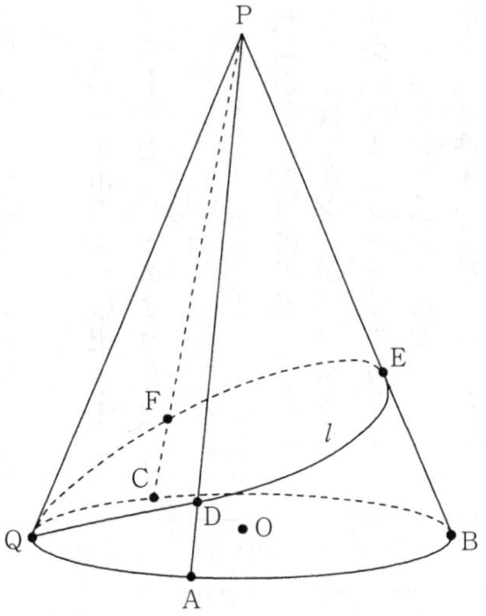

(1)　次のものを求めよ。

①　PEの長さ

②　PDの長さ

(2)　△PDE，△PEF，△PFD，△ODE，△OEF，△OFDで囲まれた六面体について，次のものを求めよ。

①　DFの長さ

②　六面体ODEFPの体積

なさい。

問四　——線部①について。「怒りも傷つきもしない」のはなぜだろうか。——線部①を含む段落の内容から考え、自分のことばで説明しなさい。

問五　——線部②について。こうした筆者の思いは、「この子」に対してだけではないようだ。そのことが読み取れる描写として最もふさわしいところを、本文中からひと続きの二文で抜き出し、最初の五字を答えなさい。

問六　——線部③「幻想が破れつつある」とは、どういうことか。ふさわしい具体例を挙げて説明しなさい。

問七　——線部④について。筆者が「普通の」にカギ括弧《かっこ》を用いているのはなぜだと考えられるか。次の中から最もふさわしいものを選び、記号で答えなさい。

ア　日本とベルリンでは様々な方面において普通という概念が異なっていると感じているから。

イ　日本の会社では社会福祉を目的とすることが普通になっていると感じているから。

ウ　ベルリンの普通の会社では利益を第一の目的としていないと感じているから。

エ　利益だけを目的とすることが必ずしも普通ではないと感じているから。

問八　次の文章を参考に、ベルリンという都市のもつ歴史をふまえながら、——線部⑤の「ベルリンらし」さとはどのようなものかを説明しなさい。

ベルリンの壁崩壊に一片の映画がどれだけの影響を与えたのか？　それを正確に立証することはできないが、一九八七年、ヴィム・ヴェンダースの映画『ベルリン・天使の詩《うた》』は、壁の崩壊が予測され始めた年にベルリンで公開された。この映画に込められていたのは、壁を取り壊すのは私たち一人ひとりの責務であり、決意を込めた行動であるというメッセージだった。それが、どれだけ当時の人々の実際の行動に結びついたかは不明である。しかし、壁が崩壊に向かうだろうという時代の予感の只中《ただなか》でこの映画は公開された。

映画に描かれた「天使」は、人間の日々の小さな営みを記憶し続け、時に人間の弱さや悲しみにただ寄り添うだけの存在だ。サーカスの空中ブランコの舞姫マリオンに恋した天使ダミエルは、天使の永遠の命よりも限られた生を全うする人間であることを選ぶ。天使が感じる世界は人間の感覚とは違う。世界の色もマリオンの匂いもコーヒーの味も、天使にはわからない。ダミエルは人間に「堕《お》ちる」ことで人間を知る。人間を救おうとしても、ベルリンという街はあまりにも罪深いがゆえに天使は傍観者でしかなかった。ならば人間となってその罪深さや慈悲までを背負い、生きる全ての喜びや悲しみをかけて現実と向かい合う。そんな天使の切ない存在感は、人間の営みそのものの写像だった。

ベルリンの天使は、どこの天使より罪深い人間たちと向かい合っている。大規模な虐殺と戦争による市民の死、瓦礫《がれき》の山からの復興は東西ベルリンに分断された冷戦の壁に引き継がれてきた。壁を終わらせる以外に、ベルリンの再生はない。瓦礫の山をひとつひとつ取り払い、この街の再生に助力しようとも、街の人々にその強い意思がなければ、ここは廃墟《はいきょ》のままである。

ベルリンの瓦礫の山をどうするのか？　映画は観客にベルリンへの強い意思を促し、最後に「乗船完了！」と締めくくる。ベルリンの壁を取り払うための「意思の船」に世界中の観客が乗り込んだ瞬間だった。

（武邑光裕『ベルリン・都市・未来』による）

る。もっとも最近のドイツでは、若い人の三割はタトゥーをしているのでこれは特別なことではない。

　同じ建物内での引っ越しなので楽なはずだが、書籍を詰めた段ボールが百八十個もあるのが難点だった。引っ越し前に蔵書の量を少しでも減らそうと一応努力はしたが、あまり減っていない。手放す前に大切な点だけメモしておこうと読み返しているうちに手放せなくなった本も多かった。

　暑い日だった。主任は全体の流れをみんなに説明し、それから後は本人たちに任せ、自分は棚の位置を測るなど細かい作業に b ボットウした。各自が［ B ］ように促しているのだろう。始めのうちはスタンドランプや椅子を思いつきでばらばらに運んでいるだけで仕事に勢いがなかった。重い家具を運ぶ段になると緊張感が出てきた。一人で運ぶのが無理な場合は二人で力を合わせて運ぶことになるが、方向を変える時や下ろす時、二人の息がぴったり合わなければ怪我《けが》をする。一人まだ十代と思われる新米がいて、角を曲がる時や家具を下ろす時に上手《うま》く掛け声をかけられずにいた。それを怒鳴りつける先輩の言葉はかなり乱暴で、殴り合いの喧嘩《けんか》になるのではないかと私はひやひやしたが、①言われた方は怒りも傷つきもしない。先輩の方も乱暴なのは言葉の選び方だけで、しばらく見ていると、後輩に丁寧にコツを教え続けていた。

　休憩時間が来たのでコーヒーを煎《い》れて出した。青年たちは輪になって床にすわり、持って来たパンなどを食べている。食べ終わると小さなトランジスタラジオのスイッチを入れ、身を寄せ合ってスポーツの実況中継を聴いていた。主任は床に落ちていた日本語の文庫本を拾ってページをめくり、いつまでも面白そうに眺めている。そのうち「日本語ですよね。人類学の本ですか。何かの儀式の挿絵がありますね」と話しかけてきた。さっきの新米君も本をのぞきこみ、「この字はどういう意味ですか」などと私に c タズね、その場で漢字を覚えようとしている。②この子の人生はまだまだこれからだ。いつの日か、東アジアの文学を教える大学教授になるかもしれない。

　休憩後も作業は続いた。本を詰めた段ボールは重い。二個重ねて人の背中にのせる人、それを背負って踊り場まで運ぶ人、踊り場で交代して下の階まで運ぶ人、受け取って部屋に運び入れる人。額からだらだら汗を流し、全員が一つの流れになっていく。作業は速度を増し、みんなの呼吸はぴったり合っている。これだけ力を合わせて働くことのできる人間という生き物は本来、蟻《あり》やミツバチに負けないくらい共同作業が得意なのかもしれない。それをどこでどう間違えたのか。各個人が人と競争しながら自分だけの利益を追い求めれば社会全体が自然と豊かになっていく、という③幻想が破れつつある時代を今私たちは生きている。

　後日、請求書といっしょにシナノンの情報誌が送られてきた。アメリカにあった同名のプロジェクトにヒントを得て、ベルリンに依存症回復施設「シナノン」がつくられたのは七十年代の初頭のこと。少し後で、日本でもベルリン動物園駅裏で d ヒサンな日々を送る麻薬中毒少女クリスチアーネを主人公にした小説が翻訳され、私も学生時代に読んだのを覚えている。シナノンはできた当時から今日まで一貫して、希望者は週末でも夜中でも e ヤッカイな書類手続きや入居待ちなど一切なく、すぐに受け入れる方針でやってきたそうだ。施設で共同生活をしながら、まず薬物を断つ治療が行われる。それから社会復帰のために、シナノンの引っ越し会社、工房、牧場などで働くことができる。希望があれば働きながら、庭師、家具職人、調理師などの職業資格もとれる。

　最初から利益ではなく社会福祉を目的にしてできた会社が経営上も④「普通の」会社に負けずに成功しているところが⑤ベルリンらしい。

（多和田葉子『ベルリン通信』二〇一九年七月三〇日　朝日新聞による）

問一　━線部a～eのカタカナをそれぞれ漢字に直しなさい。

問二　［ A ］を補うのに最もふさわしいことばを本文中から抜き出して答えなさい。

問三　［ B ］を補うのにふさわしい表現を考え、一五字以内で書きしてしまうこと。

問三 [A] を補うのにふさわしいひらがな二字を答えなさい。

問四 [B]・[C] を補うことばの組み合わせとして最もふさわしいものを次の中から選び、記号で答えなさい。

ア B 実力 C 評価
イ B 成果 C 過程
ウ B 本意 C 覚悟
エ B 意志 C 才能

問五 ――線部⑥の意味することとして最もふさわしいものを次の中から選び、記号で答えなさい。

ア 先人のことばの内容を都合のいいように解釈して、自説の根拠とすること。
イ 先人のことばに学ぼうとせず、自身の考えに固執し正しさを主張すること。
ウ 先人のことばを自身のことばであるかのように装って、他者に誇示すること。
エ 先人のことばを、意味もわかっていないくせにもっともらしく引用すること。

問六 [D] を補うのにふさわしい漢字二字のことばを、本文中のここより後の部分から抜き出して答えなさい。

問七 ――線部⑦について。この時の奈央の心情についてわかりやすく説明しなさい。

問八 ――線部⑧「双方」の指すものとして最もふさわしいものを次の中から選び、記号で答えなさい。

ア 奈央と先生
イ 奈央とメソポタミアの羊飼い
ウ やぎ座とみずがめ座
エ 星座とメソポタミアの羊飼い

問九 ――線部⑨「その上をいった」とはどういうことか。次の中から最もふさわしいものを選び、記号で答えなさい。

ア 奈央以上にふざけているようでしかしユニークなことを言ってきたということ。
イ 奈央以上に詩的な、やはり小説家だと感じさせることを言ってきたということ。
ウ 奈央以上に非現実的な、見当違いな推測に基づくことを言ってきたということ。
エ 奈央以上に理屈っぽさを離れた、ロマンチックなことを言ってきたということ。

問十 ――線部⑩「鷹揚《おうよう》」の意味として最もふさわしいものを次の中から選び、記号で答えなさい。

ア ゆったりと落ち着いていること。
イ いちずで目標が高いこと。
ウ 気品があって控えめであること。
エ 冷静で論理的であること。

二

次の文章を読み、後の問に答えなさい。

「麻薬のない人生」と書かれた真っ白なバンが家の前に停《と》まり、黒いTシャツとバミューダショーツ姿の二十歳前後の若者たちが数人降りて来たのが窓から見えた。最後にファイルをかかえてゆっくりと降りてきたのは四十代の長身の男性で、彼が主任だとあとで判明した。

私は今年になって同じ建物の中で四階から三階に引っ越すことになり、シナノン(Synanon)という引っ越し会社を友達に勧められた。仕事が丁寧なので大変評判がよく、四十年以上のaギョウセキを誇るだけでなく、シナノンにはある特色がある。麻薬やアルコール中毒から立ち直り、[A]を目指す若者たちだけが働く会社なのだ。

若者たちの日焼けした顔には、くぐり抜けてきた苦労の痕跡《こんせき》と、若さだけの持つ柔らかさが混在していた。どの顔にも、しっかりやるぞという強い決意が現れている。みんな腕や足に入れ墨をしていみずがめ座だとか言い出した。けれども奈央はいくら説明されても図柄が全く見えてこない。やぎ座はただの三角形に見えるし、みずがめ座は理科の教科書に載っていたミジンコぐらいしか浮かんでこない。「＊メソポタミアの羊飼いは何を考えてたんですかね」

「想像力が豊かだったのかもしれないね」と先生は⑧双方に穏当な答え方をした。

「恐ろしく暇だったんですかね？」

「まあ星座や名前がわからなくとも、それで星々の輝きが消えるわけじゃないさ」と先生は話をまとめてしまった。

「世界は人間なしに始まったし、人間なしに終わるものだ」

先生に哲学が再発しそうになったのを察知して、

「違う星から来て故郷が懐かしくなっていたのかもしれないですね」と奈央が軽薄に復《ふく》そうとすると、

「あるいは恋でもしていたか」と先生は意外にも⑨その上をいった。

「先生も恋をして星を見つめたことがあるんですか？」

「まさか」先生は笑った。笑い方は今までとまるで変わらない。⑩鷹揚で、抑制がきいていて、それでいてどこか寂しそうな笑い方である。先生はしばらく星を見つめていたが、ふいに奈央に視線を戻して、

「もう足は休まったか？」と訊《き》いた。

奈央が頷《うなず》くと、先生は立ち上がって、

「じゃあそろそろ行こうか」と言った。「今度君の書いたものを読んでみるよ」

それで二人はそれぞれの帰路についた。別れ際に先生は奈央の新しい靴を褒めてくれた。

（畠山丑雄『先生と私』による）

＊　先生…先日亡くなった、奈央の「先生」の「先生」である諏訪野先生のこと。

辻田…諏訪野先生に一緒に師事していた、「先生」の弟弟子《おとうとでし》。

『ネッスン・ドルマ』…イタリアの歌劇『トゥーランドット』の中で歌われる独唱曲（アリア）。歌い出しの歌詞から「誰も寝てはならぬ」と和訳される。

丸帽…「先生」を引き継ぐ際に代々渡されてきた、「先生」であることを表す、上部が円形の学生帽。

蔵島先生…歴代の「先生」の一人。九十歳を超えている。

『アルバトロス』…大学の近所にある定食屋。さまざまな本や漫画が置いてある。

『天才ファミリー・カンパニー』…二ノ宮知子の漫画。

大いなる助走…奈央が「先生」と知り合った日、いつまでも学部を卒業せずにいる「先生」の鷹揚さを説明する際に伊藤が紹介した、「先生」の座右の銘「より高いところを飛ぶものは、より長い助走を必要とする」による。

メソポタミアの羊飼い…以前にも、奈央は鴨川のほとりで偶然「先生」に会い、ベンチに座って一緒に星空を眺めたことがあったが、その時に「先生」は星座を最初に考えついたのはメソポタミアの羊飼いであると奈央に話した。

問一　――線部①について。「先生」の「遠い目」とはどのような気持ちの表れた目か。くわしく説明しなさい。

問二　――線部②「素朴」、③「軽率」、④「無防備」、⑤「軽薄」の意味することとして最もふさわしいものをそれぞれ次の中から選び、記号で答えなさい。

ア　相手の機微に配慮することなしに、自身の見解を述べようとしてしまうこと。

イ　心のひだに踏み込もうとしないで、ありふれた捉え方でまとめてしまうこと。

ウ　相手との関係性を勘違いして、思いや考えをぶつけ合おうとしてしまうこと。

エ　背後にある心情に気付かず、相手の言葉を文字通りに受け取ってしまうこと。

オ　相手に構うことなく、己の胸中の核心的な部分を率直に吐露

せるようにはしていましたが」
しかし顧問があの読書会で奈央に言った言葉だけは、奈央はなぜだか今でもはっきり覚えている——悲しいことを悲しそうに書いてはいけない。君は何か秘密を抱えていてそれをありのままに書くことはどうしてもできなかった。そうしてその秘密は君以外誰も知らない。教えてはならない。物語というものはそのようにして書かれねばならないんだ。
「ああ、それは『のだめカンタービレ』のセリフだね」と先生は即座に言った。
「のだめ？」
「知らないのか。二ノ宮知子の漫画だよ。＊『アルバトロス』には……置いてなかったかな。＊『天才ファミリー・カンパニー』はあるんだけど」
「そうだったんですか」今度は奈央が驚いて先生を見た。「漫画の引用だったんですね」
「引用はいけない？」
「いけなかあないですが、てっきりその先生自身のことばだと思っていたので」
「確かに引用は他者のことばかもしれない。しかし、では逆に『我々自身のことば』とは何なのだろう？」その問いは奈央にでもなく自分自身にでもなく架空の聞き手に投げかけられているらしい、先生の瞳は再び奈央からそれて虚空をとらえている。酔いが回ったのか［D］の兆候が出始めたと見える。「そもそも『我々自身のことば』なるものは本当に存在するのだろうか？」
「昔自分のことばを作ろうとしたことならありますけどね。『指輪物語』のエルフ語にあこがれて」
「実際のところ、我々のことばは始まりのことばではないし、締めくくりのことばではない」先生はすっかり講義調になって続ける。「であれば我々がどんなことばを用いてもそのことばには必ず前後がある。文脈がある。我々は物語の途中から参加し、我々が退場した後も物語は続いていく。無論その気になれば死人に口なしとばかりに⑥始祖を騙《かた》ることも不可能じゃない。しかし死者への敬意を持たぬものは必ずどこかでその代償を払わされることになる。だからこそ我々は口を開くより先に耳を澄ませなければならない」
奈央には先生が何を言ってるのかよくわからない。そもそもせっかくいい気分に酔いがまわっているのにここでお談義をされてはたまらない。
「まあまた『アルバトロス』で『のだめカンタービレ』読んでみますよ」
「『アルバトロス』に置いてあるのは『天才ファミリー・カンパニー』だよ。まああれも面白いから読んでみなさい。それより君新しい作品はまだ書かないのかね？」
「先生風に言えば＊大いなる助走の最中です」
「僕もそうだが、君の滑走路もずいぶん長いね」
「先生が助走だとすると、実際私は地面を這《は》いつくばってるぐらいのものですよ」
「今はそれで構わないさ。ゴキブリだって普段は地面を這いつくばってるがいざというときにはちゃんと飛び立つ」
先生はこれでフォローをしたつもりでいるらしい。⑦奈央は腹が立つより可笑しくなって笑ってしまった。
「何かおかしなことでも？」
「いいえ」と奈央は笑ったまま言った。
先生は、
「そうか」と言うと、さっき口から出たゴキブリということばが実際に羽を持って宙に飛び立っていき、その様子を目で追ったかのように空を見上げた。奈央も先生の視線を追うように見上げて、
「綺麗な空ですね」と言った。星々は深い藍の底で磨き上げられたように瞬《またた》いている。「前もこうやって星を見たことがありましたね」
「うん、寒くなってくると空気が澄んでもっと綺麗になるよ」
先生はすらりとした人差し指を天に向けて、あれがやぎ座だとか

よ」

奈央はプッチーニも『トゥーランドット』も知らない。しかし先生はずいぶん気持ちよく話しているのでそれ以上話を聞くのは憚《はばか》られた。

「私はそのまま眠ってしまい、朝起きたときには風邪をひいていた。先生はすっかり回復していた」

そう言いながら先生はもう笑っている。奈央も笑ってみたが、*丸帽の庇《ひさし》の下の先生の①遠い目にはどれほどその笑みが映じているのかはわからない。

「それで今度は先生が見舞いに来てくれたんだが、あんなわがままな見舞客はなかったね。眠りたいのに話しかけてくるし、優しいものが食べたいと言ったのにこれしかつくれないからと言ってカレーをつくるし。しかもカレーに入れるのに霜降り肉を買ってくる始末さ。体力が落ちてるからいいもの食べて栄養をつけろと言うんだ」

先生のことばは怒っている。しかし顔はやはり笑っている。そうして語調は感傷に転じている。結構酔っているらしい。

「先生はこれからも私が倒れたら必ず見舞いにかけつけてやると一方的に約束もしてくれた。そうして実際先生は私が倒れるたびに見舞いに来た。弟子の面倒を見るのが師の役目だと言うのが先生の言い分なんだが、だいたい来て一、二時間もすれば飽きてしまう。それでチェスの相手をさせられたり、人を呼んで麻雀《マージャン》を始めたり、一人で庭で花火をしたり……どっちが面倒を見てるかわかりゃしない」

これを愚痴や批判ととらえて積極的に賛意を示すほど奈央は②素朴ではない。しかし要約や批評を試みるほど③軽率でもない。だから彼女は黙っている。すると先生は、

「しかしあんな見舞いでももう来ないとなると妙に懐かしい」と総括し、「人間というのは不思議なものだ」と突飛《とっぴ》な一般化さえしてしまった。いつもの先生からすると一つ目の発言はあまりに④無防備で、二つ目の発言はあまりに⑤軽薄である。

「そういえば*蔵島先生もおっしゃってましたけど」と奈央は話題を変えた。「引き継ぎはいつやるつもりなんですか?」

「私は今年で卒業するつもりだし、おそらく来年になるだろう」

「なるほどそうなんですか」奈央は自分で聞いておきながらあまり興味がないので返事が適当になっている。

「まあ蔵島先生にも言ったが、まだ君と伊藤のどちらにするかは決めてない。しかしもし君を選んだとして、引き受けてくれるか?」

そう言われても奈央にはそもそもまだ『先生』は何をするものなのかよくわかっていない。「弟子を集めたりするのはたぶん伊藤の方が得意ですよ」

「弟子は集めるものじゃない。集 A ものだ」

また警句が飛び出した。例によって語感はいいが何を言っているのかははっきりしない。奈央は膝《ひざ》の上の花束を抱きしめて、

「正直に言うと、私はまだ心の準備ができてないんです」と言った。コスモスの先からほのかに甘い匂いが漂ってくる。「引き継ぎの話や、正直言えば今回の受賞だってそうでした。高校の文芸部の顧問が勝手に送っただけで私の B じゃないんです」

「 B ではなく C が行く道を選ぶ」先生は黒い流れが注いでいく先を見つめながら言った。「そういうことがあると思うんだ」

「また何かの引用ですか」

先生は驚いたように奈央を見た。「よくわかったね」

「半年近く弟子をやってたらわかるようにもなりますよ」

先生は笑った。今日の先生は珍しく声を出してよく笑う。しかし騒がしい感じはまるでしない。むしろこの笑い声が響いた後はあたりがより一層静まり返った心持ちがする。そうして川の音がいつまでも、どこまでも続いている。

「君はもともとその顧問の先生に文章を教わっていたんだよね?」

「特に何か指導された記憶はないですけどね。書いたものは必ず見

二〇二〇年度 桐朋高等学校

【国語】（五〇分）〈満点：一〇〇点〉

一　次の文章を読み、後の問に答えなさい。（＊のついた語句は後に注があります）

一浪して京都の大学に入学した女子学生の奈央《なお》は、高校の友人だった伊藤の仲介で、伊藤の師事する「先生」と知り合った。「先生」といっても、留年を繰り返して大学に長く在籍している年長の男子学生である。「先生」は四回生（四年生）の時にある地方文学賞を受賞し、一昨年には初めての短編集も出版された小説家でもある。奈央も高校の文芸部で小説を書いていたが、受験期以降、小説は書いていない。奈央は伊藤の勧めるままに「先生」の弟子ということにされたが、小説の弟子というわけではなく、何の師弟関係なのか不明なまま、「先生」の下宿に出入りし「先生」やその周辺の人物と接する日々を送っていた。ある日、「先生」の「先生」であるという諏訪野先生が若くしてバイク事故で亡くなった。「先生」の部屋の写真で見た諏訪野先生は、ライダース・ジャケットを格好良く着こなした女性で、大学入学間もない頃と思われる「先生」と一緒に写っていた。通夜の席で奈央は歴代の「先生」たちに会い、「先生」というものが代々弟子のうちの一人に引き継がれてきた存在であることを知った。通夜の後、「先生」は元気のない日々を過ごしているようだった。しばらくして、高校の文芸部の顧問が秘かに応募していた奈央の小説が岡山の新聞社の主催する文学賞を受賞したという連絡が奈央に入った。そのことを「先生」に報告すると、「先生」は祝福し、その晩ごちそうしてくれた。帰り道、新しい、履き慣れない靴に疲れた奈央の申し出で、二人は鴨川《かもがわ》のほとりのベンチで休むことになった。

「お寿司、ごちそうさまでした。美味しかったです」と奈央が先に口を開いた。

「なに、弟子の祝いだ。あれぐらい」

「そういえば先生が賞をもらったときってどんな感じだったんですか？」

「そりゃ嬉《うれ》しかったよ」

「デビューのプレッシャーみたいなものはなかったですか？」

「何だかヒーローインタビューみたいだな。まあ私の場合も賞はもらったがすぐ本が出せるという話ではなかったからね。現実感はなかなかわかない。ただ＊先生はとうとう弟子の中から小説家が出たかと喜んでいた」先生が先生の先生の話をするのは珍しい。心なしか口ぶりもだいぶ愉快そうである。～中略～「それで受賞が決まって先生はすぐ農学部の食堂を借り切って祝賀会を開いてくれたんだ。しかし先生は珍しく飲みすぎてつぶれてね。私は会の主賓《しゅひん》なのに後のことをすべて＊辻田に任せ、先生をタクシーに乗せて下宿まで送るはめになった。無論タクシー代は私が払った」

先生はまた腹を立てているらしく、口ぶりがさっきまでとは違っている。

「放っておいたら喉《のど》に吐《と》瀉物《しゃぶつ》を詰まらせて死にそうだったから、私は先生の容体が落ち着くまで傍《そば》で見ていることにした。ただ私も祝賀会で気が張っていたんだろう。灯りを消してじっとしていると急に眠たくなってきた。しかし私がうとうとしだすと決まって先生は肩をゆすってくる。師より先に眠る弟子があるかと言うんだ。そうして先生は吐くものを吐いてしまうと妙に元気になって、いつまで経っても眠りにつく気配はない。しまいに先生は＊『ネッスン・ドルマ』を歌いだした。しかもそれがすごくいい声なんだ」

「『ネッスン・ドルマ』？」

「知らないのか。プッチーニの『トゥーランドット』のアリアだ

英語解答

I A (1)…B (2)…C (3)…A (4)…B (5)…C

B 問1 (1)…B (2)…C

問2 (ア) チーズの写真

(イ) ネズミの写真

II 問1 B

問2 旅に出ること。

問3 gives the hero the tools or information he

問4 ・モンスターと戦うこと。

・問題を解決すること。

・恐怖に立ち向かうこと。

問5 C

問6 strength, intelligence and heart

問7 (例)彼は，私たちが入ることを恐れる洞穴の中にこそ，私たちの探している宝があるのだと説明している。

問8 (例)Last spring my English teacher advised me to join a speech contest. At first I felt too afraid, but later I decided to do it. I practiced very hard, and I was able to get a prize. That experience gave me confidence.（42語）

III 問1 本当はウナギではないから。

問2 five times stronger than the electricity produced

問3 夜行

問4 酸素濃度がきわめて低い水の中。

問5 砂の中に穴を掘って隠れること。

問6 (例)デンキウナギに出会うことはめったにない。

問7 ア called イ spent ウ attacking

問8 A，C

IV (1) (例)Tom has been in Japan for only a week, and he doesn't know anything about this town.

(2) (例)He left the room without saying anything.

I〔放送問題〕解説省略

II〔長文読解総合―説明文〕

《全訳》❶ジョゼフ・キャンベル(1904～1987)は，「英雄とは何か」という質問に答えることに人生を捧げた。キャンベルは，ニューヨークのサラ・ローレンス大学で文学と宗教の教授をしていた。彼は世界中の英雄の物語を研究し，教えた。何年もかけて，彼は多くの神話――ある種の英雄物語――がとても似ていることに気づいた。古い神話でも，新しい神話でも，アジアでも，アフリカでも，南米でも，世界の英雄物語には皆，同じ基本型がある。物語の詳細は変わることもあるが，あらゆる英雄物語は同じ3部で構成されているのだ。❷どのような英雄物語でも，第1部で英雄が旅を始める。これは，ある国から別の国への旅となることもある。宇宙への冒険となることもあるし，夢の世界への旅になることもある。多くの場合，英雄は最初，この旅に出たがらない。しかし，結局，彼は同意する。彼は，故郷，友達，家族という安全なものを離れ，新しい場所に向かうのだ。この場所は，英雄の故郷とは大きく異なり，暗くて危険であることが多い。英雄がこの新しい場所を理解する手助けをしてくれる助言者や教師がいることもある。助言者は英雄に必要となる道具や情報を与える。例えば，路上の親切な老婦人が，私たちの英雄に旅の地図を与えることもある。見知らぬ人が，若い英雄に敵の王がいる城の扉の鍵を与えるかもしれない。❸英雄物語の第2部は，最もわくわくする。ここで，英雄は何らかの試練や難題を乗り越えなければならないのだ。試練の一般的な例は，モンスターと戦うことだ。これらの物語では，モンスターは私たちの英雄よりもずっと大きく，強い。英雄も読者も，最初，彼がそのモンスターを殺すことができるとは思わない。他の一般的な難題には，問題を解決すること，またはヘビへの恐怖など，恐怖に立ち向かうことが含まれる。どんな難題においても，英雄は，試練を乗り越えるため，力，知性，心を使わなければならない。彼はドラゴンを殺したり，質問に答えを出したり，自分の気持ちを信じたりしなければならない。もちろん，最終的には，彼は常に成功するのだ。❹最後に，英雄物語の第３部で，英雄は故郷に戻る。彼は今や別人であり，彼が旅で得たもの，学んだもの――富，知識，そして知恵――を携え，家族や友達と分かち合うのだ。C彼が故郷に戻ると，他の人も彼の旅から影響を受ける。彼の敵が恥をかかされることもある。彼の家族と友達が金持ちになることもある。英雄の町が自由になることもある。❺キャンベルは，英雄の冒険は，生きているということの冒険であると考えている。キャンベルは神話の物語を愛し，それらが重要だと信じていたので，神話の研究に一生を捧げたのだ。彼は英雄の旅は人の人生に似ていると思っていた。人は皆，困難な闘い（試練や難題）を経験し，成功するためには，自分の力，知性，心を使わなければならない。暗闇の中へと入っていくことで，私たちは人生の宝を見つけるのだと彼は言う。私たちが入ることを恐れる洞穴にこそ，私たちの探している宝があり，つまずいたそのときに，金を見つけるのだと彼は説明する。要するに，キャンベルは，人生が最も困難に思われるときこそ，自分自身の中にある，より深遠な力を見つける機会がくると信じているのだ。

問１＜**適語選択**＞空所を含む文の but 以下に注目。接続詞 but の前後には相反する内容がくる。but の後で英雄物語の共通点が話題になっていることから，but の前では，英雄物語で異なることが述べられると考える。

問２＜**要旨把握**＞in the end で「結局，最後には」。「結局，同意する」ということは，言い換えれば「最初は何かに反対している」ということ。英雄が最初は反対していることを探す。下線部を含む文の前文に，英雄は最初，旅に出たがらないとある。　at first「最初は」

問３＜**整序結合**＞語群に動詞 gives があり，前置詞 to がないことから‘give＋人＋物’「〈人〉に〈物〉を与える」の形を考える。‘人’は the hero。接続詞 or は，and と同じ等位接続詞で，同じ質の語句をつなぐという特徴があるので，or information の前には，information と同じく名詞で‘物’に当たる the tools を置く。主格の he は，文末にある needs の主語とする。直前に目的格の関係代名詞 which〔that〕が省略された形。

問４＜**語句解釈**＞直後の文に A common example ～. とあり，またその３文後には Other common challenges ～. とある。この２文の内容をもとに解答する。

問５＜**適所選択**＞脱落文の others are also affected「他の人も影響を受ける」から，この文の前では，英雄が旅で影響を受けたことについて述べられているとわかる。空所Cの前の文に，英雄が旅で富，知識，知恵を得た，とあり，これは旅で影響を受けたということである。また，他の人が受けた影響が，Cの後で具体的に示されていることからも判断できる。

問６＜**適語句補充**＞空所を含む文の前文に，「英雄の旅は人の人生に似ている」とあることから，英雄が試練を乗り越えるために使ったものは，一般の人々にも当てはまると考える。英雄が試練を乗り越えるために使ったものは，第３段落第７文に書かれている。　be similar to ～「～に似ている」

問７＜**英文和訳**＞文全体の主語は He，動詞は explains。that 以下は explains の目的語。the cave we are afraid to enter, the treasure we are looking for はともに，目的格の関係代名詞 which〔that〕が省略された‘名詞＋主語＋動詞…’の形。

問８＜**テーマ作文**＞まず，波線部の内容を十分に理解すること。波線部の the darkness「暗闇」は，前文の difficult struggles「(人生における)困難な闘い」を言い換えた表現。the darkness は比喩的だが，後に続く文の the cave we are afraid to enter や when we stumble，また最終文の when life seems most difficult からも，「人生の試練」という意味合いで使われていると推測できる。the treasures of life「人生の宝」は，第 5 段落最終文の deeper powers within ourselves から，物質的な宝というより，内面的な宝を指すとわかる。よって波線部は，「試練に立ち向かうことで，人生における(内面的な)宝を得る」という意味になる。作文では自分が立ち向かった「試練」と，その結果として得た「(内面的な)宝」を具体的に示すこと。

Ⅲ〔長文読解総合―説明文〕

≪全訳≫❶デンキウナギが本当に誤解を招く名前であることを知っていただろうか。実際そうなのだ。というのも，彼らは電気を起こしはするが，実際には彼らはウナギではないからだ。彼らはウナギではなく，「ナイフ・フィッシュ」と呼ばれる魚の一種だ。彼らは，コイやナマズと近縁関係にある。デンキウナギについて最も興味深いことは，彼らが電荷を生成できることだ。その衝撃は最大600ボルトにも達することがある。これは，通常の壁コンセントで生成される電気の 5 倍強い。これは十分に成長した馬を倒すことができるほどである。それはかなり強力だ。❷デンキウナギの体には，電気を生成する 3 組の特別な腹部組織がある。これらの組織は，高電圧と低電圧の 2 種類の電気を生成できる。デンキウナギは，その電荷を利用して狩りを行い，自分自身を守る。彼らはまた，別のやり方で電荷を利用する。これらのウナギは視力が悪いので，目で見ることに頼っていない。代わりに，レーダーのように使う弱い電気信号を発するのだ。このレーダーは，彼らが動き回るのに役立つ。それはまた，獲物がどこにいるか見つけるのにも役立つ。❸デンキウナギは淡水に生息する。彼らは夜行性で，日中は眠り，夜は活動的になる。彼らは主に南アメリカの河川に生息する。彼らは暗い水域や泥，穴を好む。彼らの時間のほとんどは，水中で費やされる。ときどき，彼らは呼吸するために水面に上がってくる。これはかなりまれなことだ。理由を見てみよう。❹ほとんど全ての種類の魚は，えらを通して水中の酸素を吸い込む。しかし，デンキウナギは全く異なる。デンキウナギは酸素レベルがとても低い水域に生息する。その結果，彼らは空気を吸うことができるように環境に適応したのだ。デンキウナギは，口から空気を吸い込むために，約10分おきに定期的に水面に上がってきて，その後，水底に泳いで戻る。❺デンキウナギは肉食動物なので，肉を食べることが大好きだ。彼らは，魚，エビ，それに鳥やネズミなどの他の小動物をむしゃむしゃ食べるのが好きだ。彼らは獲物を攻撃するのがとても得意で，歯はとても鋭い。デンキウナギは砂を掘ってそこに隠れるのが好きだ。そのようにして，彼らは獲物に奇襲をかけるのだ。❻デンキウナギはかなり驚くべき旅人だ。彼らの中には，交尾相手を見つけるため，最大4000マイル移動するものもいる。それは長い道のりだ。この旅には 7 か月以上かかることもある。交尾をした後，オスは唾液を使って卵のための巣をつくる。メスは最大 1 万7000個の卵を産むことができる。❼デンキウナギは長く細い体をしている。色は白や黒，青，紫，灰色だ。彼らは成長して，かなり大きくなり，8 フィートもの長さになることもある。それはほとんどの人間よりも(体長が)長い。体重は最大で44ポンドになることもある。少し気味が悪く，電荷を生成するので，彼らを怖がる人もいるかもしれない。しかし，心配する必要はない。(あなたたちが)デンキウナギに出会うことはめったにない。そして，彼らはめったに人間を傷つけない。実際，彼らは人間を恐れている。いくつかの文化では，人間がデンキウナギを食べる。彼らは珍味なのだ。血液は有毒なので，ウナギは完全に火を通して調理する必要がある。あなたは食べるだろうか。

問 1 ＜文脈把握＞第 1 段落第 3 文に，they're actually not eels! とある。 That's because ～.「それは～だからだ」

問２＜整序結合＞five times や比較級の stronger から‘倍数＋比較級＋than ～’「～の…倍－」の形だと考える。than の後は，比較の対象となる名詞 the electricity を続ける。ここでの produced は過去分詞。in a regular wall socket という語句を伴い，後ろから前の名詞 the electricity を修飾している。過去分詞の形容詞的用法。

問３＜語句解釈＞直後で，which means they sleep during the day and are active at night と言い換えられている。この which は関係代名詞の非制限用法。　active「活動的な」

問４＜指示語＞下線部を含む文の they，their，them は全て，直前の文の複数形の名詞，Electric eels を受けている。直前の文でデンキウナギが生息する「環境」が述べられている。　as a result「その結果」

問５＜指示語＞That way「そのようにして」とあるので，前を探す。直前の文の to dig 以下が surprise attacks「奇襲，不意打ち」するための準備の説明になっている。

問６＜英文和訳＞‘It is ～ for … to —’「…が〔…にとって〕—することは～だ」の形式主語構文。段落前半でデンキウナギの大きさ，重さ，電荷を生成することにふれたうえで，「心配する必要はない」と述べていることから，とても「まれ(＝unusual)」なのは「デンキウナギに出会うこと」だと推測できる。come in contact with ～ で「～と接触する，～に出くわす」。one は前に出た‘数えられる名詞’の繰り返しを避けるために使う代名詞で，ここでは electric eel を指す。解答例にはないが，意味上の主語である for you を「あなたたちが」と訳出しても問題ない。

問７＜語形変化＞ア．「knife-fish と呼ばれる魚」という意味になると考えられるので，過去分詞の called にする。過去分詞の形容詞的用法。　イ．主語の Most of their time が「費やされる」と考え，過去分詞にする。受け身‘be 動詞＋過去分詞’の形。　ウ．直前に前置詞 at があることに注目する。前置詞の後に動詞が続く場合は～ing(動名詞)にする。　be good at ～「～が得意だ」

問８＜内容真偽＞A．「デンキウナギによって生成される電気の衝撃は馬を倒すほど強い」…○　第１段落後半の内容に一致する。　B．「最近の研究では，デンキウナギがどのように電気を生成するのかまだわかっていない」…×　第２段落第１～３文参照。　C．「デンキウナギは視力が悪いので，食べ物を探すのに役立つ低いレベルの電荷を使う」…○　第２段落後半の内容に一致する。　D．「デンキウナギは太平洋の深海で見つかることがある」…×　第３段落第１，３文参照。主に南米の河川にすむ淡水魚である。　E．「デンキウナギは他の魚のように生存のために酸素を取り込む必要がない」…×　第４段落参照。デンキウナギは口で空気を吸って酸素を取り込んでいるのであって，酸素を取り込む必要がないわけではない。　F．「デンキウナギは人間に電気ショックを与えた後，溺れさせて殺すことが多い」…×　最終段落終わりから６文目参照。　rarely「めったに～ない」

Ⅳ〔和文英訳—完全記述〕

(1)「日本に来てまだ１週間」は「日本には１週間だけいる」と言い換え，現在完了‘have/has＋過去分詞’の‘継続’用法を使って表すことができる。「日本にわずか１週間前に来た」と言い換え，Tom came to Japan only a week ago. などとすることも可能。「～のことは右も左もわからない」は，「～について何も知らない」と考える。(he) knows nothing about ～ などとしてもよい。

(2)「部屋を後にした」は「部屋を出た」と考え，left the room などとする。「何も言わずに」は「何も言うことなしに」と言い換え，without ～ing「～せずに」を使って表すとよい。without 自体に否定の意味が含まれるので，nothing ではなく anything とすることに注意。

数学解答

1 (1) $-\frac{5}{2}y^3$　(2) $-1+\frac{\sqrt{5}}{2}$

(3) $x=\frac{7\pm3\sqrt{5}}{2}$

2 (1) $-\frac{2}{3}\leqq a\leqq5$　(2) $\frac{7}{18}$

(3) -2

3 (1) $x=25$, $y=80$　(2) 384

4 (1) $\frac{1}{4}$　(2) $y=-5x+5$　(3) 19

5 (1) (例)△AEDと△CFDにおいて，∠ADC＝∠EDF＝90°より，∠ADC−∠EDC＝∠EDF−∠EDCとなるから，∠ADE＝∠CDF……①　四角形ABCDにおいて，内角の和が360°，∠ABC＝∠CDA＝90°より，∠DAE＝360°−(∠ABC＋∠CDA＋∠BCD)＝360°−(90°＋90°＋∠BCD)＝180°−∠BCD……②　また，∠DCF＝180°−∠BCD……③　②，③より，∠DAE＝∠DCF……④　①，④より，2組の角がそれぞれ等しいから，△AED∽△CFD

(2) ①　$5\sqrt{5}$　②　$3\sqrt{5}$　③　$4\sqrt{5}$

④　73

6 (1) ①　$2\sqrt{2}$　②　$\frac{4\sqrt{6}}{3}$

(2) ①　$\sqrt{2}$　②　$\frac{\sqrt{5}+\sqrt{15}}{6}$

1〔独立小問集合題〕

(1)<**式の計算**>与式＝$9x^3y\times\left(-\frac{xy^4}{10}\right)\div\frac{9x^4y^2}{25}=9x^3y\times\left(-\frac{xy^4}{10}\right)\times\frac{25}{9x^4y^2}=-\frac{9x^3y\times xy^4\times25}{10\times9x^4y^2}=-\frac{5}{2}y^3$

(2)<**平方根の計算**>$(\sqrt{5}-2)(\sqrt{5}+3)=(\sqrt{5})^2+(-2+3)\times\sqrt{5}+(-2)\times3=5+\sqrt{5}-6=-1+\sqrt{5}$，$\frac{(\sqrt{7}-\sqrt{2})(\sqrt{7}+\sqrt{2})}{\sqrt{20}}=\frac{(\sqrt{7})^2-(\sqrt{2})^2}{2\sqrt{5}}=\frac{5}{2\sqrt{5}}=\frac{5\times\sqrt{5}}{2\sqrt{5}\times\sqrt{5}}=\frac{5\sqrt{5}}{10}=\frac{\sqrt{5}}{2}$より，与式＝$-1+\sqrt{5}-\frac{\sqrt{5}}{2}=-1+\frac{2\sqrt{5}}{2}-\frac{\sqrt{5}}{2}=-1+\frac{\sqrt{5}}{2}$となる。

(3)<**二次方程式**>$x^2-10x+25+3x-15-9=0$，$x^2-7x+1=0$　解の公式より，$x=\frac{-(-7)\pm\sqrt{(-7)^2-4\times1\times1}}{2\times1}=\frac{7\pm\sqrt{45}}{2}=\frac{7\pm3\sqrt{5}}{2}$

2〔独立小問集合題〕

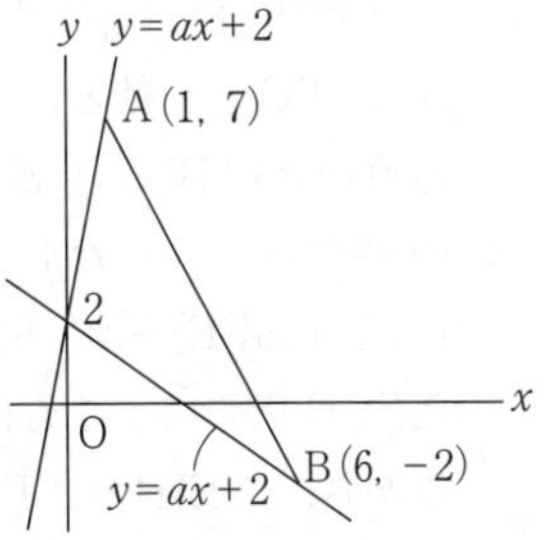

(1)<**関数一傾き**>右図で，直線 $y=ax+2$ がA$(1,\ 7)$を通るとき，$7=a\times1+2$，$a=5$となり，B$(6,\ -2)$を通るとき，$-2=a\times6+2$，$a=-\frac{2}{3}$となる。よって，aの値の範囲は，$-\frac{2}{3}\leqq a\leqq5$である。

(2)<**確率一さいころ**>a，bの組は全部で$6\times6=36$(通り)ある。このうち，$\frac{b}{a}$が整数となるのは，bがaの倍数となるときだから，$a=1$のとき$b=1$〜6の6通り，$a=2$のとき$b=2$，4，6の3通り，$a=3$のとき$b=3$，6の2通り，$a=4$のとき$b=4$の1通り，$a=5$のとき$b=5$の1通り，$a=6$のとき$b=6$の1通りで，$6+3+2+1+1+1=14$(通り)ある。よって，求める確率は$\frac{14}{36}=\frac{7}{18}$となる。

(3)<**二次方程式の応用**>二次方程式のxに解である-3を代入して，$a\times(-3)^2-3a^2\times(-3)-18=0$より，$a^2+a-2=0$，$(a+2)(a-1)=0$　$\therefore a=-2,\ 1$　$a=-2$のとき，もとの二次方程式は$-2x^2-12x-18=0$となり，これを解くと，$x^2+6x+9=0$，$(x+3)^2=0$　$\therefore x=-3$　よって，解は$x=-3$

だけとなる。$a=1$のとき，もとの二次方程式は$x^2-3x-18=0$となり，$(x+3)(x-6)=0$　$\therefore x=-3,\ 6$　このとき，解は$x=-3$だけでないから適さない。したがって，$a=-2$である。

3〔方程式―連立方程式の応用，一次方程式の応用〕

(1)<**連立方程式の応用**>２月の会員368人のうち，x％がやめると，会員数は$368\times\left(1-\dfrac{x}{100}\right)$人になり，$y$人が新しく会員に加わって，３月の会員数は356人になったから，$368\times\left(1-\dfrac{x}{100}\right)+y=356$……①が成り立つ。同様に，３月の会員356人のうち，x％がやめ，y人が会員に加わって，４月の会員数は347人になったから，$356\times\left(1-\dfrac{x}{100}\right)+y=347$……②が成り立つ。①，②で，$1-\dfrac{x}{100}=X$とおくと，①より，$368X+y=356$……①′　②より，$356X+y=347$……②′　①′－②′より，$12X=9$　$\therefore X=\dfrac{3}{4}$　Xをもとに戻して，$1-\dfrac{x}{100}=\dfrac{3}{4}$，$\dfrac{x}{100}=\dfrac{1}{4}$　$\therefore x=25$　また，$X=\dfrac{3}{4}$を①′に代入すると，$368\times\dfrac{3}{4}+y=356$，$276+y=356$　$\therefore y=80$

(2)<**一次方程式の応用**>(1)より，１月の会員a人のうち，25％がやめ，80人が新しく会員に加わって，２月の会員数は368人になったから，$a\times\left(1-\dfrac{25}{100}\right)+80=368$が成り立つ。これを解くと，$\dfrac{3}{4}a=288$より，$a=384$となる。

4〔関数―関数$\boldsymbol{y=ax^2}$と直線〕

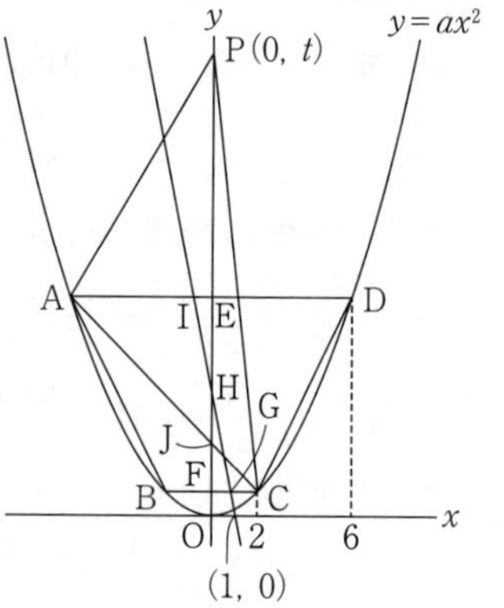

(1)<**比例定数**>右図で，点Aと点D，点Bと点Cはそれぞれy軸について対称の位置にあるから，点Aのx座標は-6，点Bのx座標は-2で，$AD=6-(-6)=12$，$BC=2-(-2)=4$となる。また，点C，Dは放物線$y=ax^2$上にあり，x座標はそれぞれ２，６だから，$y=a\times2^2=4a$，$y=a\times6^2=36a$より，$C(2,\ 4a)$，$D(6,\ 36a)$と表せる。よって，台形ABCDの高さは２点C，Dのy座標の差より，$36a-4a=32a$だから，$\dfrac{1}{2}\times(12+4)\times32a=64$が成り立つ。これを解くと，$a=\dfrac{1}{4}$となる。

(2)<**直線の式**>(1)より，点Cのy座標は$4a=4\times\dfrac{1}{4}=1$，点Dのy座標は$36a=36\times\dfrac{1}{4}=9$だから，右上図で，$C(2,\ 1)$，$D(6,\ 9)$，$A(-6,\ 9)$，$B(-2,\ 1)$である。辺AD，BCと$y$軸との交点をそれぞれE，Fとし，点$(1,\ 0)$を通り，台形ABCDの面積を２等分する直線と辺BC，y軸，辺ADとの交点をそれぞれG，H，Iとする。台形ABFEと台形ABGIの面積はどちらも台形ABCDの面積の半分なので，〔台形ABFE〕＝〔台形ABGI〕であり，△EIH＝〔台形ABFE〕－〔五角形ABFHI〕，△FGH＝〔台形ABGI〕－〔五角形ABFHI〕だから，△EIH＝△FGHとなる。さらに，IE∥FGより，△EIH∽△FGHで，面積の等しい相似な三角形は合同になるから，△EIH≡△FGHとなる。よって，EH＝FHより，点Hは線分EFの中点であり，２点E，Fのy座標はそれぞれ９，１だから，点Hのy座標は$\dfrac{9+1}{2}=5$であり，$H(0,\ 5)$である。これと点$(1,\ 0)$を通る直線は，傾きが$\dfrac{0-5}{1-0}=-5$だから，求める直線の式は$y=-5x+5$となる。

(3)<**$\boldsymbol{y}$座標**>右上図のように，$P(0,\ t)$はy軸上の点であり，辺ACとy軸の交点をJとすると，△PAC＝△PAJ＋△PCJである。$A(-6,\ 9)$，$C(2,\ 1)$より，直線ACの傾きは$\dfrac{1-9}{2-(-6)}=-1$だから，その式を$y=-x+b$とおくと，$C(2,\ 1)$を通ることから，$1=-2+b$，$b=3$となり，直線

ACの式は $y=-x+3$ である。よって，J$(0,\ 3)$だから，PJ$=t-3$ と表せる。△PAJと△PCJは底辺を辺PJと見ると，高さは2点A，Cの x 座標より，それぞれ6，2だから，△PAJ$=\frac{1}{2}\times(t-3)\times6=3t-9$，△PCJ$=\frac{1}{2}\times(t-3)\times2=t-3$ となる。したがって，△PAC＝〔台形ABCD〕$=64$ のとき，$(3t-9)+(t-3)=64$ が成り立ち，これを解くと，$t=19$ となる。

5〔平面図形—三角形と四角形〕

《基本方針の決定》(2)④　〔四角形ABFD〕＝△ABC＋△ACD＋△DCF として考える。

(1)**＜論証—相似＞**右図1で，∠ADC＝∠EDF$=90^\circ$ で，∠ADE＝∠ADC−∠EDC，∠CDF＝∠EDF−∠EDC だから，∠ADE＝∠CDF となる。また，四角形ABCDで，∠DAE$=360^\circ-(90^\circ+90^\circ+$∠BCD$)=180^\circ-$∠BCD となり，∠DCF$=180^\circ-$∠BCD だから，∠DAE＝∠DCF となる。解答参照。

図1

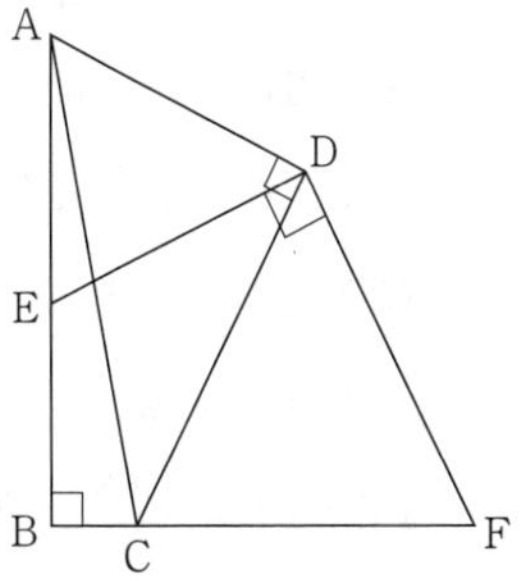

(2)**＜長さ，面積—三平方の定理，相似＞**①右下図2の△ABCで，AB＝AE＋EB$=6+5=11$，BC$=2$ だから，三平方の定理より，AC$=\sqrt{\text{AB}^2+\text{BC}^2}=\sqrt{11^2+2^2}=\sqrt{125}=5\sqrt{5}$ となる。　②△ACDで三平方の定理より，AD$^2+$CD$^2=$AC^2 となる。ここで，△AED∽△CFDより，AD：CD＝AE：CF$=6:8=3:4$ だから，AD$=x$ とおくと，CD$=\frac{4}{3}x$ と表せる。よって，$x^2+\left(\frac{4}{3}x\right)^2=(5\sqrt{5})^2$ が成り立つ。これを解くと，$x^2+\frac{16}{9}x^2=125$，$\frac{25}{9}x^2=125$，$x^2=45$　$\therefore x=\pm\sqrt{45}=\pm3\sqrt{5}$　$x>0$ だから，$x=3\sqrt{5}$ である。　③図2で，点Eと点Fを結ぶと，△EBFで，EB$=5$，BF＝BC＋CF$=2+8=10$ だから，三平方の定理より，EF$=\sqrt{\text{EB}^2+\text{BF}^2}=\sqrt{5^2+10^2}=\sqrt{125}=5\sqrt{5}$ となる。また，△DEFで三平方の定理より，DE$^2+$DF$^2=$EF^2 となり，△AED∽△CFDより，DE：DF＝AE：CF$=3:4$ なので，DF$=y$ とおくと，DE$=\frac{3}{4}y$ と表せる。よって，$\left(\frac{3}{4}y\right)^2+y^2=(5\sqrt{5})^2$ が成り立つ。これを解くと，$\frac{9}{16}y^2+y^2=125$，$\frac{25}{16}y^2=125$，$y^2=80$　$\therefore y=\pm\sqrt{80}=\pm4\sqrt{5}$　$y>0$ だから，$y=4\sqrt{5}$ である。　④△ABC$=\frac{1}{2}\times11\times2=11$ である。また，②より，CD$=\frac{4}{3}x=\frac{4}{3}\times3\sqrt{5}=4\sqrt{5}$ なので，△ACD$=\frac{1}{2}\times3\sqrt{5}\times4\sqrt{5}=30$ となる。さらに，CD＝DF$=4\sqrt{5}$ より，△CFDは二等辺三角形だから，点Dから辺CFに垂線DHを引くと，CH$=\frac{1}{2}$CF$=\frac{1}{2}\times8=4$ となる。よって，△DCHで三平方の定理より，DH$=\sqrt{\text{CD}^2-\text{CH}^2}=\sqrt{(4\sqrt{5})^2-4^2}=\sqrt{64}=8$ となるから，△CFD$=\frac{1}{2}\times8\times8=32$ である。したがって，〔四角形ABFD〕＝△ABC＋△ACD＋△DCF$=11+30+32=73$ となる。

図2

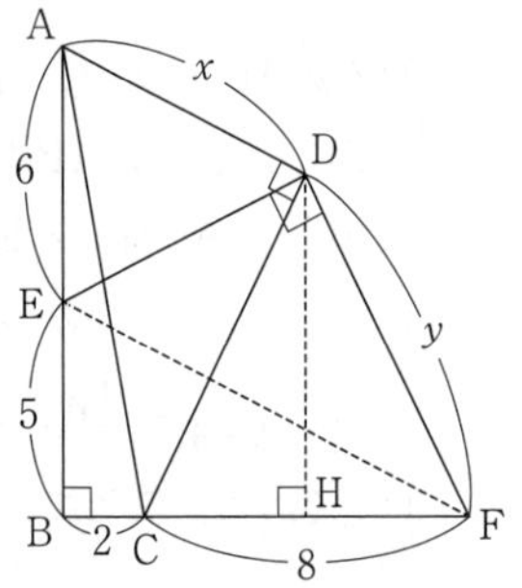

6〔空間図形—円錐〕

《基本方針の決定》(2)②　点P，E，Oと線分DFの中点を頂点とする四角形で六面体ODEFPを2つに分ける。

(1)**＜長さ—特別な直角三角形＞**①円錐の側面を母線PQで切り開いたときの展開図は次ページの図1のようになる。もとの円錐の点Qに当たる2つの点をQ，Q′とすると，円錐の側面上を点Qから1周して点Qに戻る最短の曲線 l は，図1において，線分QQ′となる。図1で，∠QPQ′$=x$ とおくと，$\overset{\frown}{QQ'}$の長さと底面の円周の長さが等しいことから，$2\pi\times4\times\frac{x}{360^\circ}=2\pi\times1$が成り立ち，これを解くと，$\frac{x}{360^\circ}=\frac{1}{4}$，$x=360^\circ\times\frac{1}{4}=90^\circ$となる。よって，△QPQ′は直角二等辺三角形である。また，図1で，$\overset{\frown}{AB}:\overset{\frown}{BC}:\overset{\frown}{CQ'}:\overset{\frown}{QA}=2:2:1:1$だから，∠APB：∠BPC：∠CPQ′：∠QPA＝2：2：1：1より，∠APB＝∠BPC＝$\frac{2}{2+2+1+1}$∠QPQ′＝$\frac{1}{3}\times90^\circ=30^\circ$，∠CPQ′＝∠QPA＝$\frac{1}{6}$∠QPQ′＝$\frac{1}{6}\times90^\circ=15^\circ$となる。したがって，∠Q′PE＝∠QPE＝∠QPA＋∠APB＝$15^\circ+30^\circ=45^\circ$で，PE⊥QQ′より，△QPEも直角二等辺三角形なので，PE＝$\frac{1}{\sqrt{2}}$PQ＝$\frac{1}{\sqrt{2}}\times4=2\sqrt{2}$となる。　②図1の△PDEで，①より，∠PED＝$90^\circ$，∠DPE＝$30^\circ$なので，△PDEは3辺の比が$1:2:\sqrt{3}$の直角三角形である。よって，PD＝$\frac{2}{\sqrt{3}}$PE＝$\frac{2}{\sqrt{3}}\times2\sqrt{2}=\frac{4\sqrt{6}}{3}$となる。

図1

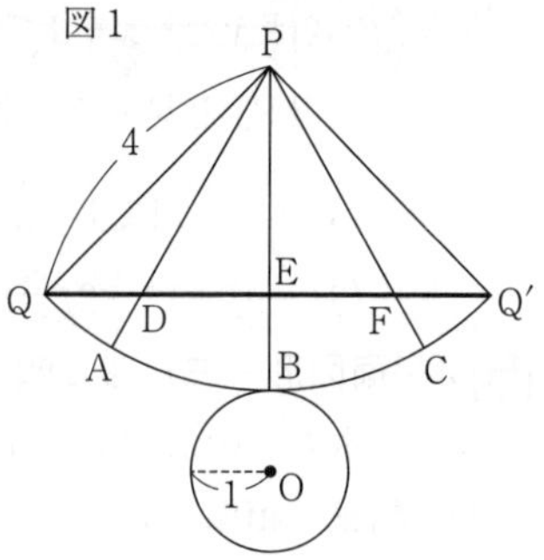

(2)＜**長さ，体積**＞①右図2の円錐において，(1)より，PD＝PF＝$\frac{4\sqrt{6}}{3}$，PE＝$2\sqrt{2}$となる。よって，PF：PC＝PD：PA＝$\frac{4\sqrt{6}}{3}:4=\sqrt{6}:3$より，DF∥ACだから，DF：AC＝PD：PA＝$\sqrt{6}:3$である。また，$\overset{\frown}{AB}:\overset{\frown}{BC}:\overset{\frown}{CQ}:\overset{\frown}{QA}=2:2:1:1$より，∠AOB：∠BOC：∠COQ：∠QOA＝2：2：1：1となるから，∠AOB＝∠BOC＝$360^\circ\times\frac{2}{2+2+1+1}=120^\circ$，∠COQ＝∠QOA＝$360^\circ\times\frac{1}{6}=60^\circ$である。ここで，線分OQと線分ACの交点をHとすると，二等辺三角形AOCにおいて，∠AOH＝∠COH＝60°より，AC⊥OH，CH＝AHとなり，△AOHは3辺の比が$1:2:\sqrt{3}$の直角三角形だから，OH＝$\frac{1}{2}$OA＝$\frac{1}{2}\times1=\frac{1}{2}$，AH＝$\sqrt{3}$OH＝$\sqrt{3}\times\frac{1}{2}=\frac{\sqrt{3}}{2}$で，AC＝2AH＝$2\times\frac{\sqrt{3}}{2}=\sqrt{3}$となる。したがって，DF：$\sqrt{3}=\sqrt{6}:3$より，3DF＝$\sqrt{3}\times\sqrt{6}$，DF＝$\sqrt{2}$である。

図2

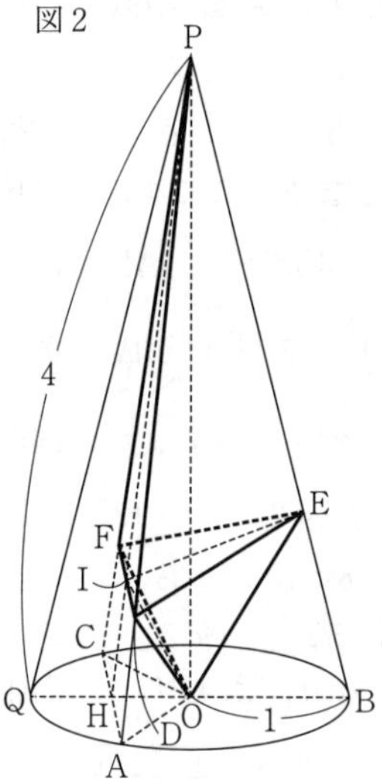

図3

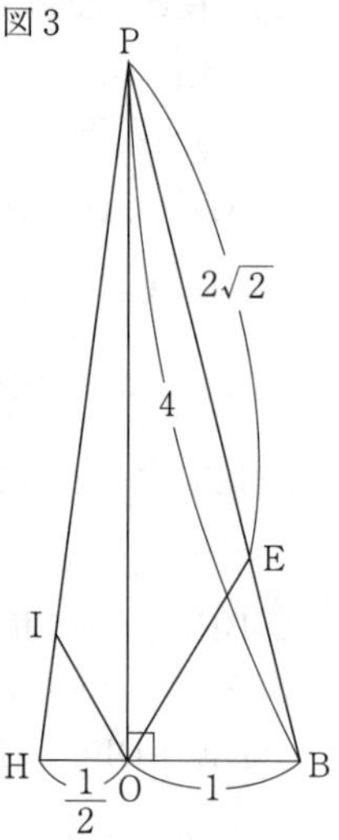

②図2で，線分PHと線分DFの交点をIとすると，点Iは線分DFの中点となり，△PDFはPD＝PFの二等辺三角形なので，DF⊥PIである。また，図形の対称性より，線分ACは平面PQBに垂直だから，DF∥ACより，DF⊥〔四角形PIOE〕となる。よって，六面体ODEFPを四角形PIOEで四角錐D-PIOEと四角錐F-PIOEに分けると，2つの四角錐で底面を四角形PIOEと見たときの高さはそれぞれ線分DI，FIとなる。右上図3の△POBで三平方の定理より，OP＝$\sqrt{PB^2-OB^2}=\sqrt{4^2-1^2}=\sqrt{15}$だから，△POH＝$\frac{1}{2}\times$OH$\times$OP＝$\frac{1}{2}\times\frac{1}{2}\times\sqrt{15}=\frac{\sqrt{15}}{4}$，△POB＝$\frac{1}{2}\times$OB$\times$OP＝$\frac{1}{2}\times1\times\sqrt{15}=\frac{\sqrt{15}}{2}$である。また，図2で，DI∥AHより，PI：PH＝PD：PA＝$\sqrt{6}:3$だから，図3で，△POI：△POH＝PI：PH＝$\sqrt{6}:3$であり，△POI＝$\frac{\sqrt{6}}{3}$△POH＝$\frac{\sqrt{6}}{3}\times\frac{\sqrt{15}}{4}=\frac{\sqrt{10}}{4}$となる。さらに，△POE：△POB＝PE：PB＝$2\sqrt{2}:4=\sqrt{2}:2$だから，△POE＝$\frac{\sqrt{2}}{2}$△POB＝$\frac{\sqrt{2}}{2}\times$

$\frac{\sqrt{15}}{2}=\frac{\sqrt{30}}{4}$である。したがって，〔四角形PIOE〕＝△POI＋△POE$=\frac{\sqrt{10}}{4}+\frac{\sqrt{30}}{4}$となるので，〔六面体ODEFP〕＝〔四角錐D－PIOE〕＋〔四角錐F－PIOE〕$=\frac{1}{3}\times$〔四角形PIOE〕×DI$+\frac{1}{3}\times$〔四角形PIOE〕×FI$=\frac{1}{3}\times$〔四角形PIOE〕×(DI＋FI)$=\frac{1}{3}\times$〔四角形PIOE〕×DF$=\frac{1}{3}\times\left(\frac{\sqrt{10}}{4}+\frac{\sqrt{30}}{4}\right)\times\sqrt{2}$ $=\frac{\sqrt{5}+\sqrt{15}}{6}$となる。

国語解答

一 問一　身勝手だけれども奔放さの中に愛きょうや弟子である自分への愛情が感じられた，生前の諏訪野先生のことを，亡くなった寂しさを感じながら懐かしむ気持ち。

問二　②…エ　③…ア　④…オ　⑤…イ

問三　まる　　問四　エ　　問五　ウ

問六　哲学

問七　相手をゴキブリにたとえるのは普通は不適切で失礼なことだということに気づかず，奈央の軽い謙遜の言葉を真面目に受け取り，格言めいた言葉で励まそうとしているところに「先生」らしい不器用な人柄のよさを感じ，おもしろく感じている。

問八　イ　　問九　エ　　問十　ア

二 問一　a　業績　b　没頭　c　尋　d　悲惨　e　厄介

問二　社会復帰

問三　自分の頭で考えて行動する

問四　人格を否定しているのではなく，自分たちの身体や命を守るための注意であることや，仕事をしっかり覚えさせるためだということが理解されているから。

問五　若者たちの

問六　(例)各個人が利益を競い，大量生産し大量消費することが社会を豊かにすると思われていたが，ゴミが増えて世界中で環境破壊が起こったり，貧困や格差が広がったりしていることが社会問題として認識されてきていること。

問七　エ

問八　第二次世界大戦で荒廃したドイツは，東西ドイツに分かれ，その間にあったベルリンは巨大な壁によって分断されていたが，人々の意思によって壁が壊され，両方の人々が入り交じって暮らすようになった。そうした歴史の中で，利益を目的とする価値観と社会福祉を目的とする価値観の両方が対等に存在する日常に生まれた，困難を抱えている人がいれば分け隔てなく相互に支え合おうとするベルリン市民独特の生活意識や行動スタイルのようなもの。

一〔**小説の読解**〕出典；畠山丑雄『先生と私』。

問一＜**心情**＞先生は，祝賀会の夜や自分を見舞ってくれたときの，諏訪野先生のわがままさに振り回された思い出を語った。先生は，表向きは愚痴のような言い方であったが，顔は笑っており，弟子への思いやりと愛情に満ちていた生前の諏訪野先生のことをいとおしく思い，懐かしんでいた。「遠い目」は，現在から遠いところに思いをはせるまなざしのことで，ここでは過去を振り返っているまなざしを表している。

問二＜**文章内容**＞②生前の諏訪野先生のことを，先生は「愚痴や批判」のような言い方で語っていたが，それが本当の愚痴だと表面どおりにとらえるほど，奈央は単純ではなかった。　③亡くなった諏訪野先生の思い出は，先生にとって大事なものであり，自分が軽はずみに口をはさんでよいものではないと，奈央は考えた。　④「妙に懐かしい」と，諏訪野先生を懐かしむ言葉を素直に出す様子は，ふだんの先生に比べて隙があり，奈央には意外だった。　⑤「人間というのは不思議なものだ」という何にでも当てはまるような「一般化」した言い方でまとめてしまうのは，ふだんの先生にしては珍しいため，奈央は驚いた。

問三＜文章内容＞「先生」という立場を引き継ぐ話について，奈央は，自分よりも伊藤の方が弟子を集められるだろうと答えた。しかし先生は，弟子はこちらから意図的に集めるものではなく，あちらから自然と集まってくるものだという考えを示した。

問四＜文章内容＞B．奈央は，受賞については，文芸部の顧問が自分の作品を勝手に応募したことでもたらされた出来事であり，自分の積極的な意志によるものではなく，今後についてどうすればよいかわからないという不安を口にした。　C．先生は，受賞をした実力と才能こそが，奈央の今後の道を切り開くと答えた。

問五＜文章内容＞「我々のことばは始まりのことばではない」のであり，先人から受け継いだ言葉を，あたかも自分自身が考え出したかのように偽ることは不可能ではないかもしれないが，必ずその報いを受けることになると，先生は語った。「始祖」は，ある物事を始めた人のこと。

問六＜文章内容＞先生は，「そもそも『我々自身のことば』なるものは本当に存在するのだろうか？」と，哲学的な問いを投げかけた。星座について語っているときも，先生が再び哲学的な話をしそうになったのを，奈央は察知した。

問七＜心情＞奈央は，今の自分自身に対し，「地面を這いつくばってる」と評価した。それに対して，先生は，それでもいつかは飛び立つものとして「ゴキブリ」という失礼なたとえを出し，奈央に励ましの言葉をかけようとした。その真面目な様子から，奈央は，失礼な表現だと思いつつも，先生の実直さを感じて先生らしいと思い，おもしろくなって笑ってしまったのである。

問八＜文章内容＞奈央の問いに対し，「メソポタミアの羊飼い」たちは「想像力が豊かだった」のではないかと，先生は答えた。それは星座の図柄が全く見えてこない「奈央」にも，星座を考えついた「メソポタミアの羊飼い」にも角が立たない言い方であった。

問九＜文章内容＞「メソポタミアの羊飼い」が星座を考えついた動機は恋なのではないかと，先生が，奈央の「故郷が懐かしくなっていた」からよりも，「軽薄」で甘美なことを言ったので，奈央は驚いた。

問十＜語句＞「鷹揚」は，余裕があり，ゆったりと振る舞う様子。

二〔**随筆の読解—社会学的分野—社会活動**〕出典；多和田葉子「ベルリン通信」（「朝日新聞」2019年7月30日掲載）。

≪本文の概要≫ベルリンに住む「私」は，同じ建物の四階から三階へ引っ越しをすることになり，シナノンという引っ越し会社に依頼をした。シナノンは，麻薬やアルコールの中毒から立ち直り，社会復帰を目指す若者たちが働く会社である。若者たちは真剣に引っ越しの作業に取り組んでおり，全員で力を合わせている様子が印象的であった。人間は本来，競争だけでなく，共同作業も得意としている。現代は，競争しながら個人が自分の利益を追い求めれば自然と社会全体が豊かになるという考えが通用しなくなってきた時代である。その中で，シナノンは，利益と競争だけを目的にしている会社にも負けないくらいの経営上の成功を収めているという。社会福祉を目的とした会社が成功している点がベルリンの特色であり，これからの社会のあり方を考えていくためのヒントにもなるだろう。

問一<**漢字**>a．事業などで成し遂げた実績のこと。　b．他のことをかえりみず，一つのことに熱中すること。　c．音読みは「尋問」などの「ジン」。　d．気の毒で見ていられないほど痛ましいこと。　e．面倒で手間がかかること。

問二<**文章内容**>シナノンは，麻薬やアルコールの中毒となった若者を受け入れて治療し，社会復帰をするためのさまざまな職場を用意する会社である。

問三<**文章内容**>主任は，全体の流れを説明した後は，各自の判断に任せて自らの作業に取りかかった。作業をする全員が自分で考えて行動をするために，主任は，あえて細かい指示を出すことはしなかったのである。

問四<**文章内容**>作業に慣れていない新米の後輩に対し，先輩はかなり乱暴な言葉で怒鳴りつけていた。しかし，先輩は，「丁寧に」作業のコツを教えており，力を合わせて作業するときは，「息がぴったり合わなければ怪我をする」のである。厳しい物言いではあっても，無事に仕事をこなして上達してもらいたいという先輩の思いが，後輩にも伝わっていたのである。

問五<**文章内容**>シナノンで働く「若者たち」の顔には，「若さだけの持つ柔らかさ」が残っていて，「しっかりやるぞという強い決意」が現れていた。「私」は「若者たち」に，今後の成長次第でさまざまな生き方ができる可能性を感じたのである。

問六<**作文**>各個人が，競争や利益の追求を重視することで，社会全体が豊かになると思われたのに，実際には，逆の現象が起きているのである。環境問題や格差問題など，競争や利益を追求した結果，引き起こされた社会問題が例として考えられる。

問七<**表現**>利益を追求する会社が一般的ではあるが，「私」は，シナノンのような「社会福祉を目的」とした会社こそが，本来あるべき姿だと考えている。

問八<**文章内容**>ベルリンは冷戦時代，「ベルリンの壁」によって東西に分断され，人々の生活や価値観も違うものに分かれてしまった。しかし，ベルリンの人々は，自ら壁を壊し，再びベルリンを一つにした歴史がある。利益を追求する会社だけでなく，社会福祉を目的とするシナノンも，会社として成功できているように，価値観を超えてさまざまな人が共存できる街がベルリンなのである。

＝読者へのメッセージ＝

ベルリンは，プロイセン王国(1701-1918年)，ドイツ帝国(1871-1918年)，ヴァイマル共和国(1919-1933年)，ナチス・ドイツ(1933-1945年)の首都でした。第二次世界大戦後，ベルリンは，東西に分断され，東ドイツは，東ベルリンに首都を置きましたが，西ドイツは，ライン川沿いの街でベートーヴェンの故郷であるボンに首都を置きました。その後，1990年のドイツ再統一により，ベルリンは，ドイツ連邦の首都としての地位を得ました。

Memo

Memo

2019年度 桐朋高等学校

【英　語】（50分）〈満点：100点〉

〈注意〉・試験開始直後にリスニングテストを行う。
・リスニングテストが終了するまで筆記問題を始めてはいけない。
・リスニングテスト中，メモを取ってもかまわない。

Ⅰ　リスニング問題　放送を聞いて次のＡ，Ｂの問題に答えなさい。

Ａ　これから英語で短い対話を放送します。そのあとでその対話についての質問がなされますから，その答えとして最も適切なものを選び，記号で答えなさい。対話と質問は**１回だけ**読まれます。

(1)　A. Seven dollars.　B. Ten dollars.
　C. Twelve dollars.　D. Fifteen dollars.

(2)　A. To make an appointment.　B. To ask him about the traffic.
　C. To tell him she'll be late.　D. To cancel their appointment.

(3)　A. Catch a bus from stop 5.　B. Catch a number 20 bus.
　C. Go to the city hall.　D. Get her airplane ticket at the store.

(4)　A. At home.　B. At the station.
　C. On the train.　D. In the bookstore.

(5)　A. He lost his football match.
　B. He missed a science class.
　C. He cannot talk to his teacher.
　D. He could not finish his report.

Ｂ　これから放送される英文について，以下の問いに答えなさい。英文は**２回**読まれます。

問１　英文の内容に合うように，次の(1)，(2)の各文の後半部分として最も適切なものを選び，記号で答えなさい。

(1)　Rose didn't allow Jim to ride in the helicopter because
　A. it was dangerous.
　B. it was expensive.
　C. Jim was old.
　D. Jim was sick.

(2)　The helicopter pilot promised Jim and Rose that the ride would be free
　A. because Jim came there every year.
　B. because Jim was older than 85.
　C. if Jim said the secret password.
　D. if Jim was silent during the ride.

問２　ヘリコプターに乗っている間にJimが取った行動を，以下の英文の空所（１）～（３）に英語を１語ずつ補う形で書きなさい。

When Jim (　1　) his wallet, he (　2　) shouted.　But he didn't say (　3　) so that he wouldn't have to pay.

※**＜リスニング問題放送原稿＞**は英語の問題の終わりに付けてあります。

Ⅱ　次の英文を読んで，後の問いに答えなさい。

*Ordinary people have always been *attracted to the world of movies and movie stars. One way to get closer to this world is to become a movie extra. Although you have seen movie extras, you may not have paid much attention to them. Extras are the people seated at tables in a restaurant while the two main actors are in conversation. They are the guests at the wedding of the main characters. They are the people crossing the street while "the bad guy" is being *chased by the police. Extras don't normally speak any lines, but they make the scenes (1) real.

Being a movie extra might seem like a lot of fun. You get to see what life is like behind the scenes. But don't forget that being an extra is really a job, and it's mostly about doing nothing. First-time extras are often shocked to (2)[of / learn / is / the process / slow / how / movie making]. In a finished movie, the action may move quickly. But (3)it sometimes takes a whole day to shoot a scene that appears for just a few minutes on the screen.

The main *requirement for being an extra is the ability to (4). You may report to work at 5 or 6 a.m., and then you wait until the director is ready for your scene. This could take several hours. Then there may be technical problems, and you have to wait some more. After the director says "action" and you do the first "take," you may have to do it again if he or she is not (5) the scene. In fact, you may have to do the same scene over and over again. You could be on the set for hours, sometimes waiting outdoors in very hot or cold weather. You may not be finished until 11 p.m. or midnight. The pay isn't good, either—often only a little bit above *minimum wage. And you must pay the *agent who gets you the job a *commission of about 10 percent.

So who would want to be a movie extra? In spite of the (6 -①) hours and (6 -②) pay, many people still *apply for the job. Some people truly enjoy the work. They like being on a movie set, and they enjoy the *companionship of their fellow extras. Most of them have *flexible schedules, which allow them to be *available. They may be students, waiters, homemakers, *retired people, or *unemployed actors. Some unemployed actors hope the work will help them get real acting jobs, but (7)it doesn't happen often. Most people in the movie *industry make a sharp *distinction between extras and actors, so extras are not usually *considered for larger parts.

The next time you see a movie, don't just watch the stars. Take a closer look at the people in the background, and ask yourself: Who are they? Why are they there? What else do they do in life? Maybe there is someone in the crowd who is just like you.

〔注〕 ordinary：普通の　attract：～を引きつける　chase：～を追いかける　requirement：必要条件
minimum wage：最低賃金　agent：仲介業者　commission：手数料　apply for：～に応募する
companionship：親交　flexible：融通の利く　available：都合のつく　retired：退職した
unemployed：仕事のない　industry：産業　distinction：区別　consider：～を考慮に入れる

問１　空所（１）に入る最も適切なものを以下より選び，記号で答えなさい。

Ａ．are　Ｂ．like　Ｃ．look　Ｄ．sound

問２　下線部(2)の［　］内の語句を並べかえて，意味の通る英文にしなさい。

問３　下線部(3)を日本語にしなさい。

問４　空所（４）に入る最も適切な語を本文中より抜き出して答えなさい。

問５　空所（５）に入る最も適切なものを以下より選び，記号で答えなさい。

Ａ．disappointed with　Ｂ．satisfied with　Ｃ．scared of　Ｄ．tired of

問６　空所（６-①）と（６-②）に入る語の組み合わせとして最も適切なものを以下より選び，記号で答えなさい。

A．（6-①）　short　（6-②）　low　　B．（6-①）　short　（6-②）　high

C．（6-①）　long　（6-②）　low　　D．（6-①）　long　（6-②）　high

問7　下線部(7)が指す内容を日本語で説明しなさい。

Ⅲ　次の英文は，ロボットについて1990年代後半に書かれた文章です。これを読んで，後の問いに答えなさい。

Robots are smart. With their computer brains, they can do work that humans don't want to do because it is dangerous, dirty, or boring. [　1　] Bobby is a mail carrier robot that brings mail to a large office building in Washington, D.C. There are hundreds of mail carrier robots in the United States. In more than seventy hospitals around the world, robots called Help Mates take medicine down halls, call for elevators, and deliver meals. In Washington, D.C., a tour guide at the Smithsonian museum is a robot called Minerva. About 20 percent of the people who met Minerva said that (2)[a / as / as / person / seemed / she / smart]. There is even a robot that is a teacher.

Mr. Leachim is a fourth-grade teacher robot. He (3-①) 200 pounds, is six feet tall, and has some *advantages as a teacher. One advantage is that he doesn't forget *details. He knows each child's name, the parents' names, and what each child knows and needs to know. In addition, he knows each child's pets and hobbies. Mr. Leachim doesn't make mistakes. Each child (3-②) Mr. Leachim his or her name and then *enters an *identification number. His computer brain (3-③) the child's voice and number together. He identifies the child with no mistakes. Then he starts the lesson.

Another advantage is that Mr. Leachim is *flexible. If the children do not understand something, they can [　(4)　]. When the children do a good job, he tells them something interesting about their hobbies. At the end of the lesson, the children switch off Mr. Leachim. The good thing about Mr. Leachim is that (　5　), so he doesn't get *upset if a child is "difficult."

Today, scientists are trying to create a robot that shows emotions like a human being. At MIT (Massachusetts Institute of Technology), Cynthia Breazeal has created a robot called Kismet. It has only a head at this time. As soon as Breazeal comes and sits in front of Kismet, the robot's mood changes. The robot smiles. Breazeal talks to it the way a mother talks to a child, and Kismet watches and smiles. When Breazeal starts to move backward and forward, Kismet doesn't like that and looks upset. The message Kismet is giving is "Stop this!" Breazeal stops, and Kismet becomes (6-①). Breazeal now pays no attention to Kismet, and the robot becomes (6-②). When Breazeal turns toward Kismet, the robot is (6-③) again. (7)Another thing Kismet does like a child is to play with a toy and then become bored with the toy and close its eyes and go to sleep. Breazeal is still developing Kismet. Kismet still has many things missing in its personality. It does not have all human emotions yet, but one day it will!

At one time, people said that computers could not have emotions. It looks very possible that in the future scientists will develop a computer that does have emotions and can even be a friend. But what are the advantages of having a friend that's a machine?

［注］ advantage：利点　　detail：詳細　　enter：～を入力する

identification：認識(動 identify)　　flexible：適応力がある　　upset：腹を立てた

問1　空所[1]に入る最も適切なものを以下より選び，記号で答えなさい。

A．Some robots are taking jobs away from people.

B．Robots still cannot help people do difficult jobs.

C．Some robots can find good jobs for those who need them.

D．Computer brains that robots have are better than human brains.

問2　下線部(2)の［　］内の語を並べかえて，意味の通る英文にしなさい。

問3　空所(3-①)～(3-③)に入る最も適切なものを以下より選び，必要ならば適切な形に変えて答えなさい。ただし，それぞれ1回しか使えない。

call	pay	put	tell	weigh

問4　空所(4)に入る英語を書きなさい。ただし，以下の語(句)を**順番と形を変えずにすべて使うこと。**

ask / to / lesson / as many / they like

問5　空所(5)に入る最も適切なものを以下より選び，記号で答えなさい。

A．the children can switch him on again

B．he teaches as well as human teachers

C．he doesn't have feelings like a human

D．the children can carry him anywhere

問6　空所(6-①)，(6-②)，(6-③)に入る語の組み合わせとして最も適切なものを以下より選び，記号で答えなさい。

A．(6-①)　upset　(6-②)　pleased　(6-③)　sad

B．(6-①)　happy　(6-②)　pleased　(6-③)　upset

C．(6-①)　upset　(6-②)　sad　(6-③)　pleased

D．(6-①)　pleased　(6-②)　sad　(6-③)　happy

問7　下線部(7)を日本語にしなさい。

問8　以下の質問に40語程度の英語で答えなさい。

Do you want to have a machine friend?　Why or why not?

Ⅳ　次の下線部(1)，(2)を英語にしなさい。

(1)歩きながらゲームをしている人が多いのには驚きます。歩いているときは(2)周りを見ないとたいへんなことになります。

＜リスニング問題放送原稿＞

[M]…male native speaker　　[F]…female native speaker

これから放送によるリスニングテストを始めます。問題冊子の1ページを開いてください。なお，このリスニングテスト中は，指示があるまで筆記問題に進んではいけません。

A　これから英語で短い対話を放送します。そのあとでその対話についての質問がなされますから，その答えとして最も適切なものを選び，記号で答えなさい。対話と質問は1回だけ読まれます。

(1)　M：Natalie, could you lend me five dollars?

F：I don't know, John.　You haven't even paid me back the ten dollars that you borrowed last week.

M：What?　I borrowed seven dollars, not ten.

F：Oh, right . . .　Anyway, if I lend you five dollars now, it will be twelve dollars in total.

Question：How much money did Natalie lend to John last week?

(2) (*on the phone*)

M : Hello ?

F : Hello, my name is Emily Taylor. May I speak to Mike Williams ?

M : Oh. Hi, Emily. This is Mike.

F : Mike, I'm going to be about twenty minutes late for our appointment. The traffic is terrible.

M : All right. Drive safely. Thanks for calling.

Question : Why is Emily calling Mike ?

(3) F : Excuse me, but does this bus go to the airport ?

M : No, this one takes you to the city hall. But number 12 goes to the airport.

F : Oh, thanks. Where can I catch the bus ?

M : It leaves from stop 5 —over there next to the convenience store.

Question : What is the woman going to do next ?

(4) M : Katie, what's the problem ? You look so sad.

F : Oh, I've lost my smartphone.

M : That's too bad. When and where do you think you lost it ?

F : I remember reading a novel on my smartphone at the station this morning, so I believe I left it on the bench there.

M : You should call the train company then.

Question : Where does Katie think she lost her smartphone ?

(5) M : Hi, Mary. This is Tom. Were you able to finish the science report ?

F : Yeah. I did it yesterday. How about you ?

M : I couldn't. I was watching the football match on TV until late at night. I didn't feel like working on the report. I'm worried about what Mr. Johnson will say. . . .

F : Don't worry. He'll understand. I'm sure he was also enjoying the match.

Question : What is Tom's problem ?

B これから放送される英文について問題用紙の各問いに答えなさい。英文は2回読まれます。

Jim and his wife Rose went to the city festival every year, and every time he said to her, "Rose, you know that I want to ride in that helicopter." But Rose always said, "I know that, Jim, but that helicopter ride is 50 dollars and 50 dollars is 50 dollars."

This year, however, Jim said to his wife, "I'm 87 years old now. If I don't ride that helicopter this year, I may never get another chance." Once again Rose said, "Jim, you know that helicopter is 50 dollars and 50 dollars is 50 dollars."

This time the helicopter pilot heard their conversation and said, "Listen. I'll take you for a ride. If you can stay quiet during the ride and not say a word, you don't have to pay for the ride ! But if you say just one word, it's 50 dollars."

Jim and Rose agreed and Jim went up in the helicopter. The pilot did all kinds of moves and tricks, but not a word was said by Jim. When they finally landed, the pilot said to Jim, "Wow ! I did everything I could to make you scream or shout, but you didn't. I'm really surprised !"

Jim said, "Well, I almost said something when my wallet fell out, but 50 dollars is 50 dollars !"

これでリスニングテストを終わります。続いて，筆記問題に進んでください。

【数　学】 （50分）〈満点：100点〉

〈注意〉 答えが無理数となる場合は，小数に直さずに無理数のままで書いておくこと。また，円周率はπとすること。

1 次の問いに答えよ。

(1) $\left(\dfrac{a^2b}{2}\right)^2\div(-ab)-\dfrac{a^2}{2}\times\left(-\dfrac{ab}{3}\right)$ を計算せよ。

(2) 2次方程式 $(2x-3)^2+2(2x-3)-15=0$ を解け。

(3) $\dfrac{(\sqrt{5}+\sqrt{2})(\sqrt{5}-\sqrt{2})}{\sqrt{3}}-\dfrac{(2-\sqrt{3})^2}{2}$ を計算せよ。

2 次の問いに答えよ。

(1) 関数 $y=\dfrac{a}{x}$ で，x の変域が $-8\leqq x\leqq -4$ であるとき，y の変域は $b\leqq y\leqq -3$ である。a，b の値を求めよ。

(2) 1つのさいころを2回投げて，1回目に出た目を a，2回目に出た目を b とする。$\dfrac{ab}{7}$ の値を小数で表したとき，その整数部分が1となる確率を求めよ。

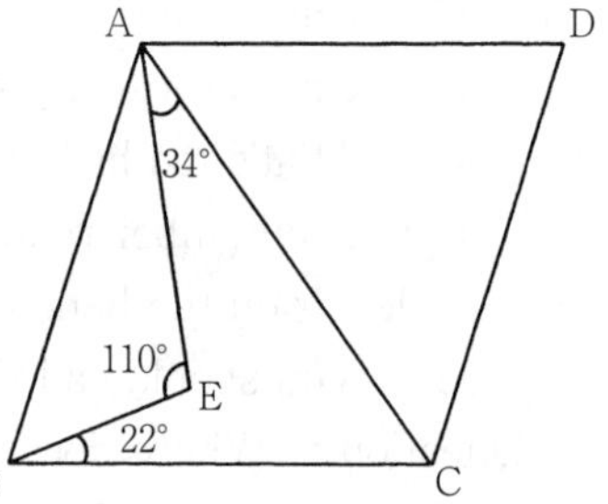

(3) 右の図のひし形ABCDで，∠AEB＝110°，∠EBC＝22°，∠CAE＝34° である。

このとき，∠ADC の大きさを求めよ。

3 2つの商品A，Bをそれぞれ何個かずつ仕入れた。1日目は，A，Bそれぞれの仕入れた数の75%，30%が売れたので，AとBの売れた総数は，AとBの仕入れた総数の半分より9個多かった。2日目は，Aの残りのすべてが売れ，Bの残りの半分が売れたので，2日目に売れたAとBの総数は273個であった。仕入れたA，Bの個数をそれぞれ求めよ。答えのみでなく求め方も書くこと。

4 長方形ABCDは，辺ADが直線 $y=1$ 上にあり，辺BCが直線 $y=-\dfrac{1}{4}$ 上にあり，点Dの x 座標は点Aの x 座標より1だけ大きいものとする。長方形ABCDは，その周が放物線 $y=x^2$ と異なる2点P，Qで交わるように動く。ただし，Pの x 座標はQの x 座標より小さいものとする。

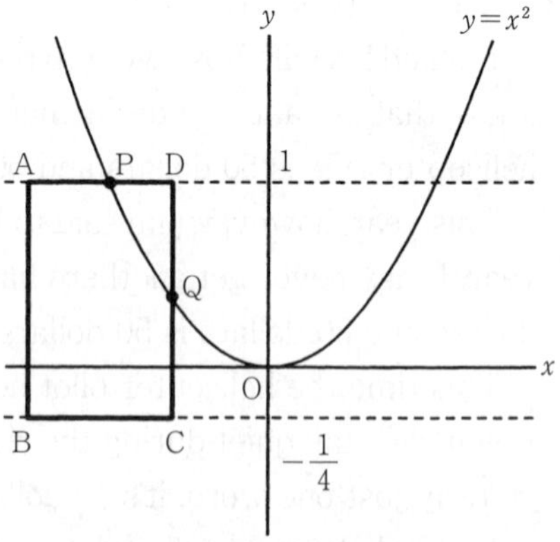

このとき，点Aの x 座標を t として，次の問いに答えよ。

(1) $t=-\dfrac{3}{2}$ のとき，2点P，Qの座標を求めよ。

(2) t の値の範囲を求めよ。

(3) 線分PQが長方形ABCDの面積を2等分するとき，t の値を求めよ。

5　右の図のように，AB＝AC の二等辺三角形 ABC と，３点 A，B，C を通る円がある。$\overset{\frown}{AB}$ 上に点 D を，$\overset{\frown}{BC}$ 上に点 E を，$\overset{\frown}{AD}=\overset{\frown}{BE}$ となるようにとる。また，直線 AB と直線 CE の交点を F とする。

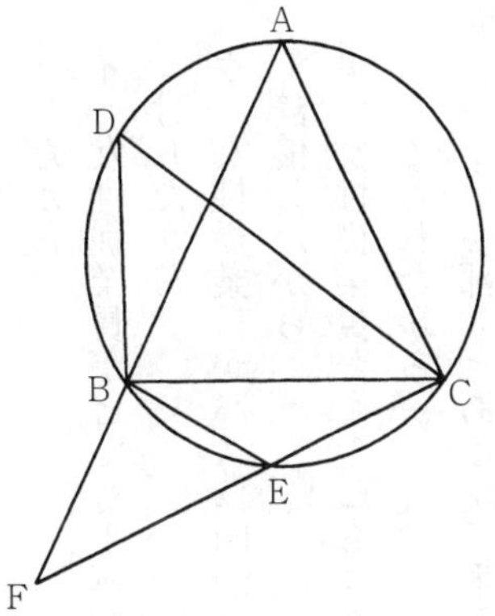

(1)　△AFC∽△DCB であることを証明せよ。

(2)　BC＝4，BD＝3，∠DBC＝90° のとき，次のものを求めよ。

①　AC の長さ

②　BF の長さ

③　△BFE の面積

6　右の図のように，１辺の長さが６の正八面体 ABCDEF がある。BD と CE の交点を O，辺 BC の中点を M とし，O から AM に垂線 OH を引く。O を中心として，OH を半径とする球 S をつくると，球 S は正八面体 ABCDEF のすべての面に接する。

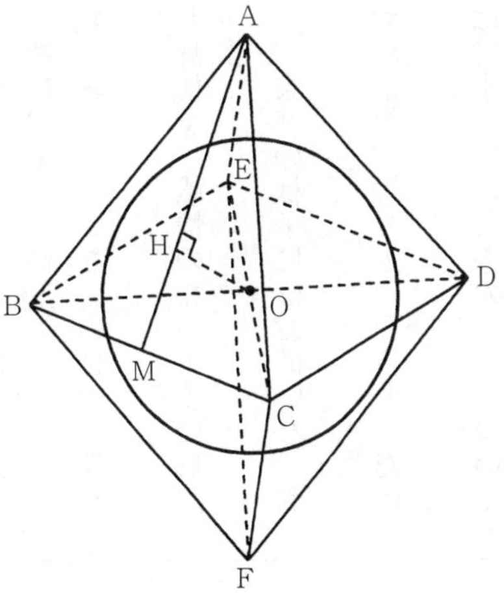

(1)　OH の長さを求めよ。

(2)　P，Q，R を，それぞれ辺 AB，AC，AD 上の点とし，AP：PB＝AQ：QC＝AR：RD＝2：1 とする。

　次の３点を通る平面で球 S を切断するとき，切り口の円の半径を求めよ。

①　P，Q，R

②　P，Q，D

引き自体があやしくなる。人と対象との関わり方自体が、刺激や反応の意味を決めているからだ。

そして、感情が社会的な文脈で生じるのであれば、それは自分だけの「こころ」の表現とはいえない。悲しみや怒りは、ある特定の人やモノの配置にそって意味が確定され、「涙」や「顔の表情」がひとつのリアルな「感情」として理解可能になる。

感情の意味は、さまざまな人やモノとの関わりのなかで決まる。だからこそ、同じ対象や場面でも、違った反応を引き起こすことになる。

エチオピアの地方の映画館でレオナルド・ディカプリオが主演した『タイタニック』を観ていたときのことだ。最後、氷山にぶつかった客船が傾き、甲板の手すりにしがみついていた人が海へと落下していく。凄惨《せいさん》な出来事の胸をしめつけられる結末……。

映画館では、この場面で大爆笑が起こった。エチオピア人の観客は、［B］ようだった。満員の観客が手を叩《たた》きながら、互いに顔を見合わせて笑っている姿が、いまでも目に浮かぶ。

（松村圭一郎『うしろめたさの人類学』による。）

問一　――線部①「そんな生活」とはどのような生活か。文中の二箇所の表現を用いて、三十字以内で説明せよ。

問二　――線部②とあるが、筆者が「びっくりし」たのはなぜか。次の中から最もふさわしいものを選び、記号で答えよ。

ア　女性従業員が乗客の後ろから、誰も見ていないのにお辞儀をしたから。

イ　女性従業員がとても丁寧なお辞儀を、感情のないままに形だけしたから。

ウ　女性従業員がバスに向かって、乗客の様子にはお構いなくお辞儀したから。

エ　女性従業員が心のこもったお辞儀を、振り返った自分にだけしてくれたから。

問三　――線部③とあるが、筆者は日本にいるときの自分についても、エチオピア体験の後で捉え直している。

㈠　筆者が日本にいるときの自分を説明するのに用いている、ほとんど同じことを指していながら意味の異なる表現を二つ、どちらも十五字以内で抜き出せ。

㈡　㈠で抜き出した二つの表現の意味の違いをふまえて、筆者が日本にいるときの自分についての捉え方がどう変化したかを、簡潔に説明せよ。

問四　――線部④とあるが、感情が「操作されているようにも思え」る具体的な状況を自分で考えて、簡潔に述べよ。ただし、本文中のCMやお笑い番組の例とは異なるものであること。

問五　――線部⑤「自分の居場所と調査地とを往復するなかで生じる『ずれ』や『違和感』」を端的に表す一語を文中から抜き出せ。

問六　――線部⑥「日本社会の感情をめぐる環境の特殊さ」を説明した次の文の空欄に補われることばを、十五字程度で文中から抜き出せ。

・［　　　　］が構築されていること。

問七　――線部⑦について。筆者はこれを考えるのに三つの面から考察を進めている。それらを表す三つのことばを文中から抜き出せ。ただし、それぞれ八字、二字、六字である。

問八　［A］に補われることばとして最もふさわしいものを次の中から選び、記号で答えよ。

ア　自分も「もののあわれ」を以前から感じていたことに気づく。

イ　なるほど「もののあわれ」という言葉があると便利だと納得できる。

ウ　そこで感じた「なにか」は「もののあわれ」としか表現しようがなくなる。

エ　違う言葉で表現するだけでだれもが「もののあわれ」を感じているのだとわかる。

問九　［B］に補われる、「この場面で大爆笑が起こった」理由を想像して、簡潔に説明せよ。

れている可能性に気づかせてくれる。
人類学では「ホーム」と「フィールド」との往復が欠かせない。そして、その両者が思考の対象となる。人類学といえば、よく遠くの国の異文化について研究していると思われてしまうが、人類学者はたんにフィールドの「かれら」だけを調査しているわけではない。エチオピアにいると、日本とは違う感情の生じ方を経験する。そこから、⑥日本社会の感情をめぐる環境の特殊さに気づくこともできるし、それまで疑問をもたなかった「感情とはなにか？」という根本的な問いにも自覚的になれる。
⑦そもそも、ぼくらは感情をどう感じているだろうか？
涙がこぼれるとき、そこに「悲しみ」があるのは、わかりきったことかもしれない。でも、涙は悲しいときだけ流れるわけではない。目にゴミが入ったときも、あくびをしたときも涙は出る。そんなとき、自分が悲しんでいるとは思わない。
「悲しみ」は「涙」という印だけから、そこにあると理解されるわけではない。では、なぜ自分のなかの感情が「悲しみ」や「怒り」だとわかるのか？
感情が生じるときの心の動きをじっくり観察してみよう。
過去にあった悲しい出来事を思い出してみる。なんだか目の奥がうずうずしたり、胸がもやもやしたり……。
次に、怒りを感じる場面を思い浮かべてみる。わずかに目の周りに力が入ったり、胸の奥に熱いものが流れる感じがしたり……。
やってみるとよくわかるけど、ぼくらはこうした感情を「悲しみ」や「怒り」という言葉以上にうまく表現する語彙をもたない。あるいは、「悲しみ」や「怒り」といった言葉を手がかりにして、はじめて胸の奥にわきあがる「なにか」に意味を与えることができている。
だから、ぼくらは知らない言葉の感情を感じることができない。古典の教科書に出てくるような「もののあわれ」という言葉の意味を知らなければ、「いやぁ、もののあわれを感じるなぁ」とは言えない。でも言葉を知り、その「感じ」がぼんやりとでもわかると、そうした感情を覚えることができる。そして、そのとたん、［ A ］。
あるいは、「今日は、ハッピーだ！」というときの気分と、「私は幸せ者です」というときの気分は、ちょっと違う。どこがどう違うのか、きちんと説明できなくてもよい。「なんとなく違う」というだけで、ぼくらはふたつの感情を感じ分けることができる。
これは、感情が身体的な生理現象だけではないことの証拠でもある。もちろん、心のなかの「なにか」は脳内の反応とつながっているのだろうけど、「言葉」は、それに「かたち」を与え、分類や区別を可能にし、経験のリアリティを支える。
感情を「わかる」ための手がかりは「言葉」だけではない。
母親が赤ん坊をあやしながら、ふくれっ面《つら》をする。ぼくらは、母親がほんとうに怒っているわけではないことをわかっている。「涙」や「顔の表情」といった外的に表示される印は、周囲の文脈のなかで理解される。
前の章で書いたように、店員とのモノのやりとりではなにも感じないのに、家族のあいだの同じようなモノのやりとりには感情がこもっているように思える。
感情を引き起こす刺激には、人とモノの配置やそれらの関係といった文脈全体が含まれている。そこでは、行為する人やそれを見ている人が、どのようにその文脈と関わっているのかが重要になる。「悲しい」という感情を「わかる」ために、鏡で自分の顔を確認したり、心のなかに生起する反応をそのつど脳波モニターで確認したりする必要はない。それらはいずれも文脈を問わない理解の仕方だ。
ある映画をじっと観ている。ストーリーの展開、雰囲気のある音楽、すっと流れ出る涙。こうした人とモノの配置から、ぼくらは自分のなかに生じる「なにか」が「悲しみ」だと疑いなく感じとる。このとき脳内でどういう反応が起きているかは関係ない。
だとしたら、とたんに外的な「刺激」と内的な「反応」という線所を訪れると、「今日は人がいないから明日来い」と何日も引き延ばされる。「ここじゃない、あっちの窓口だ」と、たらいまわしにされる。話がうまくいったと思ったら最後に賄賂を要求される……。

言葉の通じにくさもあって、懸命に身振り手振りを交えて話したり、大声を出して激高してしまったりする自分がいた。

村で過ごしているあいだも、生活のすべてがつねに他人との関わりのなかにあって、ひとりのプライベートな時間など、ほとんどない。いい意味でも、悪い意味でも、つねにある種の刺激にさらされ続けていた。食事のときは、いつもみんなでひとつの大きな皿を囲み、「もっと食べろ」と声をかけあい、互いに気遣いながら食べていた。

村にはまだ電気がなかった。食後はランプの灯りのもとで、おじいさんの話に耳を傾け、息子たちと腹を抱えて笑い転げたり、真顔で驚いたりと、にぎやかで心温まる時間があった。

村のなかにひとり「外国人」がいることで、いろんないざこざが起きて、なぜこんなにうまくいかないんだと、涙が止まらない日もあった。

毎朝、木陰にテーブルを出して、前日の日記をつけるのが日課だった。ふと見上げると、抜けるような青空から木漏れ日がさし、小鳥のさえずりだけが聞こえる。さわやかな風に梢《こずえ》が揺れる。おばあさんが炒《い》るコーヒーのいい香りが漂ってくる。自分はなんて幸せなんだろうと、心からうっとりした。

腹の底から笑ったり、激しく憤慨したり、幸福感に浸ったり、毎日が喜怒哀楽に満ちた時間だった。顔の筋肉も休まることなく、つねにいろんな表情を浮かべていた気がする。

①そんな生活を終えて、日本に戻ったとき、不思議な感覚に陥った。関西国際空港に着くと、すべてがすんなり進んでいく。なんの不自由も、憤りや戸惑いも感じる必要がない。バスのチケットは自動券売機ですぐに買えて、数秒も違わず定刻ぴったりに出発する。

②動き出したバスに向かって深々とお辞儀する女性従業員の姿に、びっくりして振り返ってしまった。

人との関わりのなかで生じる厄介で面倒なことが注意深く取り除かれ、できるだけストレスを感じないで済むシステムがつくられていた。

おそらく、お辞儀する女性は感情を交えて関わり合う「人」ではなく、券売機の「ご利用ありがとうございます」という機械音と同じ「記号」だった。

つねに心に波風が立たず、一定の振幅におさまるように保たれている。その洗練された仕組みの数々に、逆カルチャーショックを受けた。

そのうち、自分がもとの感情の起伏に乏しい「自分」に戻っていることに気づいた。顔の表情筋の動きも、すっかり緩慢になった。顔つきまで変わっていたかもしれない。③いったい、エチオピアにいたときの「自分」は「だれ」だったのだろうか？　そんなことも考えた。

でも日本の生活で、まったく感情が生じないわけではなかった。テレビでは、新商品を宣伝するために過剰なくらい趣向を凝らしたCMが繰り返し流され、物欲をかき立てていた。それまで疑問もなく観ていたお笑い番組も、無理に笑うという「反応」を強いられているように思えた。そんなとき、ひとりテレビを観ながら浮かぶ「笑い」は、「感情」と呼ぶにはほど遠い、薄っぺらで、すぐに跡形もなく消えてしまう軽いものだった。

多くの感情のなかで、特定の感情／欲求のみが喚起され、多くは抑制されているような感覚。エチオピアにいるときにくらべ、自分のなかに生じる感情の動きに、ある種の「いびつさ」を感じた。

④どこか意図的に操作されているようにも思えた。

人類学は、この⑤自分の居場所と調査地とを往復するなかで生じる「ずれ」や「違和感」を手がかりに思考を進める。それは、ぼくらがあたりまえに過ごしてきた現実が、ある特殊なあり方で構築さ分をしみじみと描いた。この「母が持っていた勇気」という詩でも⑤**if**は、母の勇気へ背伸びするためのバネだ。

母が持っていた勇気

エドナ・セントヴィンセント・ミレー

母が持っていた勇気は、いっしょに
去っていき、今も母とともにある。

ニューイングランドの山から切り出された御影石《みかげいし》が
再びその山の上に据えられ、母もその地に戻った。

母が胸につけていた金のブローチは
わたしのものになった。母が残してくれた
なによりの宝だ。宝ではあるけれど、それが
なくても、わたしは生きていくことができる。

母がもし、岩のようなあの勇気を
かわりに残してくれていたら！
今の母には必要ないかもしれないもの――
でもわたしにあったなら、どんなにか。

（アーサー・ビナード『もしも、詩があったら』による。
ただし一部省略した部分がある。）

問一　――線部①について。「相場」という語のここでの意味を答えよ。

問二　本文中の二カ所の□を補うのにふさわしい表現を考えて書け。（二カ所には三文字の同じ語が入る。）

問三　――線部②について。筆者は、外国語を習得するうえで大切なのはどのようなことだと考えているのか。簡潔に答えよ。

問四　[1] を補うのに最もふさわしいと思われる表現を次の中から選び、記号で答えよ。

ア　実在感が希薄な感じ　　イ　何ともおぞましい様子
ウ　取るに足りない気分　　エ　得体の知れない雰囲気

問五　[2] を補うのに最もふさわしいと思われる語を次の中から選び、記号で答えよ。

ア　謎　　イ　死　　ウ　変身　　エ　快楽　　オ　悪夢

問六　――線部③とあるが、筆者はどのようなことを「Old Ageの変身」といっているのか。わかりやすく説明せよ。

問七　――線部④「**if**のバネ」とほぼ同じ意味で使われている別の表現を本文中からみつけ、抜き出して書け。

問八　[3] を補うのにふさわしいと思われる語を、本文中から抜き出して書け。

問九　「母が持っていた勇気」の詩について。本文の筆者は、ミレーがこの詩にどのような思いを込めていると読み取っているのか。――線部⑤に「**if**は、母の勇気へ背伸びするためのバネだ」とあることもふまえて説明せよ。

問十　＝＝線部a～eについて、カタカナは漢字に改め、漢字はその読み方をひらがなで書け。

二　次の文章を読んで、後の各問に答えよ。

最初にエチオピアを訪れたのは、もう二十年近く前のことだ。ほとんど海外に出たこともなかった二十歳そこそこのころ。十カ月あまりの滞在期間の大半をエチオピア人に囲まれて過ごした。

それまで、自分はあまり感情的にならない人間だと思っていた。人とぶつかることもそれほどなく、どちらかといえば冷めた少年だった。それが、エチオピアにいるときは、まるで違っていた。なにをやるにしても、物事がすんなり運ばない。タクシーに乗るにも、物を買うにも、値段の交渉から始まる。町を歩けば、子どもたちにおちょくられ、大人からは質問攻めにあう。調査のために役

百回もやっていたというのに、自分も**it**に何百回もなっていたというのに。やはり「鬼」と比較して、英語の**it**が百倍くらい曖昧なのだ。

むかしミシガンでのtagに、隣の家のメアリーと弟のダッグ、その又隣ののっぽのデイヴと弟のケーシーと、それから斜向《はすむ》かいの家のエイミーもいつも参加していた。エイミーは足が速く、とてもすばしこかったが、彼女の発音がちょっと独特で、子音をいうときに少々息が漏れる感じだった。たとえばtが、どこかfとsを掛け合わせたような音になり、鬼の**it**として彼女がだれかにタッチすれば"You're it!"と叫び、でもそれが"You're if!"に聞こえたりした。いつかぼくは"I'm if? What's if?"と彼女をからかったこともあった。むろん、つかまってしまった悔しさを、意地悪くまぎらそうとしただけだったが。

けれど、詩を書くようになってから、あのtagを通しての**it**と**if**の交差を思い出し、ただならぬｄグウゼンの一致と感じて、うなずいた。詩人はときおり**if**という単語を、鬼ごっこのタッチみたいに使い、一時的な［ 2 ］を読者に体験させようとする。理屈ではなく「もしも」の飛躍の力で、常識の枠外へひょいっと連れていき、別天地を見せたい。

もしそれができれば、作品は立派に成功する。

「鬼ごっこ」という日本語を覚えてから三年ほど経ったころに、ぼくは『古今和歌集』を読み始めた。そしてさらに一年ばかりすぎて、どうにか八九五番目の歌までたどりつき、そこで習字教室の仲間と校庭で遊んだ記憶が、鮮やかによみがえった。

作者の「翁《おきな》」は、まるで鬼ごっこでもするような感覚で、「老い」というやつと向き合い、タッチされてしまったことを歎《なげ》いている。

老《お》いらくの来《こ》むと知《し》りせば門《かど》さしてなしと答《こた》へて逢《あ》はざらましを

If I'd known when Old Age was coming, I'd have locked
the gate and answered, "Nobody home!"—instead
I met this most unwelcome guest.

隠れん坊にも通じるたとえだが、英訳しようとするとheかsheかの代名詞の問題にぶつかり、「老いらく」は男なのか女なのか……いや、男でも女でもなく、きっと**it**であろうと「鬼ごっこ」の感覚のほうへ戻ってくる。ぼくは最終的に、代名詞を使わないですむunwelcome guestという表現をつくって、英語の読者の想像に任せた。

日本語の原文には「もしも」は入っていないが、「せば」と「ましを」の流れを伝えるには**if**が必要になる。また③Old Ageの変身を演出するためにも、やはり④**if**のバネが欠かせないのだ。

本格的な「老いらく」は、ぼく自身の門へは、まだやってこないので、どこか気楽に八九五番の歌をｅカンショウしているかもしれない。ただ、自分の人生において一度、思いっきりタッチされ、いきなり**it**になって呆然と立ちすくんだことはあった。十二歳のときだ。飛行機の墜落事故で父親が死んで、一夜にして、長男のぼくが父親の立場になってしまった。

もちろん、とても背負えない負担と、ちっとも果たせない責任ばかりだったが、それでも家族にぽっかり開いた穴に、自らが吸い込まれてそこから出られず、耳の鼓膜の奥でだれかが［ 3 ］とささやいているようだった。

子にとっては親の存在が大きく、おそらく年齢に関係なく、事故死か病死か老衰かも関係なく、親を失えば、とてつもない**it**にタッチされたみたいに、立場ががらりと変わる。

一八九二年に生まれたアメリカの詩人エドナ・セントヴィンセント・ミレーは、母親の強さを岩にたとえて、同じ荷を背負えない自

二〇一九年度
桐朋高等学校

【国語】〈五〇分〉〈満点：一〇〇点〉

一　次の文章を読んで、後の各問に答えよ。

日本語と英語とが比較されるとき、決まって前者のほうが曖昧だという話になる。

ジャパニーズ・ランゲージは白黒をつけない、グレーゾーンにただようおぼろげな表現が多いと、①相場が決まっているようだ。そんなどんぶりａカンジョウの日本語に対し、英語は正確で明朗会計に思われているらしい。

その延長線上で、ネイティヴ・イングリッシュ・スピーカーのぼくは、しょっちゅういわれる。「日本語って、はっきりしないことが多いから、覚えるのに苦労したでしょ？」

もちろん、語学は楽な道ではない。でも、どんな外国語を選んでも、覚えるのに苦労するはずだ。日本語は難しいところがいっぱいあるが、世界の中でとりわけ曖昧というわけでもなく、習得する者がひっかかってしまう欠陥などないと、ぼくは思う。

「[　]は言うに優《まさ》る」や「[　]が花の吉野山」といった表現に見られるように、余韻を大切にする日本語の流れは脈々とつづいている。しかしどの言語にも、微妙な綾《あや》とニュアンスによって伝えられる意味が必ずあって、②その類《たぐ》いの「みなまで言うな」の表現を呑み込み、身につけるプロセスこそが語学ではないか。もっといえば、最初、曖昧に思われた言葉が次第に曖昧ではなく、よくわかる細やかな言葉に変身していけば、やっとそこで言語を習得できたということになるのだ。

日本語に深くわけ入り、あらためて英語と比べてみると、むしろ後者のほうが曖昧じゃないかと思えることもある。たとえば、「鬼ごっこ」に関してだ。

ぼくは二十二歳のときに来日したので、当初のひとり暮らしの中、鬼ごっこに興じる機会は巡ってこなかった。ところが、池袋の近所の習字教室に通い始め、先輩の小学生たちと仲よくなり、そのうちメンコだのガチャガチャだのを教わり、ランドセルもちょっと背負ってみたりして、また休日に小学校の校庭での「鬼ごっこ」にも参加させてもらった。

まずその呼び名に驚いた。「鬼ごっこ」と聞いて初めは、なにかモンスターのまねごとでもするのかと思っていたら、ルールは自分が子どものころにミシガンでさんざんやったtagというゲームと、ｂ酷似しているではないか。

いや、そう思ってみんなといっしょに遊んでみたら、ルールが似ているどころかまったく同じだった。「鬼ごっこ」イコールtagと、完璧な同意語なのだ。

tagという単語は、古い英語に由来していてtouchとかtapと同様の意味。したがって、直訳すると「タッチ」といったネーミングだ。ま、鬼がほかの連中を追い回し、だれかにタッチすれば、今度はそいつが鬼になるという遊びなので、英語名はそのメカニズムに焦点を当てているわけだ。でも「鬼」のことをmonsterともdevilともogreともdemonとも呼ばずに、オールラウンドでどうにでも解釈できる、極めてうやむやな代名詞の**it**が使われる。

「お前が鬼だ」というときは"You're it."だし、「鬼はだれ？」と聞く場合は"Who's it?"となる。そんな**it**が具体的に、果たしてどういう意味なのか。

補足説明など一切なく、はっきり認められるのはheでもsheでもなく、あえて**it**と呼ぶことによって、[1]がｃ醸し出されることだ。強いていえば、怪しい「人でなし」といった印象がひそんでいる。

しかしそれがなんなのか、来日して「鬼ごっこ」に出くわすまでは、ぼくは深く考えたことがなかった。ミシガンでtagの遊びを何

英語解答

I A (1)…A (2)…C (3)…A (4)…B
(5)…D
B 問1 (1)…B (2)…D
問2 (1) dropped (2) almost
(3) anything

II 問1 C
問2 learn how slow the process of movie making is
問3 スクリーン上にはほんの数分間しか映らないシーンを撮影するのに丸一日かかることもある。
問4 wait 問5 B 問6 C
問7 仕事のない俳優が，エキストラの仕事を通じて，本当の演技の仕事を得ること。

III 問1 A
問2 she seemed as smart as a person
問3 3-①…weighs 3-②…tells
3-③…puts
問4 ask him to repeat the lesson as many times as they like
問5 C 問6 D
問7 もうひとつキズメットが子どものようにすることは，おもちゃで遊んで退屈すると目を閉じて眠ってしまうということである。
問8 (例) I want to have a machine friend. First, he will never be angry. He will never say anything bad to me. Second, he will always help me. For example, when I am busy, he will do my homework for me.(40語)

IV (1) (例) I'm surprised that many people play games while they are walking.
(2) (例) you'll have a lot of trouble if you don't look around.

I〔放送問題〕解説省略

II〔長文読解総合─説明文〕

≪全訳≫❶普通の人々はずっと，映画や映画スターの世界に引きつけられてきた。この世界に近づくための１つの方法は，映画のエキストラになることだ。あなたは，映画のエキストラを見たことはあるが，彼らにあまり注意を払っていなかったかもしれない。エキストラは，２人の主役が会話をしている間，レストランのテーブルに座っている人々だ。彼らは主役の結婚式の客だ。彼らは「悪者」が警察に追われている間に通りを横切っている人々だ。エキストラは普通，セリフを言うことはないが，そのシーンをリアルに見せるのだ。❷映画のエキストラをするのはとても楽しいことのように思えるかもしれない。舞台裏の生活がどんなものかわかるようになるからだ。しかし，エキストラをすることは，実際には仕事であるということを忘れてはならず，そして，それはたいていの場合，何もしないということなのだ。初めてエキストラをする人は，(2)映画製作の過程がどれほど遅いかを知ってしばしばショックを受ける。完成した映画では，展開が速く進むかもしれない。しかし，スクリーン上にほんの数分間しか映らないシーンを撮影するのに丸一日かかることもあるのだ。❸エキストラの主な必要条件は待つ能力だ。午前５時または６時に仕事に行くこともあり，それから監督のシーンの準備が整うまで待つ。これには数時間かかることもある。その後，技術的な問題がある可能性もあり，もう少し待たなければならなくなる。監督が「アクション」と言って，最初の「テイク」をした後，監督がシーンに満足していなければ，再びそれをしなければならないかもしれない。実際，同じシーンを何度もやり直す必要があるかもしれないのだ。何時間もセットにいるかもしれないし，ときには非常に暑い，もしくは寒い天候の中，屋外で待つこともあるのだ。午後11時，もしくは深夜まで終わらないかもしれない。賃金も良くない――多くの場合，最低賃金を少し上回るだけだ。そして，その仕事を取ってくる仲介業者に約10パーセントの手数料を支払わなければならない。❹では，誰が映画のエキストラになりたいと思うだろうか。長い時間と低い賃金にもかかわらず，それでも多くの人々がその仕事に応募する。本当にその仕事を楽しむ人々もいる。彼らは映画のセットにいるのが好きで，仲間のエキストラとの親交を楽しむ。彼らのほとんどはスケジュールの融通が利き，それで都合がつけられるのだ。彼らは学生やウェイター，主婦〔夫〕，退職した人々，もしくは仕事のない役者かもしれない。仕事のない役者の中には，その仕事が本当の演技の仕事を得る手助けとなることを望んでいる者もいるが，それはあまり起こらない。映画業界の人のほとんどはエキストラと役者とをはっきり区別しているので，たいてい，エキストラはより大きな役の対象とは見なされないのだ。❺次に映画を見るときは，スターだけを見てはいけない。背景にいる人々をよく見て，自分自身に尋ねてみるといい。彼らは誰だろうか。なぜ彼らはそこにいるのだろうか。彼らは人生で，他に何をしているのだろうか。ひょっとしたら，ちょうどあなたのような人が，群衆の中にいるかもしれない。

問１＜適語選択＞空所の前の make に注目する。‘make＋目的語＋動詞の原形’で「～に…させる」。主語の they は文先頭の Extras を指す。エキストラがいることで，そのシーンがどうなるのかを考える。‘look＋形容詞’で「～に見える」の意味。

問２＜整序結合＞直前の shocked は「ショックを受ける，びっくりする」という感情を表しているので，その後の to は‘感情の原因’を表す to不定詞の to だと考え，to の後に動詞の原形の learn を置く。残りは知って驚くような内容になるが，語群とこの後に続く内容から，「映画製作の過程がいかに遅いか」ということだと判断できるので，‘how＋形容詞〔副詞〕＋主語＋動詞’の感嘆文の形にまとめる。感嘆文は文の中に組み込まれても語順は変わらない。

問３＜英文和訳＞‘It takes＋時間＋to ～’で「～するのに(時間が)…かかる」。shoot は「～を撮影する」，appear は「現れる」という意味。a scene の後の that は主格の関係代名詞。

問４＜適語補充＞この後に続く内容を見ると，エキストラが「待つ」仕事であることが説明されている。

問５＜適語句選択＞空所前の he or she は，同文前半の the director を指す。映画監督がどういう状態の場合に，同じシーンを撮り直すのかを考える。be satisfied with ～ で「～に満足している」という意味。be disappointed with ～ は「～にがっかりしている」，be scared of ～ は「～を恐れている」，be tired of ～ は「～に飽きている」。

問６＜適語選択＞第３段落参照。エキストラの仕事は待ち時間が長く，賃金も最低賃金をわずかに超える程度だとある。ここから労働時間は「長く」，賃金は「低い」と考える。

問７＜指示語＞同じ文の前半，the work ～ acting jobs の内容をまとめる。it は単数のもののほか，このように前出の文の一部または全部を指すこともある。‘help＋目的語＋動詞の原形’で「～が…

する手助けをする」。

Ⅲ〔長文読解総合—説明文〕

≪全訳≫**1**ロボットは賢い。彼らは，コンピュータの頭脳を使い，危険だ，汚い，または退屈だという理由で人間がやりたがらない仕事をすることができる。1人々から仕事を取り上げているロボットもある。ボビーは，ワシントンDCの大規模オフィスビルに郵便物を送る郵便配達ロボットだ。アメリカには，何百もの郵便配達ロボットがある。世界中の70を超える病院で，ヘルプメイトと呼ばれるロボットが薬をホールに降ろし，エレベーターを呼び，食事を配る。ワシントンDCでは，スミソニアン博物館のツアーガイドは，ミネルヴァと呼ばれるロボットだ。ミネルヴァに出会った人々の約20パーセントが，(2)彼女は人と同じくらい賢いように思えると述べた。教師のロボットさえいる。**2**Mr. Leachimは4年生の教師ロボットだ。彼は体重200ポンド，身長6フィートで，教師としていくつかの利点がある。1つの利点は彼が詳細を忘れないことだ。彼はそれぞれの子どもの名前，親の名前，そして子どもがそれぞれ何を知っていて，何を知る必要があるのかわかっている。さらに，彼はそれぞれの子どものペットや趣味を知っている。Mr. Leachimは間違えない。子どもはそれぞれMr. Leachimに自分の名前を言い，次に認識番号を入力する。彼のコンピュータの頭脳は子どもの声と番号をまとめる。彼は間違いなく子どもを認識する。それから彼は授業を始める。**3**もう1つの利点は，Mr. Leachimに適応力があることだ。子どもたちは何か理解していなければ，彼に好きなだけ授業を繰り返すように頼むことができる。子どもたちがうまくできたら，彼は子どもたちに彼らの趣味について何かおもしろいことを話す。授業の終わりに，子どもたちはMr. Leachimのスイッチを切る。Mr. Leachimの良い点は，(5)彼が人間のように感情を持っていないということだ。だから，子どもが「気難しい」場合でも，彼が腹を立てることはない。**4**今日，科学者たちは，人間のように感情を示すロボットをつくろうとしている。MIT(マサチューセッツ工科大学)で，シンシア・ブリジールはキズメットというロボットをつくった。現時点では頭しかない。ブリジールが来てキズメットの前に座るとすぐ，このロボットの気分が変わる。ロボットがほほ笑むのだ。ブリジールは母親が子どもに話しかけるようにそれに話しかけ，キズメットはそれを見て，ほほ笑む。ブリジールが前後に動き始めると，キズメットはそれが気に入らず，腹を立てているように見える。キズメットが出しているメッセージは「これをやめて！」だ。ブリジールが動きを止めると，キズメットは喜ぶ。次にブリジールがキズメットに注意を払わなくなると，ロボットは悲しむ。ブリジールがキズメットの方を向くと，ロボットは再び喜ぶ。もう1つキズメットが子どものようにすることは，おもちゃで遊んで退屈すると目を閉じて眠ってしまうということだ。ブリジールはまだ，キズメットを開発している最中だ。キズメットには，まだその性格に，多く欠けているものがある。それはまだ，全ての人間の感情を持っているわけではないが，いつかそうなるだろう！**5**かつて人は，コンピュータは感情を持ちえないと言っていた。将来，科学者たちが，感情を持ち，友達になることさえできるコンピュータを開発する可能性は大いにありそうだ。しかし，機械の友達を持つことの利点は何だろうか。

問1＜適文選択＞第1段落の空所以降で，ロボットが人間に代わってさまざまな仕事をしていることがわかる。これに合致するのはA。 ‘take ～ away from …’「…から～を取り上げる，奪う」

問2＜整序結合＞直前の that は接続詞なので後には文，つまり‘主語＋動詞…’の形が続く。‘seem＋形容詞’で「～のように思える」という意味。as が2つあるので‘as＋形容詞〔副詞〕＋as ～’「～

と同じくらい…」の形を考える。

問３＜適語選択・語形変化＞３-①直後の 200 pounds に注目する。weigh で「～の重さがある」という意味。主語が He なので，３人称単数現在の s をつける。　**３-②**直後の Mr. Leachim his or her name に注目し，'tell＋人＋物事' の形で「Mr. Leachim に名前を告げる」とする。主語の Each child は３人称単数。　**３-③**空所の後の together に注目。put ～ together で「～をまとめる」という意味。主語の His computer brain は３人称単数。

問４＜条件作文＞空所を問う問題は，前後に注目する。ここでは(4)を含む文の前半の内容を押さえることが大切。子どもたちが何かを理解していない場合に，教師ロボットにどんな利点があるかを，指定された使用語句と合わせて考える。語句の ask と to から 'ask＋人＋to不定詞'「(人)に～するように頼む」の形，as many から 'as＋many＋複数名詞＋as ～' の形が考えられる。'as ～ as＋主語＋like(s)'「好きなだけ～」

問５＜適文選択＞空所の後，so「だから，それで」に注目する。この so の前に来る文は，後に来る文の理由を表す。子どもが気難しい場合でも，腹を立てない理由として適切なのは感情を持たないというC。

問６＜適語選択＞6-①前の２文からは，キズメットはブリジールが前後に動くのをやめてほしがっていることがわかる。　6-②・6-③ブリジールがキズメットに注意を払わないときと，キズメットの方を向いたときに，キズメットがどのような感情を持つかを考える。この段落の前半の内容から，キズメットはブリジールを母親のように見なしていることがわかる。

問７＜英文和訳＞Another thing Kismet does like a child は thing の後ろに目的格の関係代名詞が省略された '名詞＋主語＋動詞'「～が…する名詞」の形。ここでの like は「～のように」の意味の前置詞。ここまでが文の主語で，is が動詞，その後の to ～ は名詞的用法の to不定詞で「～すること」と訳すとよい(この to は後ろにある become, close, go の全てにかかっている)。become bored with ～ で「～に退屈する」。

問８＜テーマ作文＞質問は「あなたは機械の友人を持ちたいですか。その理由は何ですか」という意味。最初の文で意見を述べ，その後に理由を述べるとよい。複数の理由があるときは，First「第１に」，Second「第２に」などを使うと，内容が整理され，伝わりやすい文章になる。　(別解例) I don't want a machine friend. Machines do not understand humans' emotions, so he will not understand my feelings. I have many real friends who make me happy. They also cheer me up when I am sad.(37語)

Ⅳ〔**和文英訳―完全記述**〕

(1)「～に驚く」は be surprised that ～ で表すことができる。「ゲームをしている人が多い」は「多くの人がゲームをする」と読み換えて，many people play games とすることもできるし，「ゲームをする多くの人がいる」と読み換えて，there are many people who play games とすることもできる。「歩きながら」は「歩いている間に」と考え，while を使って表すとよい。

(2)「周りを見ないと」は「周りを見なかったら」と考え，if を使って表すとよい。「周りを見る」は look around。「たいへんなことになる」は you'll have a lot of trouble のほか，you'll be in big trouble などと表すこともできる。

数学解答

1 (1) $-\frac{1}{12}a^3b$　(2) $x=-1,\ 3$

(3) $\frac{-7+6\sqrt{3}}{2}$

2 (1) $a=24,\ b=-6$　(2) $\frac{1}{4}$

(3) 72°

3 A…420個　B…480個

4 (1) $P(-1,\ 1),\ Q\left(-\frac{1}{2},\ \frac{1}{4}\right)$

(2) $-2<t<1$　(3) $\frac{-2\pm\sqrt{2}}{4}$

5 (1) (例)△AFCと△DCBにおいて，$\overset{\frown}{BC}$に対する円周角なので，∠FAC=∠CDB……①　また，∠ACF=∠ACB+∠ECB，∠DBC=∠ABC+∠DBA　AC=ABより，∠ACB=∠ABC　$\overset{\frown}{BE}=\overset{\frown}{AD}$より，∠ECB=∠DBA　よって，∠ACF=∠DBC……②　①，②より，2組の角がそれぞれ等しいので，△AFC∽△DCB

(2) ① $2\sqrt{5}$　② $\frac{4\sqrt{5}}{3}$　③ $\frac{10}{3}$

6 (1) $\sqrt{6}$　(2) ① 2　② $\frac{4\sqrt{3}}{3}$

1〔独立小問集合題〕

(1)<式の計算>与式 $=\frac{a^4b^2}{4}\times\left(-\frac{1}{ab}\right)-\left(-\frac{1}{6}a^3b\right)=-\frac{1}{4}a^3b+\frac{1}{6}a^3b=-\frac{3}{12}a^3b+\frac{2}{12}a^3b=-\frac{1}{12}a^3b$

(2)<二次方程式> $4x^2-12x+9+4x-6-15=0,\ 4x^2-8x-12=0,\ x^2-2x-3=0,\ (x+1)(x-3)=0$　$\therefore x=-1,\ 3$

≪別解≫ $2x-3=A$ とおくと，$A^2+2A-15=0,\ (A+5)(A-3)=0$　$\therefore A=-5,\ 3$　よって，$2x-3=-5$ より，$2x=-2,\ x=-1$ となり，$2x-3=3$ より，$2x=6,\ x=3$ となる。

(3)<平方根の計算>与式 $=\frac{5-2}{\sqrt{3}}-\frac{4-4\sqrt{3}+3}{2}=\frac{3\times\sqrt{3}}{\sqrt{3}\times\sqrt{3}}-\frac{7-4\sqrt{3}}{2}=\frac{3\sqrt{3}}{3}-\frac{7-4\sqrt{3}}{2}=\sqrt{3}-\frac{7-4\sqrt{3}}{2}$ $=\frac{2\sqrt{3}-(7-4\sqrt{3})}{2}=\frac{2\sqrt{3}-7+4\sqrt{3}}{2}=\frac{-7+6\sqrt{3}}{2}$

2〔独立小問集合題〕

(1)<関数―反比例>関数 $y=\frac{a}{x}$ で，x の変域が $-8\leqq x\leqq -4$ のとき，y の変域が $b\leqq y\leqq -3$ より，この変域でのグラフは右図のようになる。よって，$x=-8$ のとき，$y=-3$ であり，$-3=\frac{a}{-8}$ より，$a=24$ となる。また，これより，関数は $y=\frac{24}{x}$ であり，$x=-4$ のとき，$y=b$ だから，$b=\frac{24}{-4}$ より，$b=-6$ である。

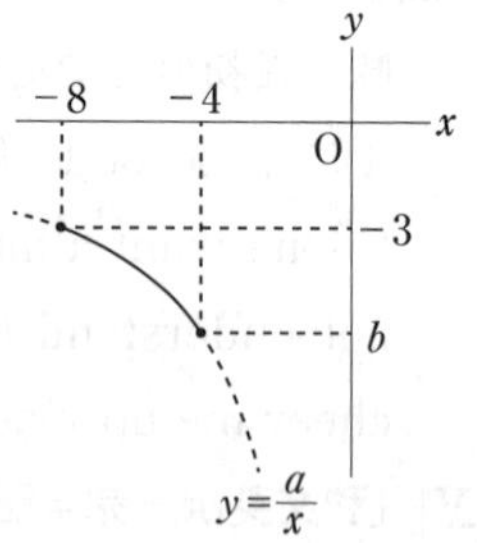

(2)<確率―さいころ>1つのさいころを2回投げるとき，目の出方は全部で $6\times6=36$(通り)ある。$\frac{ab}{7}$ を小数で表したときの整数部分が1なので，$1\leqq\frac{ab}{7}<2$ より，$7\leqq ab<14$ である。よって，$ab=7,\ 8,\ 9,\ 10,\ 11,\ 12,\ 13$ である。$ab=7,\ 11,\ 13$ になることはない。$ab=8$ のとき $(a,\ b)=(2,\ 4),\ (4,\ 2)$ の2通り，$ab=9$ のとき $(a,\ b)=(3,\ 3)$ の1通り，$ab=10$ のとき $(a,\ b)=(2,\ 5),\ (5,\ 2)$ の2通り，$ab=12$ のとき $(a,\ b)=(2,\ 6),\ (3,\ 4),\ (4,\ 3),\ (6,\ 2)$ の4通りある。したがって，$\frac{ab}{7}$ の整数部分が1となる場合は $2+1+2+4=9$(通り)あるので，求める確率は $\frac{9}{36}=\frac{1}{4}$ となる。

⑶＜図形―角度＞右図で，AEの延長と辺BCの交点をFとする。△BEFで内角と外角の関係より，∠BFE＝∠AEB－∠EBF＝110°－22°＝88°となり，△AFCで内角と外角の関係より，∠BCA＝∠BFE－∠CAF＝88°－34°＝54°となる。BA＝BCより△BACは二等辺三角形だから，∠BAC＝∠BCA＝54°，∠ABC＝180°－54°×2＝72°となり，四角形ABCDはひし形で対角は等しいから，∠ADC＝∠ABC＝72°である。

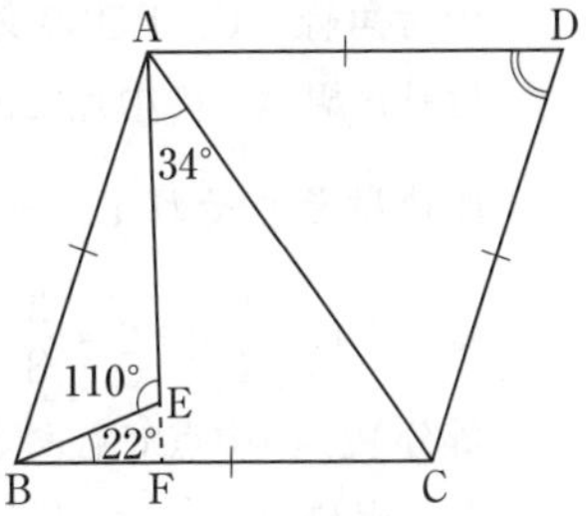

3〔方程式―連立方程式の応用〕

商品Aをx個，商品Bをy個仕入れたとすると，1日目は，商品Aが75%，商品Bが30%売れたので，商品Aと商品Bの売れた個数の合計は$\frac{75}{100}x+\frac{30}{100}y=\frac{3}{4}x+\frac{3}{10}y$(個)と表される。これが仕入れた総数の半分より9個多かったので，$\frac{3}{4}x+\frac{3}{10}y=\frac{1}{2}(x+y)+9$……①が成り立つ。2日目は，商品Aは売れ残った$x-\frac{3}{4}x=\frac{1}{4}x$(個)の全てが売れ，商品Bは売れ残った$y-\frac{3}{10}y=\frac{7}{10}y$(個)の半分が売れ，合わせて273個だから，$\frac{1}{4}x+\frac{7}{10}y\times\frac{1}{2}=273$……②が成り立つ。①×20より，$15x+6y=10x+10y+180$，$5x-4y=180$……①′　②×20より，$5x+7y=5460$……②′　①′－②′より，$-11y=-5280$　∴$y=480$　これを①′に代入して，$5x-1920=180$，$5x=2100$　∴$x=420$　したがって，仕入れた商品Aは420個，商品Bは480個である。

4〔関数―関数$y=ax^2$と直線〕

≪基本方針の決定≫⑶　長方形の面積を2等分する直線は，長方形の対角線の交点を通ることに着目する。

⑴＜座標＞放物線$y=x^2$上の点でy座標が1の点のx座標は，$1=x^2$より，$x=\pm1$である。$t=-\frac{3}{2}$のとき，点Aのx座標は$-\frac{3}{2}$，点Dのx座標は$-\frac{3}{2}+1=-\frac{1}{2}$だから，右図1のように，点Pは辺AD上にあり，$y$座標は1である。よって，P$(-1,\ 1)$である。また，点Qの$x$座標は$-\frac{1}{2}$だから，$y=\left(-\frac{1}{2}\right)^2=\frac{1}{4}$より，Q$\left(-\frac{1}{2},\ \frac{1}{4}\right)$である。

図1

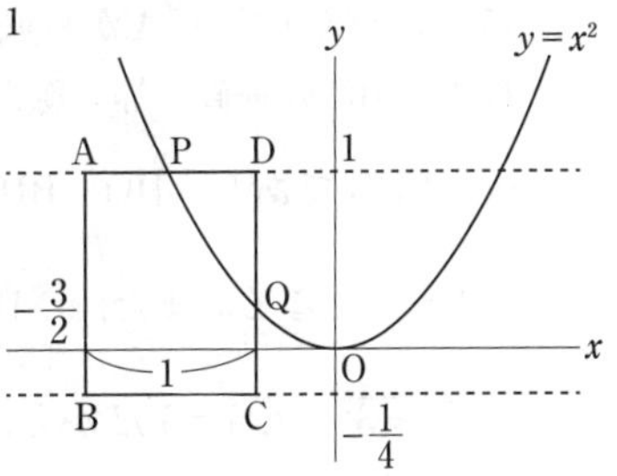

⑵＜x座標の範囲＞右図2で，長方形ABCDの頂点Dのx座標が-1のとき，点Aのx座標は$t=-1-1=-2$である。このとき，長方形ABCDの周と放物線$y=x^2$は頂点Dの1点しか共有しないので，長方形ABCDの周が放物線$y=x^2$と異なる2点で交わるとき，$t>-2$である。また，長方形ABCDの頂点Aのx座標が1のとき，長方形ABCDの周と放物線$y=x^2$は頂点Aの1点しか共有しないので，長方形ABCDの周が放物線$y=x^2$と異なる2点で交わるとき，$t<1$である。よって，$-2<t<1$である。

図2

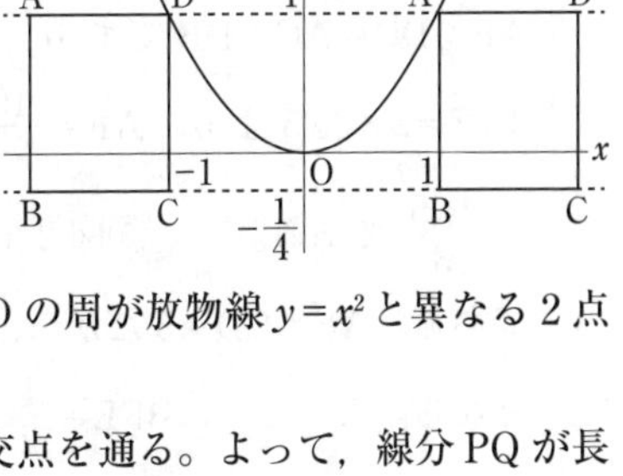

⑶＜tの値＞長方形の面積を2等分する線分は長方形の対角線の交点を通る。よって，線分PQが長方形ABCDの面積を2等分する場合は，次ページの図3，4の2通り考えられる。長方形ABCD

の対角線 AC，BD の交点を R とすると，点 R は対角線 AC の中点であるから，点 A，C の y 座標はそれぞれ 1，$-\frac{1}{4}$ より，点 R の y 座標は $\left\{1+\left(-\frac{1}{4}\right)\right\}\div2=\frac{3}{8}$ である。また，点 R は線分 PQ の中点でもある。点 P の x 座標が t より y 座標は $y=t^2$ であり，点 Q の x 座標が $t+1$ より y 座標は $y=(t+1)^2$ だから，点 R の y 座標は $\frac{t^2+(t+1)^2}{2}=\frac{2t^2+2t+1}{2}$ と表される。よって，$\frac{2t^2+2t+1}{2}=\frac{3}{8}$ が成り立つ。これを整理すると，$8t^2+8t+4=3$ より，$8t^2+8t+1=0$ となるから，$t=\frac{-8\pm\sqrt{8^2-4\times8\times1}}{2\times8}=\frac{-8\pm4\sqrt{2}}{16}=\frac{-2\pm\sqrt{2}}{4}$ である。図 3，図 4 において，$-1<t<0$ だから，ともに適する。

図 3

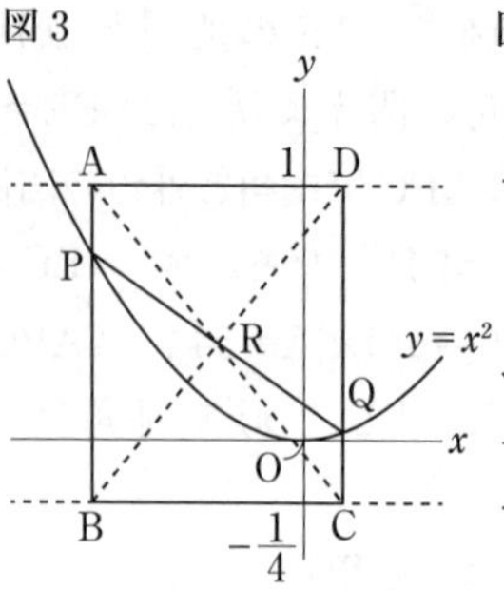

図 4

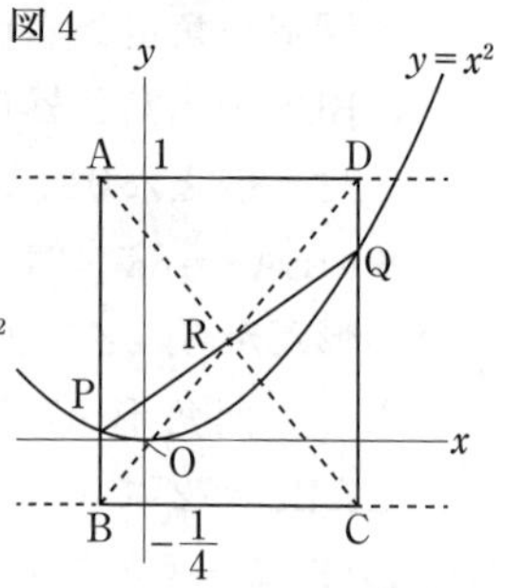

5〔平面図形―二等辺三角形，円〕

≪**基本方針の決定**≫(2)② △ABC の頂点 A から底辺 BC に垂線を引いてみる。　③ ∠EBF＝90° である。

(1)＜**論証―相似**＞右図 1 で，$\overset{\frown}{BC}$ に対する円周角より，∠FAC＝∠CDB である。また，AC＝AB より，∠ACB＝∠ABC であり，$\overset{\frown}{BE}=\overset{\frown}{AD}$ より，∠ECB＝∠DBA だから，∠ACF＝∠DBC である。解答参照。

図 1

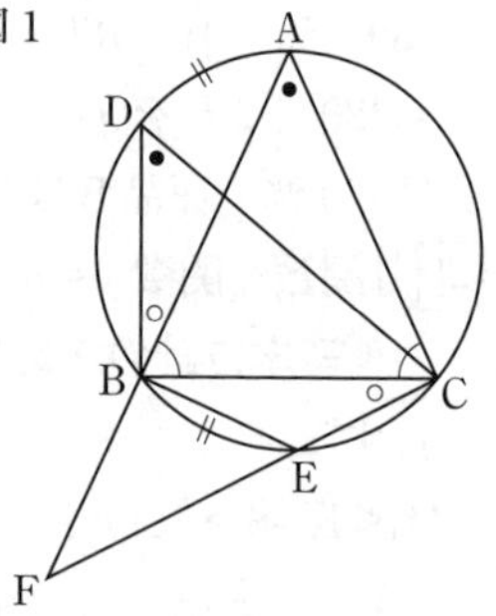

(2)＜**長さ，面積―三平方の定理**＞①右下図 2 で，円の中心を O とする。∠DBC＝90° より，線分 CD は円 O の直径であり，△AFC∽△DCB より，∠ACF＝∠DBC＝90° だから，線分 AE も円 O の直径である。図 2 のように，△ABC の頂点 A から底辺 BC に垂線 AH を引くと，直線 AH は円 O の弦 BC の垂直二等分線だから，中心 O は直線 AH 上にある。△OCH∽△DCB であり，HO : BD＝HC : BC＝1 : 2 だから，$HO=\frac{1}{2}BD=\frac{1}{2}\times3=\frac{3}{2}$ となる。また，△DCB で三平方の定理より，$CD=\sqrt{BC^2+BD^2}=\sqrt{4^2+3^2}=\sqrt{25}=5$ だから，$OA=OC=\frac{1}{2}CD=\frac{1}{2}\times5=\frac{5}{2}$ である。よって，△AHC において，$AH=OA+HO=\frac{5}{2}+\frac{3}{2}=4$，$HC=\frac{1}{2}BC=\frac{1}{2}\times4=2$ であり，三平方の定理より，$AC=\sqrt{AH^2+HC^2}=\sqrt{4^2+2^2}=\sqrt{20}=2\sqrt{5}$ となる。　②図 2 で，(1)より，△AFC∽△DCB だから，AF : DC＝AC : DB であり，$AF:5=2\sqrt{5}:3$ が成り立つ。よって，$3AF=5\times2\sqrt{5}$ より，$AF=\frac{10\sqrt{5}}{3}$ となる。$AB=AC=2\sqrt{5}$ だから，$BF=AF-AB=\frac{10\sqrt{5}}{3}-2\sqrt{5}=\frac{4\sqrt{5}}{3}$ である。　③図 2 で，線分 AE は円 O の直径だから，∠ABE＝90° となり，∠EBF＝90° である。AE＝CD＝5 だから，△ABE で三平方の定理より，$BE=\sqrt{AE^2-AB^2}=\sqrt{5^2-(2\sqrt{5})^2}=\sqrt{5}$ となる。よって，$\triangle BFE=\frac{1}{2}\times BF\times BE=\frac{1}{2}\times\frac{4\sqrt{5}}{3}\times\sqrt{5}=\frac{10}{3}$ である。

図 2

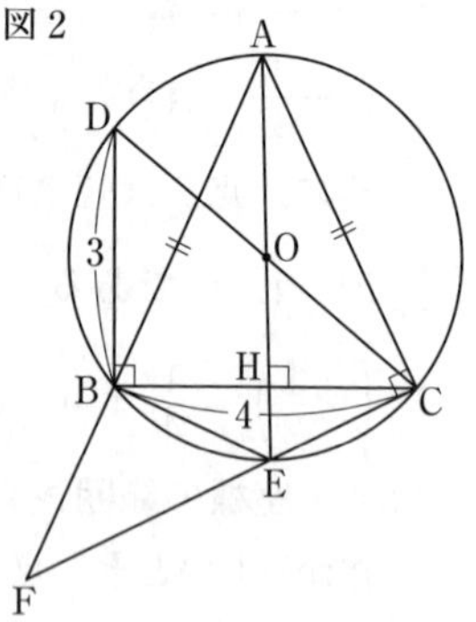

6〔空間図形—正八面体，球〕

(1)**＜長さ—特別な直角三角形＞**右図1で，図形の対称性より，AFは点Oを通り，AF⊥〔面 BCDE〕となるから，∠AOB＝90°である。また，四角形 ABFD は正方形だから，△OAB は直角二等辺三角形であり，$\mathrm{AO}=\frac{1}{\sqrt{2}}\mathrm{AB}=\frac{1}{\sqrt{2}}\times6=3\sqrt{2}$ である。△ABC は正三角形で，点Mは辺 BC の中点だから，△ABM は3辺の比が $1:2:\sqrt{3}$ の直角三角形となり，$\mathrm{AM}=\frac{\sqrt{3}}{2}\mathrm{AB}=\frac{\sqrt{3}}{2}\times6=3\sqrt{3}$ である。さらに，$\mathrm{MO}=\frac{1}{2}\mathrm{CD}=\frac{1}{2}\times6=3$ である。よって，△AMO の面積について，$\frac{1}{2}\times\mathrm{AM}\times\mathrm{OH}=\frac{1}{2}\times\mathrm{AO}\times\mathrm{MO}$ より，$\frac{1}{2}\times3\sqrt{3}\times\mathrm{OH}=\frac{1}{2}\times3\sqrt{2}\times3$ が成り立ち，$\mathrm{OH}=\sqrt{6}$ となる。

図1

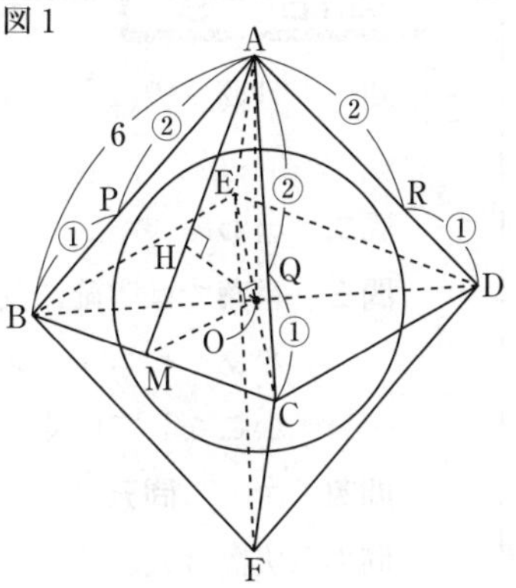

(2)**＜長さ—三平方の定理＞**①右上図1の△AHO で三平方の定理より，$\mathrm{AH}=\sqrt{\mathrm{AO}^2-\mathrm{OH}^2}=\sqrt{(3\sqrt{2})^2-(\sqrt{6})^2}=\sqrt{12}=2\sqrt{3}$ であり，$\mathrm{AH}:\mathrm{AM}=2\sqrt{3}:3\sqrt{3}=2:3$ だから，AH：HM＝2：1である。AP：PB＝AQ：QC＝AR：RD＝2：1より，3点P，Q，Rを通る平面は正方形 BCDE と平行であり，点Hを通る。よって，3点A，M，Oを通る断面は右図2のようになる。3点P，Q，Rを通る切断面が線分 AO と交わる点をIとすると，HI が求める円の半径となる。HI∥MO より，HI：MO＝AH：AM＝2：3となる。MO＝3だから，$\mathrm{HI}=\frac{2}{3}\mathrm{MO}=\frac{2}{3}\times3=2$ である。

図2

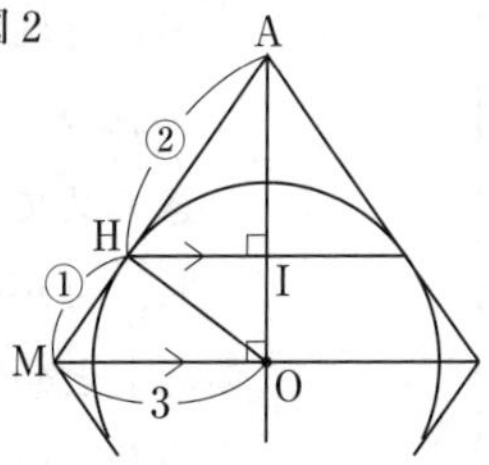

②PQ∥BC，BC∥ED より，PQ∥ED だから，3点P，Q，Dを通る平面は点Eを通る。3点A，M，Oを通る断面は右下図3のようになる。3点A，M，Oを通る平面が正八面体 ABCDEF の辺 DE と交わる点をJ，球Sの中心Oから線分 HJ に引いた垂線を OK，点Hから線分 MJ に引いた垂線を HL とする。このとき，求める円の半径は KH となる。HL∥AO より，LM：OM＝HM：AM＝1：3だから，$\mathrm{LM}=\frac{1}{3}\mathrm{OM}=\frac{1}{3}\times3=1$ であり，LJ＝MJ－LM＝6－1＝5である。(1)より，$\mathrm{AO}=3\sqrt{2}$ であり，HL：AO＝1：3より，$\mathrm{HL}=\frac{1}{3}\mathrm{AO}=\frac{1}{3}\times3\sqrt{2}=\sqrt{2}$ だから，△HLJ で三平方の定理より，$\mathrm{HJ}=\sqrt{\mathrm{HL}^2+\mathrm{LJ}^2}=\sqrt{(\sqrt{2})^2+5^2}=\sqrt{27}=3\sqrt{3}$ となる。$\mathrm{KH}=r$ とすると，$\mathrm{KJ}=\mathrm{HJ}-\mathrm{KH}=3\sqrt{3}-r$ であり，(1)より，$\mathrm{OH}=\sqrt{6}$ である。△OHK で三平方の定理より，$\mathrm{OK}^2=\mathrm{OH}^2-\mathrm{KH}^2=(\sqrt{6})^2-r^2=6-r^2$ であり，JO＝MO＝3だから，△OKJ で，$\mathrm{OK}^2=\mathrm{JO}^2-\mathrm{KJ}^2=3^2-(3\sqrt{3}-r)^2=-r^2+6\sqrt{3}r-18$ である。したがって，$6-r^2=-r^2+6\sqrt{3}r-18$ が成り立ち，$r=\frac{4\sqrt{3}}{3}$ となる。

図3

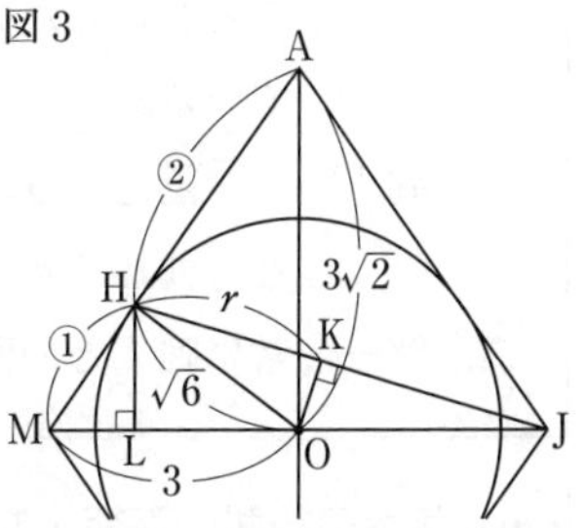

≪②の別解≫図3で，KH＝HJ－KJ である。△OKJ∽△HLJ だから，KJ：LJ＝JO：JH より，$\mathrm{KJ}:5=3:3\sqrt{3}$ が成り立ち，$3\sqrt{3}\mathrm{KJ}=5\times3$ より，$\mathrm{KJ}=\frac{5\sqrt{3}}{3}$ となる。よって，$\mathrm{KH}=3\sqrt{3}-\frac{5\sqrt{3}}{3}=\frac{4\sqrt{3}}{3}$ である。

国語解答

一　問一　世間一般に定まっている考えや評価。

問二　言わぬ

問三　言葉では明確に表現されない微妙なあややニュアンスを理解し，使いこなしていくこと。

問四　エ　　問五　ウ

問六　実際は人でない「老い(らく)」が，人間〔好ましくない客人〕となって訪ねてくること。

問七　「もしも」の飛躍の力

問八　“You're it”〔「お前が鬼だ」〕

問九　今の自分には母のように強く生きることはできそうもないと途方に暮れつつも，それをただ嘆き，あきらめてしまうのではなく，「もし，母が勇気を残してくれていたら」と想像することで母と自分を重ね，いつかは母のようになれることを信じたいという思いを込めている。

問十　a　勘定　b　こくじ　c　かも　d　偶然　e　鑑賞

二　問一　常に他人との関わりの中にあって喜怒哀楽に満ちた生活。

問二　イ

問三　㈠　(前)　あまり感情的にならない人間　(後)　感情の起伏に乏しい「自分」

㈡　以前は沈着冷静な性格だと思っていたが，エチオピア体験後は面白みのない人間だと思うようになった。

問四　(例)ライブ会場に行き，踊るつもりはなかったが，周りはそうしているので自分も合わせて盛り上がること。

問五　(逆)カルチャーショック

問六　ストレスを感じないで済むシステム

問七　・身体的な生理現象
・言葉
・社会的な文脈

問八　ウ

問九　人が落下していく様子がおかしくてしかたない

一〔随筆の読解―芸術・文学・言語学的分野―文学〕出典；アーサー・ビナード『もしも，詩があったら』。

問一＜語句＞「相場」は，ある物事における世間一般の考え方や評価，誰もが一様にいうこと，という意味。

問二＜ことわざ＞「言わぬは言うに優る」や「言わぬが花の吉野山」は，あえて言葉にしないで黙っている方が，言葉のかぎりを尽くして表現するよりも，心の機微を雄弁に伝えることがある，という意味。

問三＜文章内容＞「ぼく」は，どの言語にもある「微妙な綾とニュアンスによって伝えられる」表現の意味をのみ込み，「よくわかる細やかな表現に変身」させることが，言語の習得であると考えている。

問四＜文章内容＞英語圏で「鬼ごっこ」に当たる遊戯の「鬼」は，「it」と呼ばれるが，これは，「オールラウンドでどうにでも解釈できる，極めてうやむやな代名詞」であり，「heでもsheでも」ない，生き物かどうかも不明な，何かわからないものという雰囲気を醸し出している。

問五＜文章内容＞詩人は，ときおり「it」という単語を，鬼ごっこで鬼にタッチされたら自分が鬼に変わるように用い，「とてつもないitにタッチされたみたいに，立場ががらりと変わる」ような体験を読者にさせようとする。

問六＜文章内容＞「Old Age」は，老年，老い，という意味。「老いらくの」の和歌の中では，「老い」という現象を擬人法で人のように表現し，もし，老いらくが来るとあらかじめ知っていたら，門を閉めて私は留守だと答えて，老いらくに会わないようにしたのに，という意味の歌に詠んでいる。老いを招かれざる客に「変身」させたことが，「Old Ageの変身」なのである。

問七＜文章内容＞「if」は，もしも，という意味。「Old Ageの変身」を演出するには「ifのバネ」が必要というのは，「老い」を擬人化させるには，「理屈ではなく『もしも』の飛躍の力」で「常識の枠外」へ読者を連れていき，「老い」がもし私のもとへ訪ねてくると知っていたらという仮定の表現にしなければならなかった，という意味である。

問八＜文章内容＞「ぼく」は，十二歳のとき，父に死なれ，「一夜にして，長男のぼくが父親の立場になって」しまうという「変身」を遂げなければならなかった。子どもは，「親を失えば，とてつもないitにタッチされたみたいに，立場ががらりと変わる」と考える「ぼく」は，そのとき，鬼ごっこ遊びの「tag」でタッチされたように，“You're it”(「お前が鬼だ」)と，誰かにささやかれたような気がしたのである。

問九＜文章内容＞「ifは，母の勇気へ背伸びするためのバネだ」とは，仮定の力を借りれば，勇気のない作者が，勇気のあった母へと「変身」を遂げられる可能性がある，という意味である。今は，作者には生前の母にあったような強さはなく，母のいないこの世を，強く生きていくことができるとは思えずにいるが，「母がもし，岩のようなあの勇気を／かわりに残してくれていたら！」，すなわち「母が持っていた勇気」が，「わたしにあったなら」と仮定することによって，母のように強くなれるという可能性を信じたい思いを込めていると，「ぼく」は考えている。

問十＜漢字＞a．数を数えること。　b．ひどく似ていること。　c．音読みは「醸造」などの「ジョウ」。　d．思いがけないことが起きること。　e．芸術作品を味わうこと。

二〔**随筆の読解―文化人類学的分野―日本文化**〕出典；松村圭一郎『うしろめたさの人類学』。

≪本文の概要≫自分はあまり感情的にならない人間だと思っていたが，エチオピア滞在中は，生活の全てが他人との関わりの中にあり，常にある種の刺激にさらされていたため，喜怒哀楽に満ちた時間を過ごした。だが，日本に帰ってくると，自分はもとの感情の起伏に乏しい自分に戻ってしまった。人類学は，ホームとフィールドを往復する中で生じる「ずれ」や「違和感」を手がかりとして思考を進める。エチオピアでは日本とは違う感情の生じ方を経験するというところから，日本社会の感情をめぐる環境の特殊さに気づくこともでき，「感情とは何か」という根本的な問いにも自覚的になる。感情とは，「怒り」や「悲しみ」などの言葉を手がかりにして初めて，胸の奥に湧き上がる何かに意味を与えることができるものである。だから，知らない言葉の感情は，感じることができない。感情は，身体的な生理現象だけではなく，言葉によって形を与えられるものである。また，感情をわかるための手がかりは，言葉だけではなく，社会的な文脈によっても理解される。

問一＜文章内容＞筆者は，エチオピアで，「すべてがつねに他人との関わりのなかに」ある，「喜怒哀楽に満ちた」生活を経験した。

問二＜文章内容＞エチオピアでは，他人との関わりの中で，常に生の感情や表情がむき出しだったが，日本に帰ってきて，女性従業員が，「感情を交えて関わり合う『人』では」なく「記号」としてのお辞儀を，極めて丁寧に深々としたので，筆者は驚いた。

問三㈠＜表現＞筆者は，日本でのあまり感情を表さない自分のことを，エチオピアに行く前は，「あまり感情的にならない人間」と表現し，エチオピアから日本に帰ってきてからは，「感情の起伏に乏しい『自分』」と表現している。　**㈡＜文章内容＞**「感情的にならない」は，冷静で落ち着いた性格として肯定的に表現されているが，「乏しい」という表現には，エチオピアで発見した感情的な起伏に富んだ，表情豊かな自分を良しとし，それこそ本来の自分の性質であるという感覚に基づいて，日本での自分を，物足りなく，否定的にとらえている筆者の気持ちがうかがえる。

問四＜作文＞筆者は，テレビのCMに，それまで興味もなかった商品に物欲を刺激されたり，お笑い番組に，「無理に笑うという『反応』を強いられている」ように感じたりした例を挙げているので，これに類した，自分ではその感情を持つつもりがなかったのに，他者に影響されて，その感情を持つように喚起される例を挙げればよい。

問五＜文章内容＞異国や異民族の文化にふれたときに，自国や自民族の文化とは異なるという「ずれ」や「違和感」を覚えることを，「カルチャーショック」という。筆者は，エチオピアの文化に一時的に慣れ親しみ，帰国後，自国である日本で，自国の文化に「違和感」を覚えるという「逆カルチャーショック」を受けた。

問六＜文章内容＞筆者が，エチオピアから帰国した日本であらためて気づき，驚いた「日本社会の感情をめぐる」特殊な環境とは，「人との関わりのなかで生じる厄介で面倒なことが注意深く取り除かれ，できるだけストレスを感じないで済むシステムがつくられて」いることであった。

問七＜文章内容＞「感情」とは，「身体的な生理現象」だけではなく，「言葉」によって形を与えられるものであり，また，「感情を『わかる』ための手がかりは『言葉』だけでは」なく，「周囲の文脈」すなわち「社会的な文脈」の中で生じる。

問八＜文章内容＞「もののあわれ」という言葉の意味を知らないと，その「感情を感じることができない」が，「もののあわれ」という言葉を知り，「その『感じ』がぼんやりとでもわかる」ようになると，「もののあわれ」という感情を覚えることができ，もはやその感情は「もののあわれ」としかいいようがなくなるのである。

問九＜文章内容＞エチオピアの人々が，「甲板の手すりにしがみついていた人が海へと落下していく」という「凄惨な」場面を見て「大爆笑」したということは，彼らは，この場面に大笑いせずにはいられないおかしさを感じる文脈を持っていたということである。

Memo

Memo

2025年度用

高校スーパー過去問

■編集人　声の教育社・編集部

■発行所　株式会社　声の教育社

〒162-0814 東京都新宿区新小川町8-15

☎03-5261-5061㈹ FAX03-5261-5062

https://www.koenokyoikusha.co.jp

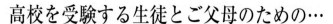

公立高校過去問シリーズ

定価1100円(税込)

- 東京都立高校
- 神奈川県公立高校
- 千葉県公立高校
- 埼玉県公立高校
- 茨城県公立高校
- 栃木県公立高校
- 群馬県公立高校

掲載全問に
わかりやすい解説つき
各教科の
出題傾向と対策

都立独自高校 公立高校過去問シリーズ

定価2090円(税込)

251 都立日比谷高校
252 都立西高校
253 都立八王子東高校
254 都立国立高校
255 都立戸山高校
256 都立国分寺高校
257 都立立川高校
258 都立新宿高校
259 都立青山高校

高校ベスト10シリーズ

出題形式別、入試によく出る順!!

定価990〜1100円(税込)

ベスト10Neo **国語** 読解問題
ベスト10Neo **数学** 図形問題
英語 文法問題ベスト10

高校受験面接ブック

別冊がウリ!! 首都圏の各高校の面接内容

定価1320円(税込)

本体 質問回答例ベスト150
面接ワークシート
自己PR書の書き方とワークシート

別冊 首都圏の私国立高校などの面接方法、時間、質問具体例
推薦・一般入試の面接内容
主要校の面接会場のようす
(各校図示)

小冊子 試験場に持って行けるチェックBOOK
など面接対策がつまった１冊

図解でわかる!! 作文・小論文

定価1100円(税込)

本体 (88P) **合格作文の書き方**
①7日間で仕上げる基礎編
②4日間で仕上げる応用編

別冊 (52P) 首都圏の各高校の作文課題、制限時間、文字数の具体例調査
①首都圏の作文課題2000例を代表的な15パターンに分類(書き易くするため)
②着眼点、キーワード、ポイントを各パターンごとにコメント
③推薦と一般入試の作文出題校と課題例を一挙公開!!
④首都圏公立高校4年間課題調査

公立の漢字

公立高校の試験によく出る漢字

定価748円(税込)

1 漢字は全都道府県で出題!!
2 公立の漢字の配点は高い!!
3 10年間の頻度をデータ化!!
4 最頻出漢字を5段階評価!!

声の教育社 〒162-0814 東京都新宿区新小川町8-15
TEL.03(5261)5061 FAX.03(5261)5062

カコを追いかけ
ミライをつかめ

桐朋高等学校

別冊解答用紙

丁寧に抜きとって、別冊としてご使用ください。

★教科別合格者平均点＆合格者最低点

年度	英語	数学	国語	合格者最低点
2024	70.0	61.2	54.0	154
2023	70.2	68.1	57.2	165
2022	62.0	57.5	48.7	140
2021	67.6	63.8	56.7	155
2020	74.5	70.9	54.6	163
2019	63.9	62.3	49.3	141

注意

- ○ 解答用紙は、収録の都合により縮小したものや、小社独自に作成したものもあります。
- ○ 学校配点は学校発表のもの、推定配点は小社で作成したものです。
- ○ 無断転載を禁じます。
- ○ 解答用紙を拡大コピーする場合、表示した拡大率に対応する用紙サイズは以下のとおりです。
  101%～102%＝B5　103%～118%＝A4　119%～144%＝B4　145%～167%＝A3
  （タイトルと配点表は含みません）

2024年度　桐朋高等学校

英語解答用紙

番号		氏名		評点	／100

Ⅰ

A

(1)	(2)	(3)	(4)	(5)

B　問1

(1)	(2)

問2　ア

イ

Ⅱ

問1　1-a　1-b　1-c　1-d　　問2

問3

問4

問5　　問6

問7

問8
①

②

Ⅲ

問1　問2　問3　問4　問5　A　B　C　D　E　F

問6

35　40

問7　問8　(1)　(2)　(3)　(4)

Ⅳ

(1)

(2)

（注）この解答用紙は実物を縮小してあります。A3用紙に152％拡大コピーすると、ほぼ実物大で使用できます。（タイトルと配点表は含みません）

推定配点		計
	Ⅰ　A　各2点×5　B　問1　各2点×2　問2　3点 Ⅱ　問1　各2点×4　問2～問7　各3点×6　問8　各5点×2 Ⅲ　問1　3点　問2，問3　各4点×2　問4　3点　問5　各2点×2 問6　5点　問7　4点　問8　各2点×4　Ⅳ　各6点×2	100点

2024年度　桐朋高等学校

数学解答用紙

番号		氏名	

評点	／100

1	(1)		(2)		(3)	
2	(1)	$a=$	(2)	$(a, b)=$	(3)	

3

（求め方）

（答）$x=$　　　　，$y=$

4	(1)	$a=$　　　，C(　　　，　　　)	(2)	△OAB：△OAC＝　　　：
	(3)			

5

(1)（証明）

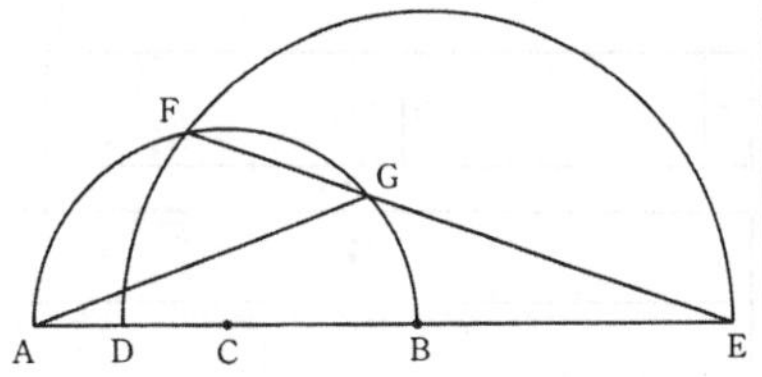

(2) ①　　　②　　　③

6	(1)		(2)		(3)	

（注）この解答用紙は実物を縮小してあります。Ａ３用紙に152％拡大コピーすると、ほぼ実物大で使用できます。（タイトルと配点表は含みません）

推定配点		計
	1 各５点×３　2, 3 各６点×４　4 (1) 各３点×２　(2), (3) 各６点×２ 5 各６点×４　6 (1), (2) 各６点×２　(3) ７点	100点

二〇二四年度　桐朋高等学校

国語解答用紙

番号　氏名　評点 /100

一

問一 ①　②

問二

問三

問四

問五

問六

問七

問八

問九

問十

問十一

問十二 a　b しく　c　d う

二

問一 a える　b み

問二

問三

問四

問五

問六

問七

問八

(注) この解答用紙は実物を縮小してあります。A３用紙に161%拡大コピーすると、ほぼ実物大で使用できます。(タイトルと配点表は含みません)

推定配点	計
一 問一 各２点×２　問二 ４点　問三 ６点　問四 ２点 問五、問六 各６点×２　問七～問九 各５点×３　問十 ４点 問十一 ６点　問十二 各２点×４ 二 問一 各２点×２　問二 ６点　問三、問四 各５点×２ 問五 ４点　問六 ６点　問七 ４点　問八 ５点	100点

２０２３年度　桐朋高等学校

英語解答用紙

番号　　氏名　　評点　／100

I　A　(1)　(2)　(3)　(4)　(5)

B　問1　(1)　(2)　問2　15

II　問1　1-a　1-b　1-c　1-d

問2　40

問3

問4

問5　5-a　5-b　5-c　問6　A　B　C　D　E　F

問7　①

②

III　問1　問2　問3　3-a　3-b

問4

問5

問6

問7

IV　(1)

(2)

（注）この解答用紙は実物を縮小してあります。A3用紙に156%拡大コピーすると、ほぼ実物大で使用できます。（タイトルと配点表は含みません）

推定配点		計
	I　A　各2点×5　B　問1　各2点×2　問2　3点 II　問1　各2点×4　問2～問5　各3点×6　問6　各1点×3 問7　各5点×2 III　問1，問2　各4点×2　問3　各3点×2　問4　5点 問5　3点　問6　4点　問7　各3点×2　IV　各6点×2	100点

２０２３年度　桐朋高等学校

数学解答用紙

番号		氏名		評点	／100

1	(1)		(2)		(3)	
2	(1)		(2)		(3)	

3

（求め方）

（答）$x=$　　　，$y=$

4	(1)		(2)	
	(3)			

5	(1)	$a=$　　　，$b=$　　　，$c=$			
	(2)	①　　　倍	② P(　　，　　)	(3)	

6

(1)（証明）

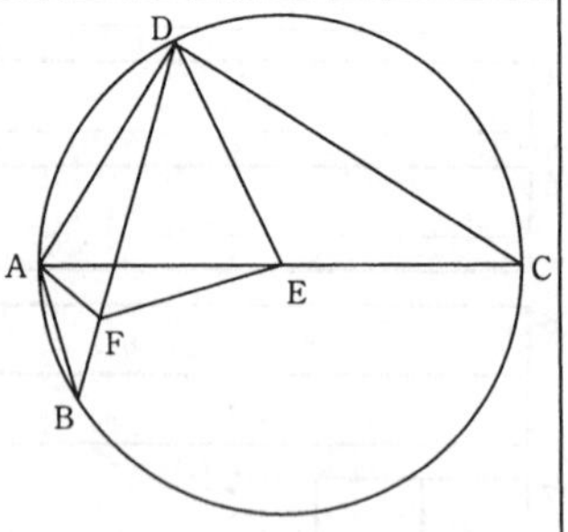

(2) ①　　　②

（注）この解答用紙は実物を縮小してあります。A３用紙に152％拡大コピーすると、ほぼ実物大で使用できます。（タイトルと配点表は含みません）

推定配点		計
	1 各５点×３　2，3 各６点×４ 4 (1)，(2) 各６点×２　(3) ７点 5 (1) ５点　(2)，(3) 各６点×３ 6 (1) ７点　(2) 各６点×２	100点

二〇二三年度 桐朋高等学校

国語解答用紙

番号　氏名　評点 /100

一

問一

問二　問三　問四 〜

問五

問六　問七　問八

問九

問十 a b c かして d

二

問一 a b

問二

問三

問四

問五 A B

問六　問七　問八 故 新

問九

(注) この解答用紙は実物を縮小してあります。A３用紙に161%拡大コピーすると、ほぼ実物大で使用できます。(タイトルと配点表は含みません)

推定配点	
一 問一〜問四　各5点×4　問五　6点　問六〜問八　各5点×3 問九　7点　問十　各2点×4 二 問一　各2点×2　問二、問三　各6点×2　問四　4点　問五　各3点×2 問六、問七　各5点×2　問八　2点　問九　6点	計 100点

２０２２年度　桐朋高等学校

英語解答用紙

番号		氏名	

評点	／100

I　A

(1)	(2)	(3)	(4)	(5)

B　問１

(1)	(2)

問２　ア　10

イ　15

II　問１　問２

問３　問４

問５

問６　6-a　6-b　問７

問８　問９

III　問１　問２　2-a　2-b　2-c　2-d

問３

問４　4-a　4-b

問５

問６　25

問７

IV　(1)

(2)

（注）この解答用紙は実物を縮小してあります。A３用紙に154％拡大コピーすると、ほぼ実物大で使用できます。（タイトルと配点表は含みません）

推定配点		計
	I　各２点×９ II　問１～問４　各３点×４　問５　４点　問６，問７　各３点×３ 問８　５点　問９　３点 III　問１，問２　各３点×５　問３　４点　問４　各３点×２ 問５　４点　問６，問７　各５点×２ IV　各５点×２	100点

２０２２年度　　桐朋高等学校

数学解答用紙

番号		氏名		評点	／100

1	(1)		(2)	$x=$　　　，$y=$	(3)	
2	(1)	cm	(2)	$a=$　　　，$b=$	(3)	
3	(1)	分速　　　m				
	(2)	（求め方） （答）$x=$				
4	(1)	$a=$	(2)			
	(3)					
5	(1)	（証明）				
	(2)	①	②	③		
6	(1)		(2)		(3)	

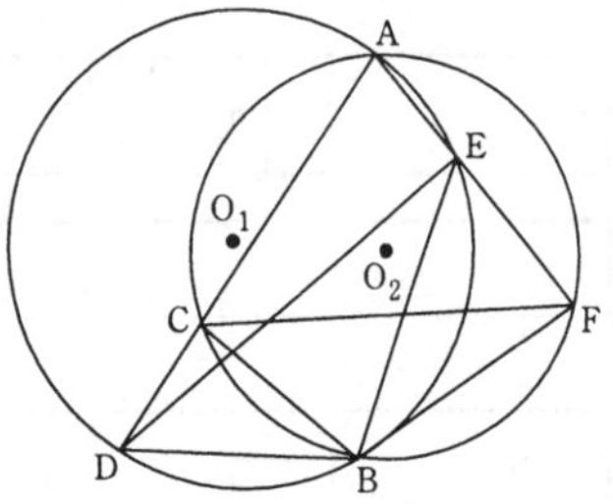

（注）この解答用紙は実物を縮小してあります。Ａ３用紙に152％拡大コピーすると、ほぼ実物大で使用できます。（タイトルと配点表は含みません）

推定配点		計
	1，2　各５点×６　　3，4　各６点×５ 5　(1)　６点　(2)　①，②　各５点×２　③　６点 6　各６点×３	100点

二〇二二年度　桐朋高等学校

国語解答用紙

番号　氏名　評点　/100

一
問一
問二　〜
問三
問四
問五
問六
問七　〜
問八
問九
問十
問十一　a　b　c　d

二
問一　a　b　c
問二
問三
問四
問五
問六
問七
問八
問九

（注）この解答用紙は実物を縮小してあります。Ａ３用紙に161％拡大コピーすると、ほぼ実物大で使用できます。（タイトルと配点表は含みません）

推定配点	計
一 問一　5点　問二、問三　各4点×2　問四　5点　問五　4点 問六　5点　問七　4点　問八　8点　問九、問十　各4点×2 問十一　各2点×4 二 問一　各2点×3　問二　6点　問三、問四　各4点×2　問五　5点 問六、問七　各4点×2　問八　5点　問九　7点	100点

２０２１年度　桐朋高等学校

英語解答用紙

番号		氏名		評点	／100

Ⅰ

A

(1)	(2)	(3)	(4)	(5)

B　問１

(1)	(2)

問２　ア　10

イ　10

Ⅱ　問１　1-a　1-b　1-c　1-d

問２　⇒　⇒　⇒

問3

問４

問５

問６

問７　①

②

Ⅲ　問１

問２

問３

問４

問５

問６

Ⅳ　(1)

(2)

（注）この解答用紙は実物を縮小してあります。Ａ３用紙に152％拡大コピーすると、ほぼ実物大で使用できます。（タイトルと配点表は含みません）

推定配点		計
	Ⅰ　各２点×９ Ⅱ　問１，問２　各４点×５　問３　２点 問４～問７　各４点×６ Ⅲ，Ⅳ　各４点×９	100点

２０２１年度　桐朋高等学校

数学解答用紙

番号		氏名		評点	／100

1	(1)		(2)	$x=$	(3)	
2	(1)		(2)		(3)	$\angle PQR=$

3

（求め方）

（答）　$x=$　　　，　$y=$

4

(1)（証明）

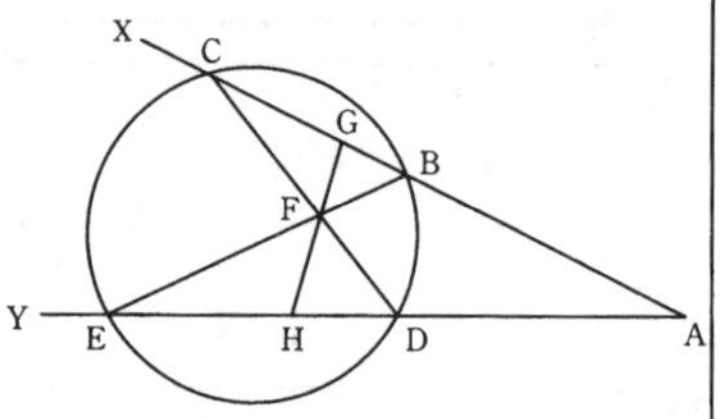

(2)	①	②	③

5	(1) $a=$	(2)	① $b=$	②

6

(1)	(ア)	(イ)	(ウ)	(エ)	(オ)
(2)	倍				

（注）この解答用紙は実物を縮小してあります。A３用紙に149％拡大コピーすると、ほぼ実物大で使用できます。（タイトルと配点表は含みません）

推定配点		計
	1～5　各６点×14　　6　(1)　各２点×５　(2)　６点	100点

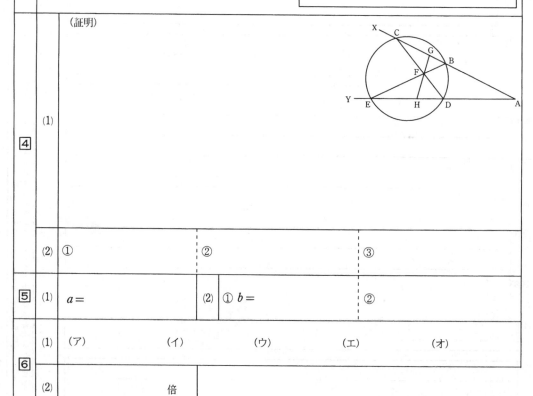

二〇二二年度　桐朋高等学校

国語解答用紙

番号		氏名		評点	/100

一

問一

問二　A　B　C

問三

問四　という考え。

問五

問六

問七

問八

問九

問十

問十一　a って　b　c まして　d　e なさ

二

問一

問二

問三

問四

問五　〜

問六　〜　こと。

問七

(注)　この解答用紙は実物を縮小してあります。Ａ３用紙に161%拡大コピーすると、ほぼ実物大で使用できます。(タイトルと配点表は含みません)

推定配点	計
一　問一、問二　各２点×４　問三〜問六　各５点×４　問七　７点 問八　５点　問九、問十　各７点×２　問十一　各２点×５ 二　問一〜問六　各４点×７　問七　８点	100点

２０２０年度　桐朋高等学校

英語解答用紙

番号		氏名	

評点	／100

I　A　(1)　(2)　(3)　(4)　(5)

B　問１　(1)　(2)　問２（ア）　(イ)

II　問１　問２

問３

問４　・　10　・　10

・　10

問５

問６

問７

問８

III　問１

問２

問３　性　問４

問５

問６

問７　ア　イ　ウ　問８

IV　(1)

(2)

（注）この解答用紙は実物を縮小してあります。Ａ３用紙に154％拡大コピーすると、ほぼ実物大で使用できます。（タイトルと配点表は含みません）

推定配点		計
	I　各２点×９　II　問１～問３　各４点×３ 問４　各２点×３　問５～問７　各４点×３　問８　８点 III　問１，問２　各３点×２　問３～問６　各４点×４ 問７　各２点×３　問８　各４点×２ IV　各４点×２	100点

２０２０年度　桐朋高等学校

数学解答用紙

番号		氏名		評点	／100

1	(1)		(2)		(3)	$x=$	
2	(1)		(2)		(3)	$a=$	
3	(1)	（求め方） $x=$　　　，　$y=$					
	(2)	$a=$					
4	(1)	$a=$	(2)	$y=$	(3)	$t=$	
5	(1)	（証明）					
	(2)	①	②	③	④		
6	(1)	①	②	(2)	①	②	

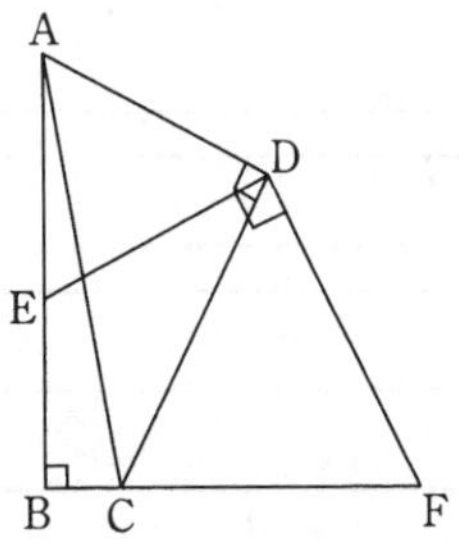

（注）この解答用紙は実物を縮小してあります。A3用紙に152%拡大コピーすると、ほぼ実物大で使用できます。（タイトルと配点表は含みません）

推定配点		計
	1～6　各5点×20	100点

二〇二〇年度　桐朋高等学校

国語解答用紙

番号		氏名		評点	/100

一

問一

問二　②　③　④　⑤

問三

問四

問五

問六

問七

問八

問九

問十

二

問一　a　b　c ね　d　e

問二

問三

問四

問五

問六

問七

問八

(注) この解答用紙は実物を縮小してあります。Ａ３用紙に161%拡大コピーすると、ほぼ実物大で使用できます。(タイトルと配点表は含みません)

推定配点	計
一 問一　5点　問二〜問六　各4点×8　問七　5点 問八〜問十　各4点×3 二 問一　各2点×5　問二、問三　各4点×2　問四　5点 問五　4点　問六　5点　問七　4点　問八　10点	100点

２０１９年度　桐朋高等学校

英語解答用紙

番号		氏名	

評点	／100

Ⅰ

A

(1)	(2)	(3)	(4)	(5)

B　問１

(1)	(2)

問２　(1)　(2)　(3)

Ⅱ

問１

問２

問３

問４　問５　問６

問７

Ⅲ

問１　問２

問３　3-①　3-②　3-③

問４

問５　問６

問７

問８

Ⅳ

(1)

(2)

（注）この解答用紙は実物を縮小してあります。Ａ３用紙に149％拡大コピーすると、ほぼ実物大で使用できます。（タイトルと配点表は含みません）

推定配点		計
	Ⅰ　各２点×10　Ⅱ　各４点×７ Ⅲ　問１～問７　各４点×９　問８　８点 Ⅳ　各４点×２	100点

2019年度　桐朋高等学校

数学解答用紙

番号		氏名		評点	／100

1

(1)		(2)	$x=$	(3)	

2

(1)	$a=$　　　,　$b=$	(2)		(3)	

3

（求め方）

A　　　　個, B　　　　個

4

(1)	P(　　,　　),　Q(　　,　　)

(2)		(3)	$t=$

5

(1)（証明）

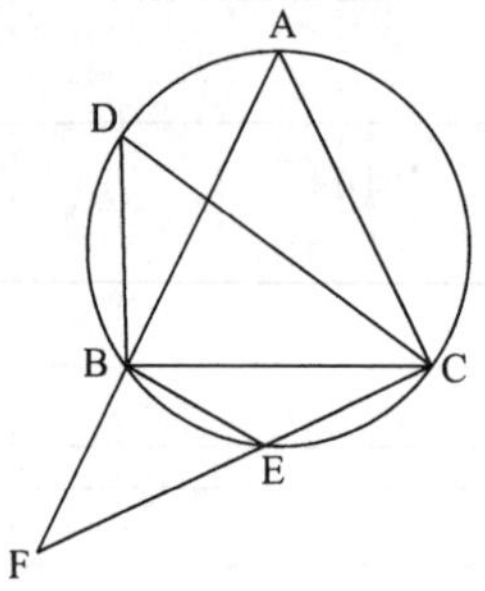

(2)	①	②	③

6

(1)		(2)	①	②

（注）この解答用紙は実物を縮小してあります。A3用紙に156%拡大コピーすると、ほぼ実物大で使用できます。（タイトルと配点表は含みません）

推定配点		計
	1, 2　各5点×6　　3　8点 4　(1)　各3点×2　(2), (3)　各5点×2 5　(1)　10点　(2)　各6点×3　　6　各6点×3	100点

二〇一九年度　桐朋高等学校

国語解答用紙

番号　氏名　評点　/100

一

問一

問二

問三

問四　問五

問六

問七　問八

問九

問十　a　b　c　し　d　e

二

問一

問二

問三　(一)　(前)　(後)

(二)

問四

問五

問六

問七

問八

問九

（注）この解答用紙は実物を縮小してあります。Ａ３用紙に161％拡大コピーすると、ほぼ実物大で使用できます。（タイトルと配点表は含みません）

推定配点	計
一 問一、問二　各４点×２　問三　５点　問四、問五　各４点×２ 問六　５点　問七、問八　各４点×２　問九　10点　問十　各２点×５ 二 問一　５点　問二　４点　問三 (一) 各２点×２　(二) ５点　問四　５点 問五、問六　各４点×２　問七　各２点×３　問八　４点　問九　５点	100点

Memo